中国海洋大学一流大学建设专项经费资助

公共行政学发展史

杨志军 编著

北京大学出版社
PEKING UNIVERSITY PRESS

图书在版编目(CIP)数据

公共行政学发展史 / 杨志军编著. —北京：北京大学出版社，2022.10
ISBN 978-7-301-33466-9

Ⅰ.①公… Ⅱ.①杨… Ⅲ.①行政学—历史 Ⅳ.①D035-0

中国版本图书馆CIP数据核字(2022)第185439号

书　　　名	公共行政学发展史 GONGGONG XINGZHENGXUE FAZHANSHI
著作责任者	杨志军　编著
责任编辑	梁　路
标准书号	ISBN 978-7-301-33466-9
出版发行	北京大学出版社
地　　　址	北京市海淀区成府路205号　100871
网　　　址	http://www.pup.cn
新浪微博	@北京大学出版社　　@未名社科-北大图书
微信公众号	ss_book
电子信箱	ss@pup.pku.edu.cn　　dzfpku@163.com
电　　　话	邮购部 010-62752015　发行部 010-62750672 编辑部 010-62753121
印　刷　者	北京溢漾印刷有限公司
经　销　者	新华书店
	730毫米×980毫米　16开本　17.75印张　300千字 2022年10月第1版　2022年10月第1次印刷
定　　　价	69.00元

未经许可，不得以任何方式复制或抄袭本书之部分或全部内容。
版权所有，侵权必究
举报电话：010-62752024　电子信箱：fd@pup.pku.edu.cn
图书如有印装质量问题，请与出版部联系，电话：010-62756370

序

公共行政学发展史,即现代国家行政思想史或公共行政学说史,是人们对国家宪法和法律规定的有关国家行政机关的产生、组成、组织结构、职责权限、活动方式、运行程序的规则以及行政要素间相互关系进行观察、思考、认知、研究、表述、论证的过程。

行政体制处于政治体制、经济体制、社会体制的结合部。行政制度体系与政治、经济、社会、文化等制度体系是叠加、镶嵌、耦合、交叉的关系。从国家公权力配置的意义上分析,一部分宏观原则性的行政制度是政治制度的重要组成部分,处于政治体系的中下部;一部分微观操作性的行政制度不具有政治属性,是政治体系的附属性制度。行政制度是经济制度、社会制度、文化制度的组成部分,分别处于这些制度体系的中上部。以行政制度形式出现的经济制度、社会制度、文化制度又在一定程度上融入政治制度。显然,公共行政思想史就是这样栖身于"大历史""大制度"之中的一部复杂的历史。致力于公共行政学史的研究,就像在崇山峻岭中寻找涓涓溪水。杨志军的新著《公共行政学发展史》在这方面的研究取得积极成效,对一些重要的问题有一定的突破,令人欣喜。

一、在与其他学科的比较研究中确立行政学的自主性学术定位

公共行政思想是在错综复杂的历史偶然性中产生和演化的。前人应对此类复杂性和偶然性的方案大多是将历史中的政治经济社会大背景作底色,勾勒行政学说的轮廓,较少关注在这个历史大背景中与公共行政学说同时存在的其他学科的发展情况,也就是说,忽略了以比较视角和方法切入的行政思想史研究。

本书认为，研究公共行政学史，重视代表人物、理论观点、学术流派的引介和评价是必需的，这构成了公共行政学的独特理论魅力及其在国家发展中的独特应用价值，但是也不能忽视公共行政学与其他学科的横向比较，否则就难以探明行政学学科属性，就无法体会学科独立与学科通融的双重意义，也会失去化解公共行政学科危机的机会。尤其可贵的是，本书借鉴尼古拉斯·亨利（Nicholas Henry）关于公共行政学"定向"（locus）和"焦点"（focus）两大视角，确立了关系与定位、焦点与路径两个维度，将行政学与政治学、经济学、管理学、社会学、民族学、法学、哲学进行横向比较，从行政学与七大学科之间的主体关系出发定位各自目标，从而明确行动焦点，发现主要问题，找到优化路径。这是一种在主体中确立关系、在关系中发掘目标、在目标中考察行动、在行动中优化路径的新方法。有比较才有鉴别。学科比较是学习公共行政学这门学科的好方法，也是研究公共行政思想史的好路径。

二、以中国为观照发现西方主流学术的脉络

公共行政学的复杂性不仅是行政系统与社会系统复杂性的学理表达，还涉及很多其他原因和元素，比如是东西方公共行政学在文化土壤上差异性的地理表征和心理表证。这种"土质"的多样化在逻辑中，常常从底层开始就被打上了西方先进文化的印记，以致公共行政在某些领域无法挣脱底层逻辑的禁锢，做出客观的分析。本书虽未能完整地将中国、日本、韩国等东方公共行政思想纳入史学研究，但做出了一个有益的探索——以中国的视角观察全球公共行政的研究进程，用中国案例分享东方行政智慧，力图在时空两个维度上呈现公共行政思想的中国画卷，以中国为观照发现西方主流公共行政学术的正脉。

底层逻辑尽管具有基础性特质，在很大程度上决定了其他逻辑，但表层逻辑也对底层逻辑产生影响，并有着直接进入实证性研究的品格。本书领悟到了这一层意思，以中国公共行政体系中党的领导制度作为研究政治学视阈的行政思想体系的切入点，冲破了以往公共行政思想史研究的边界，加强了党对公共行政思想的影响这一方面研究的薄弱环节。事实上，一个国家的领导制度都是浑然一体的（无政府状态除外），即使是三权分立的国家，立法、行政、司法三个方面的权力资源配置和运行机制设计也都是不能完全割裂开来研究的。通常说的经济

体制、政治体制、行政体制、社会体制等,是理论上的一种抽象、机构划分的一个依据,不是各自绝对独立的。中国特色社会主义体制更为鲜明地凸显了这个特征:这就是《宪法》规定的"中国共产党领导是中国特色社会主义最本质的特征"。研究国内公共行政领域的一切问题都需要从这个"中国"视角出发,去处理行政的普遍性与特殊性、总体性与专业性问题,在此基础上去探究、去发现、去创造、去描述公共行政的思想活动及轨迹。回归初心,我们可以看到,威尔逊、古德诺等人做的创立行政学的努力,其实恰恰就是在承认体制的整体性本质的前提下,抓取行政中的专业化、流程化、技术化管理的要义,将其剥离出来,上升到与整体性一样的高度,以便于清楚地看、仔细地察、认真地研,推动公共行政的科学化和学科化,并通过学术的独立发展促进实践的理性化和科学化。分与合,本身就是辩证统一的,没有分就没有合。

三、在论点的展开中评述人物

如果说前面两点从学科发展的自主性和中国化两个方面分析了本书的特色,那么现在要说说第三个特色,就是对学术代表性人物的评价体系。全书出现多次的"基本评价",让作为读者的笔者得到这样一个印象,即作者是在建立了一个隐性的评价指标体系之后来撰写这些评价文字的。这个指标的框架包括三个维度,一是人物的历史定位,二是人物的理论创新点,三是人物思想对现实的满足程度。总括就是,寓评价于人物的论点之中,在人物论点的展开中评述人物。

在论点的展开中评述人物,并不是简单地重复"以论代史",而是取论于史、还史于论,是历史的与逻辑的统一,因此是历史唯物主义的科学方法论。近年来,我尝试对改革开放以来中国共产党的理论创新历程与社会实践历程做对应研究,发现了新时期实践出真知,实践检验真理和发展真理的新形式。[①] 我国在经济领域改革实践中,提出了"国家调节市场,市场引导企业"的改革理论逻辑,发挥市场在配置经济资源中的决定性作用和更好地发挥政府作用;在政治和党建领域改革实践中,提出了"党的领导、人民当家作主和依法治国有机统一"的

[①] 参见高小平、陈宝胜:《党的理论创新引领行政管理体制改革》,《行政管理改革》2018年第9期,第48—52页;高小平:《党的理论创新引领应急管理体系和能力现代化》,《公共管理与政策评论》2021年第3期,第4—12页。

改革理论逻辑,发挥法治在配置政治资源中的决定性作用和更好地落实党的领导作用;在社会和政府管理领域改革实践中,提出了建设服务型社会、服务型政府,按照"党委领导、政府负责、社会协同、公众参与、法治保障"的改革理论逻辑,发挥社会在配置社会资源中的决定性作用和更好地落实党的领导和政府服务作用。党的理论在实践接续发展中实现创新,使思想与现实相互嵌入,这种研究范式对于理解公共行政学史是颇有裨益的。

四、在"问题"的发展中反思理论的径向

"史""论""评"解决了公共行政史的"点"和"面"的问题,属于断代史研究法,那么"线"和"柱"采用什么研究方法呢?本书的第四个特色就是以问题为导向的公共行政学说史研究,在"问题"的发展中反思理论的径向。

南宋著名哲学家陆九渊说:"为学患无疑,疑则有进。大疑则大进,小疑则小进。"做学术研究最怕没有疑问,学问学问,无问即无学。史学研究更是这样。问题是创新的起点,抓住问题就能抓住经济社会发展的"牛鼻子"。纵观人类发展历史,"问题"在两个方面发挥着关键性的作用。一方面,所有发展进步无不是在破解时代问题中实现的。发现问题、研究问题、解决问题,始终是推动一个国家、一个民族向前发展的重要动力。① 另一方面,发展的"拐点"和"趋势"往往也是由问题决定的。人们在史学研究中很看重前者,而看不到"问题"在发展走向中的功能。没有中国现代史上伟大的改革开放和拨乱反正,便不会有公共行政思想自20世纪30年代民国时期跳转到80年代之初的夏书章之问②,并在21世纪融入国际公共行政研究的洪流。这是观察思想史径向的一个重要窗口。

扭住问题不放手,也是一种情怀。中国文人讲的情怀,表达的是主体对共同体的植根于忧患意识的责任共担精神。我们可以从本书的字里行间看到杨志军教授对真理的孜孜以求,可以透过本书看到以杨志军为代表的年轻一代公共行政学人在筚路蓝缕中艰苦前行的足迹。这或许是本书的另一层面的价值。记得马克思有一句名言:在科学上没有平坦的大道,只有不畏劳苦沿着陡峭山路攀登

---

① 贾立政:《在坚持问题导向中开创事业发展新局面》,《人民日报》2017年9月14日。
② 朱正威、吴佳:《直面中国公共行政学的真问题——夏书章行政学研究的品格与情怀》,《中国行政管理》2016年第11期。

的人,才有希望达到光辉的顶点。这句话不仅大声告诉我们需要具备不畏艰险、坚持攀登的勇气与毅力,更是悄悄的耳语——"别老想着走大路",因为"大路"很可能是别人早就走了无数次的老路,要创新就要在小路上寻找方向,甚至在没有路的地方走出自己的路。

是为序。

高小平
2022 年 9 月 29 日于北京

目 录

上 编　基于思想学说的公共行政学

第一章　公共行政学的确立时期(1887—1926) ……………………… 3
  第一节　威尔逊与古德诺的行政独立思想 ………………………… 3
  第二节　泰勒和法约尔的科学管理理论 …………………………… 12
  第三节　韦伯的理性官僚制 ………………………………………… 19
  第四节　怀特的行政学理论 ………………………………………… 24

第二章　公共行政学的应用时期(1927—1938) ……………………… 31
  第一节　穆尼的组织原则思想 ……………………………………… 31
  第二节　吉尔布雷斯夫妇的动作研究理论 ………………………… 38
  第三节　厄威克和古利克的系统化管理理论 ……………………… 43
  第四节　福莱特的行政动态学理论 ………………………………… 47
  第五节　梅奥的人际关系理论 ……………………………………… 52

第三章　公共行政学的批判时期(1939—1952) ……………………… 57
  第一节　巴纳德的现代管理理论 …………………………………… 57
  第二节　西蒙的行政原则批判 ……………………………………… 63
  第三节　沃尔多的行政国家理念 …………………………………… 69
  第四节　政策科学学派 ……………………………………………… 78
  第五节　西蒙与沃尔多的争辩 ……………………………………… 88

第四章 公共行政学的转变时期(1953—1971) ... 93
- 第一节 里格斯的行政生态理论 ... 93
- 第二节 第一次明诺布鲁克会议 ... 100
- 第三节 新公共行政学派 ... 104
- 第四节 罗尔斯的《正义论》 ... 109

第五章 公共行政学的探索时期(1972—1989) ... 116
- 第一节 黑堡学派 ... 116
- 第二节 公共选择学派 ... 123
- 第三节 新公共管理理论 ... 131
- 第四节 无缝隙政府理论 ... 136
- 第五节 第二次明诺布鲁克会议 ... 141

第六章 公共行政学的发展时期(1990至今) ... 145
- 第一节 新公共服务理论 ... 145
- 第二节 多元公共行政理论 ... 151
- 第三节 整体性治理理论 ... 158
- 第四节 公共价值管理理论 ... 163
- 第五节 第三次明诺布鲁克会议 ... 167
- 第六节 新公共治理理论 ... 173
- 第七节 后现代公共行政理论 ... 177

下编 基于学科比较的公共行政学

第七章 行政学与政治学 ... 185
- 第一节 关系与定位 ... 185
- 第二节 焦点与路径 ... 190

第八章　行政学与经济学 …………………………………… 196
第一节　关系与定位 …………………………………… 196
第二节　焦点与路径 …………………………………… 201

第九章　行政学与管理学 …………………………………… 207
第一节　关系与定位 …………………………………… 207
第二节　焦点与路径 …………………………………… 212

第十章　行政学与社会学 …………………………………… 223
第一节　关系与定位 …………………………………… 223
第二节　焦点与路径 …………………………………… 228

第十一章　行政学与民族学 ………………………………… 235
第一节　关系与定位 …………………………………… 235
第二节　焦点与路径 …………………………………… 240

第十二章　行政学与法学 …………………………………… 246
第一节　关系与定位 …………………………………… 246
第二节　焦点与路径 …………………………………… 251

第十三章　行政学与哲学 …………………………………… 257
第一节　关系与定位 …………………………………… 257
第二节　焦点与路径 …………………………………… 262

后　记 ……………………………………………………… 269

上 编

基于思想学说的公共行政学

第一章
公共行政学的确立时期(1887—1926)

19世纪末20世纪初,随着第二次工业革命的开启,以欧美为首的西方资本主义国家的工业进一步迅速发展,资本亦快速积累,导致自由竞争的资本主义逐渐向垄断资本主义过渡。社会生产力的迅速发展和经济结构的巨大变化使社会管理的任务日益繁重,社会关系与矛盾也越来越复杂。而原有的行政管理方法也不再适应时代的要求,迫切需要新的学科理论及科学知识来指导政府对市场和社会进行管理,更好地发挥政府职能,服务经济与人民。于是,行政(科)学应运而生。从威尔逊到古德诺再到韦伯,他们明确提出将行政从政治领域中分离出来,并作出了系统阐述和全面论证。此外,以科学管理运动为标志的古典管理主义代表人物泰勒、法约尔,以及稍晚一些的行政学家怀特等共同推动了行政学的建立。

第一节 威尔逊与古德诺的行政独立思想

一、人物简述

托马斯·伍德罗·威尔逊(Thomas Woodrow Wilson, 1856—1924),美国杰出的政治学家、行政学家、政治家。1856年12月28日出生于美国弗吉尼亚州斯汤顿的一个牧师家庭,1879年毕业于美国新泽西学院(现在为普林斯顿大学)。1883年,威尔逊进入约翰斯·霍普金斯大学研究生院,并于1886年获得历史与政治科学的哲学博士学位。1902年至1910年,他担任普林斯顿大学

托马斯·伍德罗·威尔逊

校长;1910 年,当选为新泽西州州长;1913 年被选为美国第 28 任总统。1924 年,威尔逊因患中风病逝于华盛顿,享年 68 岁。

威尔逊一生中撰写并流传于世的著作有:《国会政体:美国政治研究》(1885)、《纯粹的文献及其他论文》(1886)、《国家》(1889)、《一位大师及其政治论文》(1892)、《分裂与重新统一(1829—1889)》(1893)、《乔治·华盛顿》(1896)、《美国人民史》(1902)以及《美国宪制政府》(1908)。

弗兰克·J. 古德诺

弗兰克·J. 古德诺(Frank J. Goodnow,1859—1939),美国著名的行政学家、法学家和政治学者。1859 年 1 月 18 日出生于美国纽约布鲁克林,1882 在哥伦比亚大学获得法学学士学位。1883—1914 年在哥伦比亚大学教授法律。1884 年 10 月开始在政治科学院任教。1903 年成为美国政治科学学会(American Political Science Association)首任会长。1912 年 10 月,接受卡内基国际和平基金会的推荐,任中华民国政府的宪法顾问。1913 年 3 月,作为中华民国北京政府的法律顾问,参与起草《中华民国宪法》。1914—1929 年任约翰斯·霍普金斯大学校长,是美国政治学会的主要创建人。1929 年,从约翰斯·霍普金斯大学辞职,1939 年 11 月 15 日在美国巴尔的摩逝世。

他的学术代表作有:《比较行政法》(1893)、《政治与行政:政府之研究》(1900)、《美国的市政府》(1904)、《美国行政法原则》(1905)等,其中最著名并具有划时代意义的是《政治与行政》。

二、学说背景

任何学科的发展都不是偶然的,都具有一定的历史必然性,行政学亦是如此。1887 年,威尔逊发表了《行政学研究》一文,从政治与行政相分离的角度,主张建立一门独立学科——行政学。就其思想渊源而言,威尔逊受到了德国行政研究思想的影响。德国行政学者斯坦因认为,"国家是一种在一定社会条件下具有人格主体特征的有机体,广义国家具有心理学意义上的意志和活动的对立,具体表现为宪政与行政的关系,但不具有包含关系,宪政不能包含行政的内容,其只具有一定的限制作用"①。德国另一位行政学者布隆赤里也认为,"一个国家具有两种基本活动,即政治活动和行政活动,政治是政治家的特殊活动,而行政属于技术性职员的范畴"②。来自欧洲大陆的行政学者对这一时期美国行政学的创立具有深远的影响,正如威尔逊所说的:"它是一门外来的科学。"也即,当19世纪末20世纪初,美国行政学开始"吐露芬芳"的时候,欧洲大陆启蒙了美国行政学者。

在实践中,美国建国之后经历了西进运动及南北战争等一系列血与火的创伤和洗礼,然而成长的伤痛并没有天然地成为解决问题的万灵药。在长达一个多世纪的资本主义政治运行过程中逐步形成的政党分赃制,使得历届总统制下的政府管理活动变成政党分赃的场所,国家成为精英政治和利益集团谋取利益的工具;本应该独立、高效运行的政府机构成为政治的附庸,行政管理秩序时常被政党活动扰乱,导致政治腐败、官僚低效的现象,民众极其不满,怨声载道,资本主义制度在民主与效率之间的二律背反矛盾甚为突出,已经严重威胁到国家稳定。在第二次工业革命浪潮席卷西方社会、机器大工业大踏步发展的时候,政府行政管理体系对政党政治的依附和政党体系对政府行政管理的控制依然如旧,面临着严峻挑战,美国进入历史上腐败最盛的"镀金"时期。威尔逊针对当时美国政府的这种状况指出:"执行宪法比制定宪法更困难。"③为此,美国迫切需要采用行政功绩制取代政党分赃制,建立行政学来指导国家行政管理活动,以使政府更好地履行其职能和完成其使命。

三、理论内容

(一) 创立行政学的必要

在威尔逊之前,几乎所有学者的研究都聚焦在国家性质、国家制度、国家法律等结构性的静态政治体系上,政府管理活动方面的研究是一个空白。正如威尔逊所言:"在本世纪度过它最初的青春年华,并开始吐放它在系统知识方面独

---

① 转引自:〔日〕蜡山正道:《行政学总论》,黄昌源译,中华书局1934年版,第5页。
② 彭和平、竹立家等编译:《国外公共行政理论精选》,中共中央党校出版社1997年版,第15页。
③ 同上书,第4页。

特的花朵之前,谁也没有从作为政府科学的一个分支的角度来系统地撰写过行政学专著。"①为什么会产生这种现象?威尔逊认为,早期社会,社会生产力不高,社会公共管理事务相对简单,政府的职能也相对简单,不必要有专门的学科来研究或指导政府的管理活动。②而且在18世纪以前,欧美国家的国家结构相对简单,没有什么利益集团让国家头疼,也没有现代的金融体系需要政府管控,整个社会都处在一个相对简单的环境中,因此,政府的职能划分还不是那么重要。

随着第二次工业革命的完成,整个欧美国家资本主义经济体系进一步发展,伴随而来的是社会管理、经济管理、政治管理的混乱,种种问题暴露了政府管理的缺陷,这对政府的管理活动及其职能优化提出了新的要求。所以,行政学甫一提出,便着眼于政府行政管理体系的完备性和政府管理活动的科学性这两方面。"行政学研究的目的,一方面在于揭示政府能够适当地和成功地进行什么工作,以及政府怎样才能以高效率和在费用或能源方面尽可能少的成本去完成这些适当的工作。"③可见,当时行政学的起点就是对政府职能的研究,以及对政府的行政管理活动以及方法的研究,以帮助政府提高行政管理的效率,更好地服务于社会经济。"社会一旦有技术上的需要,则这种需要就会比十所大学更能把科学推向前进"④;"绝没有任何一门实用科学,当还没有了解它的必要时,会有人对它进行研究"⑤。所以,从镀金时代(19世纪70年代至20世纪)到进步主义时代(19世纪末至20世纪20年代),创立行政学完全是出于服务当时美国国家建设、试图打破政党分赃制、建立现代化的政府职能体系、提高政府管理水平的需要,以适应经济、社会的飞速变革等。

(二) 对政治与行政的看法

1887年威尔逊在《政治学季刊》上发表了《行政学研究》一文,主张政治与行政分离,第一次明确地提出应该把行政学从政治学中分离出来作为一门独立的学科进行研究。因为政治是在重大而且具有普遍性事项方面的活动,行政管理

---

① 〔美〕伍德罗·威尔逊:《行政学研究》,李方译,《国外政治学》1987年第6期,第31页。
② 同上。
③ 彭和平、竹立家等编译:《国外公共行政理论精选》,中共中央党校出版社1997年版,第1页。
④ 《马克思恩格斯选集》第四卷,人民出版社1972年版,第505页。
⑤ 彭和平、竹立家等编译:《国外公共行政理论精选》,中共中央党校出版社1997年版,第1页。

则是国家在个别和细微事项方面的活动,所以,政治是政治家的特殊活动范围,而行政管理则是技术性职员的事情。"行政管理的领域是一种事务性的领域,它与政治领域的那种混乱和冲突相距甚远。在大多数问题上,它甚至与宪法研究方面那种争议甚多的场面也迥然不同。"①

从行政学产生的知识来源看,其母体是政治学。行政学是从政治学中脱离出来的,二者在研究内容、观察角度以及涉及领域方面均有所不同。政治学的历史源远流长,形成于两千多年前的古希腊时期,其内容广泛,思想深刻,涉及国家性质、政府种类、国家构成方式、人权等方面,而行政学研究的主题都是在政治学框架内展开的,主要研究政府的职能及其管理活动。就威尔逊的观点来说,政治学关注社会价值、社会公平正义,而行政学是一门技术性的学问。"行政管理的问题并不是政治问题,虽然行政管理的任务是由政治加以确定的,但政治却无须自找麻烦地去操纵行政管理机构。"②只有摆脱政治学的束缚,行政学才可能真正地建立学科地位。

古德诺认为,政治与行政是所有政府具有的两种基本功能。政治与政策和国家意志的表达相关,存在于政府表达国家意志所必需的活动中;行政则与这些政策的执行相关,存在于政府执行国家意志所必需的活动中。所以,政治是国家意志的表达,行政是国家意志的执行。由于政府体制的不同,这两种功能的区分程度及其关系也会表现出一定的差别。一般而言,国家意志的表达机构是立法机关,但它们又不只有立法的功能,在某些情况下,立法机构对于执行机构有一定的控制作用,影响着执行机构的具体行政行为;反之,行政机构作为国家意志的执行机关,往往不是单纯地作为行政行为的主体而存在,其在做出行政行为的过程中还兼顾立法机关的相关职能。那么就会存在一种情况,即政府的民主程度越低,国家意志的执行功能与表达功能之间的区别越小。但即使在君主制政府中,分工的需要也使这两种功能的区分不可避免。

政治与行政的分离并不意味着二者处于一种完全分立的状态,二者之间仍然有重叠的部分。所以,古德诺才强调一种政治与行政的协调。这种协调表现

---

① 彭和平、竹立家等编译:《国外公共行政理论精选》,中共中央党校出版社1997年版,第14页。
② 同上。

为政治对行政的适度控制和行政自身的适度集权。

首先,政治对行政的适度控制。这种控制可能来源于某种法定的制度。以早期的议会内阁制为例。议员由人民选举产生,被委以重任,在议会上通过征询、质询等方式表达立场和观点,内阁政府机构必须重视和采纳其观点和建议,这样就形成议会代表国家和人民的意志对执行机构进行控制的模式。与此同时,这种政治控制必须具有相应的限度,古德诺强调的是"适度"控制。如果这种政治控制具有无限的权力,那么又会回到政党分赃的时代。所以,必须对欧洲的行政科学和政党政治加以改造,使之在思想、原则和目标上美国化。

其次,古德诺也强调行政的适度集权。只有行政在一定程度上被集权化了,才能达到政治和行政功能之间必要的协调。美国作为一个联邦制的国家,联邦政府和地方政府之间的分权必然会导致行政权力的统一出现问题。所以,古德诺批判美国的三权分立思想,认为权力的分化会导致权力低效化。他宣扬行政权力的适度集中,只有这样,国家的意志才能够得到真正的贯彻和执行,才不会导致地方政府意志和国家意志出现本末倒置的情况。行政的适度集权会将各地方和各州有效地统筹和控制起来,解决双方为维护自身权益而出现的对抗问题,这样行政系统才有能力与政治系统建立起有效的协调机制。

(三) 行政学研究的目标和方法

任何一门学科都有它存在的价值,也有其研究目标与任务。作为一门学科,行政学不能限于"纯粹技术细节的那种单调内容之上"[1],应该对行政管理各方面展开理论研究,使行政学的理论既有深度又有广度,形成"行政管理中比较高深的理论"[2]。行政学的目标与任务为:"其一,如何合理界定政府的权限与职责;其二,如何构建一个廉价、高效、公正的政府。"[3]经过了威尔逊之后,行政学已不同于以往的政治学,而是有了新的目标与任务。这个目标和任务的精髓在于总结政府行政管理经验,把行政管理从经验实践的繁杂中拯救出来,使之深深植根于稳定的原理,从而形成系统完备的行政学理论。

---

[1] 〔美〕伍德罗·威尔逊:《行政学研究》,李方译,《国外政治学》1987年第6期,第44页。
[2] 同上。
[3] 竺乾威主编:《西方行政学说史》,高等教育出版社2001年版,第9页。

威尔逊认为,"一切政府都具有很强的结构方面的相似性"①,"要准确地断定什么是发展这一研究工作的方法"②,并说明"最适合于这种研究的方法以及对于它最有用的观点是什么"③。基于对以往学科研究的经验,应该用以下两种方式去研究行政学。

(1) 历史研究法。又称纵向研究法,就是从以往的理论或者思想中寻找研究突破点,以推动当前研究的发展。就行政学来说,应该着重对过去关于行政学的思想、行政制度以及行政文化等进行考察和研究,把行政学在历史发展中的来龙去脉研究清楚。"历史研究的目的在于解决政府行政管理的现状及其演变趋向,但它不是断章取义地分析行政管理的现状,而是系统地研究它们以往的发展及其变迁的原因。"④

(2) 比较研究法。就是进行横向或纵向的比较研究,得出结论。"通过各国政府间的横向比较,能够区别各国行政的类型和特征,鉴别优劣、取长补短。"⑤威尔逊强调了比较研究的重要性,"如果不对政府进行比较研究,我们就不能使自己从下面这种误解中解放出来,即认为将民主国家的行政管理跟非民主国家的相比较,是建立在一个根本不同的基础之上的"⑥。

(四) 人事行政与监督思想

政府行政工作由人完成,独立之后的首要任务是人事行政,建立现代的、科学的人事管理制度势在必行。

(1) 公务人员要通过公开考试,择优录取。因政党分赃制的长期存在,政府公共职位一直被执政党"垄断",政府部门无法通过考试选拔优秀的人才参与行政管理。因此,威尔逊说:"必须为文职机关的竞争考试提供有充分准备的人员,这些人员必须同样接受各种自由形式的考试,也接受技术知识方面的考试。我们有必要用这种方法来建立民主制度。"⑦通过采用公开考试和选拔任用的方法

---

① [美]伍德罗·威尔逊:《行政学研究》,李方译,《国外政治学》1987年第6期,第49页。
② 同上文,第30页。
③ 同上文,第48—49页。
④ 竺乾威主编:《西方行政学说史》,高等教育出版社2001年版,第10页。
⑤ 同上书,第11页。
⑥ 彭和平、竹立家等编译:《国外公共行政理论精选》,中共中央党校出版社1997年版,第22页。
⑦ [美]伍德罗·威尔逊:《行政学研究》,《国外政治学》1987年第6期,第47页。

建立一套文官体系,采用功绩制替代政党分赃制,是行政学发展的实践注脚。现代公务员体系作为常任文官制度的一种转化和延伸,其理想模式是建立一个具有足够的文化修养和独立精神的文官制度,通过选举和经常性的向公众咨询、公开商议,理性地和有力量地开展活动,与公民的思想保持密切的联系,让专断成为不可能的事情。

（2）提高政府官员的专业素质。政府这部巨大的机器想要高效运转,就必须培养高素质的官员,使之成为政府进行管理的"工具",如果缺乏这种"工具",政府将难以运转,更别说为公众提供必要的服务。对此,威尔逊形象地说道:"如果我们要添置新的锅炉并且对于推动我们政府机器的炉火加以改进,我们就必须使旧的轮子、接头、阀门和皮带等,在新力量的推动下尽可能不发出嘎吱嘈杂的声音。"[1]严格说来,统治者只不过是民众的仆人而已。在威尔逊看来,高薪、优厚的福利待遇和良好的职业发展前景是提高官员工作质量的重要途径。这样才能使政府官员使用最多的才智并付出最多的努力,秉持职业操守和道德良心认真做好行政服务。

（3）克服官僚主义作风。"在任何情况下,我们都必须有一支受过充分训练的官员队伍以良好的态度为我们服务：这显然是一种工作的需要。"[2]"所谓良好的态度,就是对于他们所为之服务的政府的政策,具有坚定而强烈的忠诚。这种态度在各方面都绝没有官僚作风的污点。"[3]行政领导应当带头克服官僚作风。"官僚主义者的动机、目标、政策和标准必然是官僚主义的。我们规定所有的部长都必须是真正为人民服务的,因而对于在真正为人民服务的部长领导下履行任务的官员们,要想指出他们无耻的独断专横的任何实例,看来是很困难的。一个具有真正大公无私精神的政治家,其领导方式可以把自负而且敷衍塞责的机关变成公正政府的具有大公无私精神的工具。"[4]同时,通过公共舆论加强监督,也能有效地克服官僚主义。无论是在政治还是行政方面,为了对政策制定者进行监督,公众的批评是完全有益和不可或缺的。行政学研究应该去发展一些方

---

[1] 〔美〕伍德罗·威尔逊:《行政学研究》,李方译,《国外政治学》1987年第6期,第47页。
[2] 同上。
[3] 同上文,第48页。
[4] 同上。

法,给予公众舆论监督政治活动和政策制定的权力;同时,政府行政管理工作也必须对公众舆论有敏锐的反应。

四、基本评价

作为行政学研究的开山鼻祖,威尔逊的学术思想主要是界定了行政学的本质,说明了行政学研究的方法论,提出了人事思想和监督思想以及文官制度的改革。爱因斯坦说过,"发现一个问题比解决一个问题更重要"。威尔逊倡导政治领域与行政领域二者分离,把行政学从政治学中分离出来,开创了行政学学科,推动了后续研究与发展。

也要看到,《行政学研究》本来只是一篇讲演稿,以关注学术前沿、呼吁引进新兴学科为主题。威尔逊的论述任务无疑是论证行政学从欧洲引入、在美国建立以及行政学"美国化"的合法性,对德国行政学思想的解读也必然服务于这一主题。威尔逊呼吁的行政学"美国化"之后,在后世一代又一代美国行政学者的共同努力下,美国行政学才从后来者发展成了领导者。

古德诺在继承威尔逊政治与行政二分的基础上,进一步对政治和行政二分做了详尽的阐释。也许对一些学者而言,接触古德诺的政治与行政二分思想时往往会陷入"政治与行政二分"的字面陷阱,认为"政治与行政二分"就是把政治与行政二者完全分离并将其作为两个独立的个体进行研究,这就没有彻底理解古德诺这一思想的精髓。事实上,为了解决"政党分赃制"问题,他创造性地提出了政党的法外调节功能,保持了政府的有效性、稳定性以及统一性。

如何实现适度的二分,以及如何使适度更具操作性是不能回避的问题。政治与行政二分一般会发生两种情况:一是过度的政治与行政分权,这会造成诸如美国式的行政力量统一性被破坏的情况,导致国家难以集中力量提供全国性的、及时性的公共服务,尤其是解决公共危机;二是过度的政治与行政集中,这会使国家向行政国家转变,此时国家行政、立法、司法权力集中,容易形成国家专制,诸如二战前的日本和德国。尽管如此,古德诺的政治与行政在协调基础上的二分契合当时的国际背景,很大程度上满足了国际社会的需要,对国家政治体制建设产生了巨大的影响。

第二节　泰勒和法约尔的科学管理理论

一、人物简述

弗雷德里克·温斯洛·泰勒

弗雷德里克·温斯洛·泰勒（Frederick Winslow Taylor，1856—1915），美国著名的管理学家、经济学家、工程师，曾任美国机械工程师学会主席，获得各种专利一百多项，被誉为"科学管理之父"。

泰勒1856年3月20日出生于美国费城杰曼顿一个富有的律师家庭，1874年考入哈佛大学法律系，入学不久，因患眼疾辍学。1875年，进入费城恩特普里斯水压工厂当学徒。1878年，转入费城米德威尔钢铁公司工作，于1881年进行了著名的"金属切削试验"，从此展开了工时研究。1890年，离开米德威尔到费城一家造纸业公司担任总经理。1893年，辞职从事独立的工厂管理咨询工作。1895年，在美国机械工程师学会发表《计件工资制》一文。1898年，与怀特共同研发高速工具钢，在1900年的法国巴黎博览会上首次展出后轰动世界。1915年3月21日，在美国费城逝世，享年59岁。主要著作有：《计件工资制》（1895）、《工厂管理》（1903）、《效率的福音》（1911）、《科学管理原理》（1911）和《科学管理》（1912）等。

亨利·法约尔（Henri Fayol，1841—1925），法国科学管理专家，管理学的先驱人物之一，被管理学界誉为"一般管理理论之父"。他的职业生涯可以分为四个阶段：（1）1860—1872年，他是一名普通的基层管理人员和技术工作人员；（2）1873—1883年，被提升为矿井的经理；（3）1884—1917年，临危受命，接手处于破产边缘的企业并担任总经理；（4）1918年退休至1925年病逝，这期间他一直致力于宣传他的一般管理理论，并创立了管理研究中心。法约尔作为企业的经理管理矿井时开

亨利·法约尔

始思考影响矿井经济情况的各种因素,如煤田地质、矿井寿命等。他因关于地下防火的研究、煤矿地质构造的"三角理论"等被法国科学院授予了著名的德雷塞(Delesse)奖。

法约尔一生著述颇丰,包括《论管理的一般原则》(1908)、《高等技术学校中的管理教育》(1917)、《管理职能在事业经营中的重要性》(1918)、《国家的工业化》(1919)、《国家在管理上的无能——邮政与电讯》(1921)、《邮电部门的管理改革》(1921)、《国家行政理论》(1923)等,最具代表性的是1916年出版的《工业管理和一般管理》。

二、学说背景

第二次工业革命的影响是巨大、广泛和深远的。在企业组织和市场领域的工商管理革命的形式和成果主要是科学管理运动的兴起。伴随着电能的使用,社会生产力大幅度提高,机器大生产代替传统手工生产,打破了资本主义原始积累的局限,进入垄断资本主义新时代。一方面,企业规模迅速扩大,工业革命促进了一体化生产,伴随而来的是工业生产效率的提高。另一方面,新的生产方式和经济运行迫切需要新的企业管理组织,以适应经济革命,提高生产效率,但事实却与其相反。现实的工作环境恶劣、生产效率低下、雇员规模臃肿、产品质量低劣、工人"磨洋工"现象盛行、劳资关系紧张以及工人运动的发展等企业管理引发的社会问题频出,这就给科学管理提供了机遇。

在这样的时代背景下,泰勒通过长期的实践管理经验以及开展的大量调查和实证研究提出:要提高企业效率,就必须实行科学管理;而要实行科学管理,又必须设计合理的职能组织。于是,他便提出了"科学管理"思想,形成科学管理理论,并被喻为古典管理主义创始人。法约尔的管理理论直接来源于工程实践,前期的工程实践为其管理理论的形成奠定了坚实的基础。他在泰勒的基础上,致力于优化管理职能和管理过程,从科学管理的一般性准则出发,提炼概括出全新的工业化管理的一般化原理,使得聚焦行为本身的科学管理能够普及和推广开来。首先,他进一步深化了科学管理的理论;其次,在实务操作和管理层面,该理论得到运用;再次,在理论的传播运用上,他借助自身工程师和经理人的双重身份,将古典管理主义上升到新的阶段。可以说,科学管理的两大代表人物——泰勒和法约尔都极富科学探索的精神。

三、理论内容

(一) 泰勒的科学管理思想

泰勒的科学管理思想可以总结为以下几个方面。

1. 提高劳动生产率是科学管理的宗旨

泰勒认为,工人和管理者双方最重要的目标是培训和发展企业中每个人的技能,以使他们每个人都能尽其所能,用最高的劳动生产率完成工作。

2. 科学地选择"第一流工人"

泰勒认为,如果管理者想要提高劳动生产率,就必须科学地选择一流工人,并进行培训和教育,而不是像过去那样由工人选择各自的工作,并各尽其能地进行自我培训。[①] 挑选和培养工人都要使其工作能力同工作内容、性质相配合,把人配置到最适合他的岗位上去,使人尽其才,才尽其用。

3. 标准化完成工作任务

泰勒提出,管理者应该"提出工人操作的每一动作的科学方法,以代替过去单凭经验从事的方法"[②]。这个科学方法涉及三个方面的内容:一是标准化的操作方法;二是标准化的硬件设备;三是标准化环境。

4. 对工人和雇主进行一场"精神革命"

自从资本主义制度确立以来,劳动者和资本家之间一直存在着紧张的"劳资关系"。泰勒的科学管理理论坚信:"雇员和雇主的真正利益是一致的,只有实现雇员的财富最大化,否则不可能永久地实现雇主的财富最大化,反之亦然。同时满足工人的高薪酬这一最大需求和雇主的低产品工时成本这一目标是可能的。"[③]因此,要改变这种关系,就必须对劳动者和资本家进行一场"精神革命",

---

[①] 〔美〕弗雷德里克·泰勒:《科学管理原理》,马风才译,机械工业出版社2013年版,第28页。
[②] 同上。
[③] 同上书,第2页。

即变相互猜疑、诋毁、指责和对抗为互相信任和协调合作。

5. 职能工长制下的计划职能和执行职能分离

为了提高企业效率,使工长有效地履行职责,就必须把管理工作进一步细分,使具备专门知识的人做专门的事。工人单凭自己的经验是无法找到科学的工作方法的,时间和各方面的条件不允许工人去从事这方面的试验和研究,所以必须将计划和执行职能分离,将计划职能归还给管理部门,让其设立专门的机构来承担计划职能,并明确计划部门的职责。

6. 定额管理与例外组织原则

科学管理的作用在于找到规定工作时间和分发工资的实施根据和规律。泰勒主张设立一个制定定额的机构负责定额管理,强调组织应实行例外原则,就是企业的高级管理人员把一般性的日常事务授权给下级管理人员去处理,自己只保留对例外事项的决策和监督权,如企业中重大政策的制定和重要的人事任免等。实行例外原则,可以使高层管理者摆脱各种常规性的管理事务,用更多的时间和精力去思考管理中的重大问题,提高管理效率。

(二) 法约尔的管理职能与一般管理原则

法约尔通过对企业组织管理经营活动的观察以及自身的实践,将企业组织的全部活动分为六种:技术职能、商业职能、财务职能、安全职能、会计职能和管理职能。在法约尔看来,技术、商业、财务、安全、会计职能都不负责制定企业的总体规划,不负责协调企业内部各个方面,而管理职能就是要来承担前面五个职能所欠缺的内容,对企业各个方面进行规划协调,保证企业的长远发展。这样,管理职能又分为计划、组织、指挥、协调和控制五种。

围绕管理职能,法约尔通过对自己长期的管理活动的实践经验进行高度概括,总结出了著名的"十四条原则"。

1. 劳动分工原则

劳动分工可以提高劳动的熟练程度,同时劳动分工不只适用于技术工作,而且适用于管理工作、职能的专业化以及权限的划分。分工可以提高管理工作的效率。

2. 权力与责任原则

权力与责任是一对孪生物。责任是权力当然的结果和必要的补充,凡有权力行使的地方,就有责任。要贯彻权力与责任相符的原则,就应该制定有效的奖励和惩罚制度,即"应该鼓励有益的行动而制止与其相反的行动"[①],从而奖励那些积极工作的员工,惩罚那些消极懈怠的员工。

3. 纪律原则

纪律应包括两个方面:一是企业与下属人员之间的协定;二是人们对这个协定的态度及其对协定的遵守情况。法约尔认为:纪律是一个企业兴旺发达的关键。纪律的实质是遵守公司各方面达成的协议。

4. 统一指挥原则

在任何组织中,都有一个普遍存在的永久性的原则——统一指挥原则(或垂直性指挥原则),即无论对于什么工作,一个下属人员有且只能接受一个领导者的命令。如果不遵守这个原则,或者这个原则遭到破坏,组织的正常运行秩序将严重受损,进而影响组织的稳定性。这必须引起管理者的高度重视。

5. 统一领导原则

统一领导原则与统一指挥原则不一样,它强调的是"领导"或"管理者",即同一目标下的所有工作应该由一个管理者来领导和管理,组织顺利实现目标的途径之一就是采用统一领导原则。

6. 个人利益服从整体利益

整体利益大于个人利益的总和,一个组织谋求实现总目标比实现个人目标更为重要。协调这两方面利益的关键是领导阶层要有坚定的决心和做出良好的榜样。协调要尽可能公正,并经常进行监督。

7. 人员报酬原则

法约尔认为不管采用什么报酬方式,都应该考虑以下三点:一是保证报酬公平;二是对有益于企业的活动,应给予相应的员工额外的奖励,激发员工热情;三

---

① 〔法〕H.法约尔:《工业管理与一般管理》,周安华等译,中国社会科学出版社1982年版,第24页。

是不应导致超过合理限度的过多的报酬。

8. 集中原则

法约尔认为,组织必须实行必要的集中,只有集中才能使每个员工各尽所能,各展其才,才能整合组织的一切资源,使整个组织发挥出最大的作用。

9. 等级制度原则

等级制度就是从最高权力机构直到底层管理人员的纵向等级序列。法约尔制定了一种跳板(亦称"法约尔跳板"),即在等级之间建立一种横向联系机制,这样既保证了组织统一、高效,又解决了信息传递的速度慢和失真问题。

10. 秩序原则

秩序原则包括物品的秩序原则和人的社会秩序原则。物品的秩序原则就是要使每件物品都在它应该在的位置上。而人的社会秩序原则是讲,每个人都有各自的优势和不足,应该在组织中为每个人找到最适合其特长的职位。

11. 公平原则

公平原则是将善意与公道原则融于一体后产生的新概念,即在贯彻"公道"原则的基础上,还要根据实际情况对职工的劳动表现进行"善意"的评价。为避免员工的努力得不到公平的对待,不能充分地调动职工的劳动积极性,就要在管理中贯彻公平原则。

12. 人员稳定原则

组织必须采用"人员稳定原则"。这一原则是说,要使一个人的能力得到充分的发挥,就要使他在一个工作岗位上相对稳定地工作一段时间,使他能有一段时间来熟悉自己的工作,了解自己的工作环境,并取得别人对自己的信任。

13. 创新精神原则

创新精神能激发组织成员的活力,给组织带来新的创造力。对于组织而言,其成员的创新精神是一种力量精神。一名资深的领导者或管理者,不仅应要求下级管理人员具备创新精神,还应要求所有组织成员具备创新精神,同时注重开发所有员工的创新精神。

14. 团队合作精神原则

一名管理者必须要明白,团队合作比单个人分散工作产出的成果效益高得多,因此管理者的职责之一就是努力去培养组织团结合作的工作态度,并且常常思考"团结就是力量"这句亘古实用的名言,把团结协作贯穿于组织。

四、基本评价

作为"科学管理之父",泰勒创立了科学管理理论,倡导科学管理运动,成为古典管理理论学派的代表,他提出的科学管理理论对西方行政学的发展产生了决定性的影响,促进了西方行政学的发展与兴盛,并为当时乃至现在的政府与企业界的管理活动提供了有益借鉴。正如著名管理学家厄威克所说:"目前所谓现代管理方法,如果不说是绝大多数,至少有许多可以追溯到泰勒及其追随者半个世纪以前提出的思想。这些管理方法虽然已改进和发展得同原来大不相同,但其核心思想通常可以在泰勒的著作和实践中找到。"[①]但是,科学管理思想的一些缺陷也广为后人诟病,例如,只看到个体工作的劳动效率,而忽视了人的情感、心理以及外在环境对工作效率的影响等。对此,泰勒自己有清醒的认识,就像他在一次演讲中谈到的,"科学管理的每一步都是一种发展,而不是一种理论。在各种情况下,实践都在理论之先。……我所知道的同科学管理有联系的所有人都准备放弃任何计划、任何理论,转而拥护所能找到的更好的东西。因为在科学管理中并不存在着什么固定不变的东西"[②]。

作为古典管理理论的奠基人之一,法约尔提出的一般管理原则与五大管理职能也奠定了20世纪50年代兴起的管理过程研究的基本理论基础,后来管理过程学派代表人物孔茨、纽曼等人继承和发展了法约尔的理论,使管理过程学派成为管理学各学派中最具有影响力的学派,许多公共管理学家、企业和政府都开始注重通过研究科学管理来提高政府行政效率。但法约尔的一般管理理论也存在一定的缺陷,如忽略了非正式团体的存在,忽视了组织同周围环境的关系,指标设定缺乏科学测量等。但我们也必须清楚地认识到,法约尔所做的工作是处于

---

① 〔英〕林德尔·厄威克编:《管理备要》,孙耀君等译,中国社会科学出版社1994年版,第72页。
② 孙耀君:《西方管理思想史》,山西经济出版社1987年版,第88页。

初始阶段的开创性研究,后人对法约尔理论的批判是建立在法约尔对管理理论的巨大贡献这个基础之上的,这些缺陷丝毫不会影响法约尔管理思想的光芒。在信息化时代的今天,法约尔的一般管理理论依然具有很大的影响力。

第三节 韦伯的理性官僚制

一、人物简述

马克斯·韦伯(Max Weber,1864—1920),德国著名社会学家、政治学家、社会理论家、宗教学家、组织学家等,是现代最具生命力和影响力的一位思想家。在古典社会学领域,马克斯·韦伯、埃米尔·涂尔干、卡尔·马克思被称为社会学"三巨头"。

1864年4月21日,韦伯生于德国图林根的埃尔富特市。1882年,考入海德堡大学,1884年进入柏林大学和哥廷根大学深造,1889年在柏林大学获法学博士学位。1891年,韦伯在柏林大学谋得一个教席,开始了他的大学教授生涯。1894年担任弗里堡大学政治经济学

马克斯·韦伯

教授。1903年与维尔纳·桑巴特共同创建"社会学和学会政策档案"。1912年辞去德国社会学协会执行委员的职务。1920年6月14日,韦伯不幸在慕尼黑死于肆虐全球的西班牙大流感疫情,年仅56岁。

韦伯的一生著述丰富,其代表作有《新教伦理与资本主义精神》(1920)、《政治论文集》(1921)、《经济与社会》(1922)、《学术理论论文集》(1922)、《社会史与经济史论文集》(1924)、《社会学和社会政策论文集》(1924),还有《中国的宗教:儒教与道教》(1915)、《印度的宗教:印度教与佛教》(1916)、《古犹太教》(1917)、《音乐社会学引论:音乐的理性基础与社会基础》(1921)以及《国家社会学》(1921)等。

二、学说背景

从行政学建立及推进的时间序列来看,威尔逊和古德诺均是从学理性和改

革方案角度提出建立行政学,将行政领域从政治领域中分离出来,使之成为一种独立运行的具体事务性活动。但是,当行政学建立、行政领域独立之后,势必会出现行政管理的各项事务性活动开展的组织结构再造和重塑问题,也就是各级各类行政组织的管理效率问题。韦伯的理性官僚制理论正是沿着威尔逊和古德诺两人开创的政治—行政二分法理论的进路展开的,他专门研究和设计了政府行政部门的组织管理模式,创立了著名的理性官僚制理论,从而为真正实现政治与行政两分的思想奠定了坚实的组织基础。

韦伯综合运用哲学、历史学、社会学、政治学的知识,对东西方社会发展中人类的组织形式和管理方式,进行了全方位的纵横比较和因果分析,发现人类社会的组织形式和管理方式大致有三种:魅力型组织管理方式、传统型组织管理方式、法理型组织管理方式。这三种方式也被韦伯称为人类社会的统治形态。韦伯认为第三种方式,即建立在理性和法律基础上的"官僚制"统治形式是最合理、最有效的组织形式。他专心研究这种"合法—合理型"官僚组织形式,创立了著名的"官僚制"理论。为了与一般意义的传统官僚制和官僚主义相区别,人们通常称韦伯的"官僚制"为理性官僚制,它是一种"理想型"的官僚组织形式,"在行政官僚领域,要么采用管理制度,要么外行作风,否则别无选择,官僚制成了理性社会的世界命运"[①]。

三、理论内容

(一) 官僚制的概念

"官僚制"(bureaucracy)一词由法文中的 bureau 与希腊文中的 kratos 复合而成。Bureau 原意是指带有书写折叠板的家具,后来其意思衍生为书桌,进而指放书桌的办公室、办公场所;kratos 有管理、治理、统治的意思。工业革命后,bureaucracy 一词从原来"办公"的意思渐渐引申为训练有素的专业人员根据固定的规章、制度展开活动这样一种理性而高效的行政管理体制。韦伯对这个概念进行了新的界定,他认为,"官僚制就是建立于法理型统治基础上的一种现代社会所特有的、具有专业化功能以及固定规章制度,是一种理性地设计出来的,以协

---

① 〔美〕安东尼·奥罗姆:《政治社会学》,张华青、孙嘉明等译,上海人民出版社1989年版,第71页。

调众多的个体活动,从而有效地完成大规模管理工作,实现以组织目标为功能的合理等级组织"①。官僚制在近代西方资本主义经济发展和政治制度的基础上建立,随着资本主义的进一步发展,其含义也在持续更新。

(二) 三种组织类型

1. 魅力型组织

魅力型组织又称为神秘型组织或"克里斯玛型"组织。这种组织一般与领袖人物联系在一起,韦伯用"克里斯玛"表示某些人的人格特征,这些人一般被认为具有非一般的力量或者素质,或者被视为神灵差遣的使者。比如,耶稣、穆罕默德、亚历山大等都是这种人物的典型代表。魅力型组织大多由具有威望的领袖及其追随者组成,组织由领袖人物的个人魅力权威和组织成员的情感来维系。典型的魅力型组织大多出现在宗教或政治领域,这类组织有以下特点:第一,组织成员必须坚决服从领袖的命令;第二,组织内部的管理非专业化;第三,组织缺乏日常的、合理的经济支持;第四,组织具有强烈的革命性;第五,组织具有不稳定性。

2. 传统型组织

传统型组织在现代国家不容易见到,韦伯认为这种组织能存在的原因是传统制度和习俗的存在,例如我国的封建王朝就是传统型组织,它的存在就是因为有中国传统文化的支持,不受人们的反对。传统型组织是资本主义发展以前人类历史上存在时间最长、最成熟的组织类型。传统型组织的主要特征有:第一,组织权力即传统权力来自传统的固有尊严;第二,组织权力具有集中性,行使权力具有任意性;第三,组织缺乏行之有效的行政管理;第四,组织行为缺乏经济理性的考虑;第五,具有强烈的传统性与保守性。

3. 法理型组织

韦伯官僚制的提出就是基于法理型组织,他认为法理型组织是符合现代资本主义发展要求的组织类型,并且有助于推动资本主义制度的完善。在韦伯看来,法理型组织必然借助现代官僚制的行政管理班子进行管理与统治,在此意义

---

① 竺乾威主编:《西方行政学说史》,高等教育出版社2001年版,第64页。

上,官僚组织是法理型组织的纯粹形态。韦伯认为,法理型组织兼具合法性与合理性的特征。韦伯认为法理型组织有以下特征:第一,严格的效率取向;第二,注重法律与程序;第三,专业知识与技术的重要性更为突出;第四,组织在适用上的普遍性。

(三) 理性官僚制的特征

1. 专业化分工

理性官僚制强调政府的公职人员要严格按照政府的要求行使自己的工作职责,组织的分工须达到专业化的要求,在行政或者管理组织中的职位设定要有明确的界限,政府公职人员根据不同的技术等级完成不同的工作。

2. 层级节制的权力体系

在一个官僚组织的等级实体中,层级节制的权力体系可以使组织中的每一个成员都确切地知道从何处取得命令以及把命令传达给何人,它有助于克服组织管理中的混乱现象,提高组织的工作效率。

3. 依照规程办事的运作机制

官僚制组织通常要根据合理合法的原则制定一整套规则和程序来规范组织及其成员的管理行为,以保证整个组织管理工作的一致性和明确性,提高行政效率。

4. 形式正规的决策文书

在实行官僚制的组织中,一切重要的决定和命令都应形成正式文件传达给组织成员,并且要记录在案,用毕归档,这样既可以防止工作的随意性,又有利于下级组织及其成员明确职责权限,还便于加强必要的控制,以利于组织更好地实现其目标。

5. 组织管理的非人格化

在官僚制组织中,管理工作是用法律法规和正式文件等来规范人的行为的,公私分明,对事不对人,人们在处理公务时只应考虑合法性、合理性以及有效性,而不应该考虑人情关系。

6. 引入专业培训机制

随着社会的进步和科学技术的发展,建立在高度分工和专业化基础之上的官僚制组织必须为其成员提供各种必需的专业培训,以便他们具备和增强处理事务和解决问题的能力,进而提高行政效率和服务质量。

7. 合理合法的人事行政制度

官僚制组织的人事行政必须遵循任人唯贤、注重实绩、奖勤罚懒、依法办事的基本原则,这些核心思想也是如今很多官僚机构所遵循的。这些原则的提出对于行政效率的提高起到了很大的作用。

(四)官僚制面临的挑战

官僚制作为行政组织的一种"经典组织范式",在管理机构得到了广泛的推行。然而进入21世纪以来,伴随着新公共管理运动的兴起,官僚制面临着极大的挑战,主要集中在以下方面:

(1)过分强调层级节制,要求下级对上级在职务上绝对服从,忽视了下级人员的主动性和积极性,缺乏民主精神;

(2)过分强调组织利益和组织效率,难以应对社会个性化的发展要求,难以应对多样化的社会需求;

(3)过分强调专业分工和职能权限的划分,忽视了宏观协调以及消除本位主义的问题;

(4)过分强调人员的稳定性,实行无过失便终身任职的制度,最终造就了"不求有功但求无过"的管理人员,得过且过混日子。

四、基本评价

韦伯的官僚制理论对当今政府组织架构的建立影响十分深远,目前世界上大多数国家的政府体系都建立在官僚制理论基础之上。现代官僚制组织建立的基础除了非人格化、追求高效率等原则外,还要求严格按照政府的规章制度办事,高效率和业绩水平让官僚制度显现出了独有的优越性。人们习惯于把韦伯的官僚制比喻为一台机器,这部庞大机器的各个零件就是按照合理性组织起来的公职人员,机器输入的是各种公共问题,输出的是问题解决的措施或者解决问题后的结果。所以从纯粹的技术角度审视,现代官僚制坚持集中—统一、命令—控制、集权—分权的组织运行模式,是一种完全理性化且在理想状态下能获得最高效率的运行机制,是人类世界中已知的对人进行形式支配的最理性方式。

虽然官僚制的巨大优越性已经在几个世纪的实践中得到肯定,然而,随着现代社会的发展,官僚制也不可避免地存在诸多问题,比如组织僵化、官僚主义危机、专业化危机、服从危机、民主危机、效率危机以及信息危机等。但是,官僚制最初是为适应工业社会对组织程序化与可控制的要求以及市场经济的发展而诞生的,随着时代的变迁,其自身必然要不断地创新与完善以适应社会的需要,因此也可以说,对官僚制的批判为官僚制的进一步完善提供了契机。

第四节　怀特的行政学理论

一、人物简述

伦纳德·D. 怀特

伦纳德·D. 怀特(Leonard D. White, 1891—1958),美国著名行政学家、历史学家、作家、改革家,长期担任芝加哥大学教授和美国文官委员会主席。1921年在芝加哥大学获哲学博士学位,后任该校政治学和历史学教授。1926年出版了被世界各国公认的第一本大学行政学教科书——《行政学导论》(也翻译为《行政学概论》),第一次运用理论的研究方法对行政学问题进行了系统的研究,首次将行政学思想系统化、理论化,使之成为一个比较完整的学科体系。《行政学导论》和美国学者魏劳毕于1927年发表的《行政学原理》标志着行政学这门学科基本形成。怀特一生著述很多,代表作有:《联邦主义者》(1948)和四卷本的美国行政管理史(1948—1958)等。

二、学说背景

20世纪20年代至30年代,西方行政理论与实践发展到"正统时期",这个时期的行政学继承了早期行政学的基本理念,认为真正的民主和真正的效率是统一的,经济与效率是行政管理的基本准则。行政学者将官僚制度及其组织和管理问题作为研究重点,力图通过对行政现象的科学分析,发现行政管理的原则和规律,并尝试着为行政学确立一个基本的理论模式和学科体系。怀特像亨利·法约尔一样,相信公共行政管理有普遍的适用性和适用于各种组织的一般原则。他在分析了美国政府机关实行功绩制的 50 年历史,并比较英国文官制度后指出,分赃制仍在美国政府机关中占主导地位,这种状况必须改变,为此他提出了一系列的改革主张。

怀特作为这一时期杰出的人事行政学专家,坚信公共行政管理实践中存在一些有普遍适用性的理论原则。怀特认为,在广泛的行政事务和纷繁复杂的行政现象中,必须运用科学的方法建立一套知识体系和理论原则,以便为政府及其工作人员的行政管理工作和执法活动提供行为规范和理论指导。在怀特的影响下,1934 年美国实行了初级文官考试。作为建立正式的公共行政通才招聘制度的一种工具,考试为以后招聘合格人才制度的建立和改进铺平了道路。怀特还认为,这些改革措施,只是一种质的规定,所以不能用数量标准来衡量。怀特的思想形成了一套有关行政学的理论研究方法,把人们的注意力从特定的公共行政机构转移到了公共行政学科体系的建设上来。

三、理论内容

到 20 世纪 20 年代,行政学研究已经走过三十多个春秋,但是有关行政学的研究范围以及公共行政的定义,行政学界都没有达成共识,无法为本领域的研究人员和实践者提供一个进行思想交流和观点交锋的平台,阻碍了公共行政学的进一步发展。于是,作为行政学家的怀特义不容辞地扛起了这一历史使命。他集中精力撰写《行政学导论》一书,该书被公认为行政学方面的第一本教科书。怀特认为,当时的行政管理主要面临四个问题,即组织、管理、人事、财政,他希望通过《行政学导论》构建一个行政科学体系,发现行政管理的问题,催生更多的公共行政研究成果。

(一) 行政之范围及其性质

行政中的基本问题,包括公务员创造才能的发展、工作的胜任、廉洁、负责、合作、财政、监督、领导资格、纪律以及各级政府的行政程序等均属于行政学的研究范围。怀特认为,国家行政管理的性质主要体现在如下方面:

(1) 官员和雇员对各种资源(物力、人力)进行最有效的利用。

(2) 行政是公务的执行。良好的行政追求的是:消除浪费,保护材料和能源,迅速满足公众的需求,保证雇员的福利。

(3) 行政法属于法律的范畴,其主要目的是对个人权利进行保护。而公共行政的目的则是对公共事务进行有效的管理。

(4) 增加行政权力需要增加防止滥用权力的保障措施。只要官员犯错误、偏私、贪功的可能性存在一日,保障公众的个人权利与施行政策就是同样重要的目标。

(二) 行政环境与人事行政思想

20世纪初,怀特就外界环境与政府管理之间的关系提出了自己的看法:"现代国家政府行政的任务,深受这一时代政治、经济与文化环境的影响。"[①]行政环境包括政治环境、经济环境、社会环境和科技环境。怀特认为,经济的发展深刻影响着国家行政的职能、目标与任务。在这样的行政环境下,开展人事行政工作,必然涉及人员的考试录用、职位分类、分级与工资、职务的晋升、惩戒与罢免以及退休等各个环节,主要有以下三个方面:

1. 人才选拔问题

怀特认为,当代人事管理有两大支柱:一是选拔人才,二是职位分类,二者缺一不可。为了保证选拔人才的科学性和公正性,必须设置独立的考试机构。例如,独立于行政系统的文官委员会由三人组成,其中不得有二人以上同属于一个政党。文官委员会下设若干机构,分别管理各项考务,根据委员会制定的人事行政考试政策法规进行统一管理。他提出,政府选拔管理人才的考试方法应该科学化、多样化,既可以采用笔试和口试的方法,也可以采用操作试验、工作试验和心理试验的方法。其目的是通过筛选,为政府的行政管理工作选拔出真正优秀的人才。

---

① 彭和平、竹立家等编译:《国外公共行政理论精选》,中共中央党校出版社1997年版,第44页。

2. 职位分类问题

职位分类是现代组织运行必须解决的问题。怀特认为,应该对国家机关相关职位按不同标准分类,然后选用合适的人才在合适的岗位上工作。职位分类对工资管理具有重要意义:第一,工资的多少应该根据行政人员所完成的工作加以确定;第二,实行同工同酬,同一等级的行政人员享受同一等级的报酬;第三,必须按照现代标准改进工资政策,提供公平的报酬;第四,确定满足生活消费的公平报酬。①

3. 职务的晋升问题

怀特指出,职务晋升有四条标准:一是具有工作资格;二是具有工作成绩或政绩;三是具有职务晋升考试成绩;四是领导综合判定后进行选择。这几条标准各有其优点和缺点,因此,必须结合上述两种或两种以上标准综合运用,以得到满意的结果。

(三) 行政协调思想

行政协调是行政主体为达到共同的行政目标而引导行政组织、部门、人员之间建立良好的协作与配合关系的管理方法与手段。② 怀特提出的行政协调思想包括以下内容:

1. 精简机构,减少协调量,减轻难度

美国政府机构设置臃肿,部门间职能交叉重叠,导致行政效率不高。怀特指出,行政协调之所以难以实现在于行政单位数量庞大,协调沟通困难,各单位间信息传递不畅,协调周期长、投入成本大且难以达到统一目标。因此,现代行政发展的新趋势是缩减行政部门数量,一方面撤销多种独立局,另一方面归并工作性质相近的各行政单位。③

2. 设置行政协调机关

怀特强调应该以政府委员会的形式设立协调机关,以利于行政协调工作的

---

① 唐兴霖编著:《公共行政学:历史与思想》,中山大学出版社2000年版,第233页。
② 夏书章主编:《行政管理学》(第二版),中山大学出版社1998年版,第305页。
③ 〔美〕伦纳德·D. 怀特:《行政学概论》,刘世传译,商务印书馆1947年版,第78页。

有效开展。① 应在各独立行政机关之上设置一个协调委员会——政府委员会,该委员会由各部门领导人员组成,其职责在于做出决策和对任务进行分配,加强财政和预算的统一管理,改变各自为政的状态,同时加强各部之间的联系,使各部之间协调合作,分清权责关系,实现政府高效运转。怀特还提出,应在联邦政府和市政府中同样设置协调机关。

3. 通过精密协调,获得较优协调结果

怀特的精密协调思想突出的价值追求有三点:最经济、最合理、最高效。经济,是指在行政活动过程中,注重控制成本投入,以合理形式达到最理想的结果,避免资源浪费;合理,即政府行政活动要做出最科学、最理性的决策,选择最优的策略方案;高效,是指行政效率高,行政决策和执行不拖沓,各部之间不推诿,及时解决各种问题。要在行政活动中做到经济、合理、高效,精密协调是关键,只有各行政部门之间相互合作、相互配合、资源共享、利益统一,才能实现目标一致。

4. 协调中行政首长裁定的重要性

怀特指出,行政首长的裁定就是最后的决定。在行政管理过程中,各部门会为了自己部门的利益而不断争执,最终可能引起矛盾冲突。这时就需要行政首长起作用了。行政首长可以用自己的权威以中间人的身份进行协调,保证各部门和谐,提高行政效率。

(四) 行政法规与监督思想

怀特的行政法规思想主要体现在两个方面:

(1) 法规和法律之间的关系界定。怀特认为,政策制定以后首先需要形成法制,即对行政经验进行归纳形成行政条例而后上升为行政法制,最后制定成宪法条文。

(2) 行政条例制定权的范围、限度、保障以及行政条例制定权对于行政管理的重要性。行政机关享有委任立法权,但行使这一权力有一定的范围和限度,超出这一范围则属违法无效;被授予委任立法权的行政机关才有权制定规定范围内的行政条例和规章,超出这一范围则越权无效。对实施行政条例制定权的保

---

① 〔美〕伦纳德·D. 怀特:《行政学概论》,刘世传译,商务印书馆1947年版,第79页。

障问题,怀特认为各级政府中有条例制定权的领导人的数量应有所限制,而且这些领导人本身应该具备制定条例的才能。怀特特别强调,制定行政规章,尤其是涉及公众利益的行政规章,需要一定程度的民主。关于行政条例制定权对行政管理的重要性问题,怀特认为,行政机关具有制定条例的规章权,既可以使行政管理进入法制轨道并具有权威性,也能够激励行政官员的负责精神及创造才能,使其胜任行政管理工作,忠实、公正地履行自己的职责,同时还可以减轻立法机关的工作负担。

行政监督的好坏直接影响到行政效率的高低,没有一套必要的监督体系,官员难免会违法乱纪、不作为、侵犯公民权利,从而扰乱政府管理秩序,降低行政管理效率,所以,加强行政监督就成了一个提高政府行政效率的重要举措。关于监督的作用,怀特认为有三个:一是提高政府效率;二是维护公民利益,以防官员侵犯个人自由;三是增加社会福利。与这三种利益相对应,有三种监督方式,即行政、司法及立法。①

(五) 行政组织思想

有效的行政组织对于提高行政效率是必不可少的,怀特就此提出了如下看法。

1. 关于行政组织体制的划分

怀特根据当时资本主义国家政府特别是欧美资本主义大国的状况,把行政组织体制分为以下几个类型:自治型行政组织体系、中央集权型行政组织体系、独立制型行政组织体系。

2. 行政权力与责任的思想

怀特提出:"适当的权力必须与确定的责任同时存在。第一,适当法定权力的行使,必须有立法依据,在许多情况下,要根据行政首长的命令来行使权力;第二,必须有充分的财源,以适应法定的状况。"②权责的分配中,应将同一目标下的行政事务、权力和责任归于同一行政部门;权责的分配应与行政任务相一致,与

---

① 高婧雅:《我国政府应急管理中的行政协调机制研究》,首都经济贸易大学硕士学位论文,2012年,第27页。

② 〔美〕伦纳德·D. 怀特:《行政学概论》,刘世传译,商务印书馆1947年版,第74页。

部门、人员等级相一致;权责可以按区域、行政工作性质、行政方法、行政程序的不同加以分配。

3. 权力监督及其幅度问题

为了保证行政权力的有效行使,怀特认为,必须对其进行监督控制,以防止滥用权力而造成混乱;而行政领导者的精力、时间总是有限的,于是他提出"监督之经济原则"。在他看来,"任何行政首长,其有效监督不能超出七部或七个行政单位","对此项原则的破坏将会导致行政工作效率的削减"[①]。立法机关可赋予行政机关某种职权,或规定适当方法,且可驳斥其规章,或禁止某种行为,也可规定行政机关决定政策之方法。因此,为了保证监督的有效性,保证权力运行机制的正常运转,上级部门及其行政领导必须控制其监控幅度。

四、基本评价

怀特被称为公共行政学的奠基人,他的贡献主要表现为:首先,他提出行政是一个通用的程序,破除了不同领域的行政研究者之间的藩篱。次之,在怀特看来,要从管理的角度去研究公共行政,将公共行政与行政法的领域做出区分,赋予公共行政更加积极的角色。怀特把行政权力从统治权力的一部分转变为一种管理权力,而作为管理权力,它的灵活使用能够更好地促进政府组织的运作,满足公众的要求。最后,怀特系统总结和借鉴前人的有关公共行政研究的经验和教训,提出公共行政研究的四个假设,并从行政学的研究对象与范围、行政环境、行政组织、行政协调、人事行政、行政伦理、行政法规以及行政监督等诸方面对公共行政学的基本理论框架进行了系统的建构,确立了公共行政学独立的学科地位。但是,由于处于行政学研究的早期,怀特的行政思想也不可避免地存在不足,主要表现为过度关注组织内部问题和公共性的缺失。

---

① 〔美〕伦纳德·D.怀特:《行政学概论》,刘世传译,商务印书馆1947年版,第76页。

第二章
公共行政学的应用时期(1927—1938)

随着工业经济和社会组织转变生产方式、创新管理经验,公共行政进入了组织管理能力提升的应用时期。这一时期先后出现了穆尼的组织原则思想、吉尔布雷斯夫妇的动作研究理论,以及厄威克和古利克的系统化管理理论,这些理论、思想或观点都是在以科学管理为代表的古典管理主义启发下提出的。在古典管理主义向现代管理主义转变的过程中,人际关系学说发挥了重要的桥梁作用,福莱特便是其中的代表,更为人们熟知的则是梅奥,随后巴纳德集大成地建立了现代管理主义理论。可以说,这一阶段承接以泰勒、法约尔、韦伯为代表的古典管理主义思想,站在时代的临界点,提出了工业管理原理一般化之后的行政组织制度优化和能力提升命题,将威尔逊、古德诺的行政领域和行政学独立之思想转化为具体实践操作,深化了行政学确立时期的内容,为划时代的行政组织管理理论的新生和行政组织管理实践革命提供了指导,注入了活力。

第一节 穆尼的组织原则思想

一、人物简述

詹姆斯·穆尼(James D. Mooney,1884—1957),美国高级管理人员、管理学家,管理过程理论的重要代表人物之一。穆尼出生于美国俄亥俄州的克利夫兰,1908年毕业于凯斯学院,获采矿工程学位。1920年进入美国通用汽车公司工作,1922年先后任通用汽车公司副经理、通用汽车出口公司总裁。1942年离开

詹姆斯·穆尼

通用公司,担任美国海军航空局局长,二战后成为威利斯陆上汽车公司的董事长兼总经理。穆尼既是战士、外交家、经理人,又是一位管理思想家。在管理学领域,他是管理过程学派的集大成者,其研究方法注重过程分析,他的理论也因为其科学性而被人们广泛接受。他凭借一本《工业,前进!》奠定了他探索组织原理的思想者地位,成为第二代管理过程学派的代表人物之一,而且在组织理论上做出了独特的贡献。

二、学说背景

(1) 20世纪上半叶,资本主义经济迅速发展的繁荣表面背后隐藏着巨大的危机,为组织管理理论的创新提供了契机。1929年的全球经济危机对企业管理是一个前所未有的挑战。这次危机同人类以前遇到的危机有所不同。历史上,几乎所有的危机都同物质匮乏有关,总是表现在产能不足和分配不公上。而20世纪20年代末,伴随着大工业的发展,生产效率迅速提高,人类看到了走向富裕的曙光,20年代美国的"柯立芝繁荣"就是这种曙光闪现出的朝霞。然而,朝霞很快被阴霾掩盖,纽约股票交易所的崩盘,推倒了引发萧条的第一块多米诺骨牌。由此而起的连锁反应,使整个资本主义世界陷入恐慌。产能过剩和分配不公组合到一起,加剧了应对经济危机的难度。基于这样的时代背景,穆尼展开了对公共组织管理的理论思考。

(2) 工业组织管理理论本身需要演进和发展才能更好地解释和服务于工业发展的现实。"如何摆脱危机"是萧条时期的首要难题,增加社会需求是大多数人的思路。如凯恩斯主义,其本质就是动用国家力量制造需求,把政府由自由市场的"守夜人"变成带动市场的"火车头"。而穆尼从自己丰富的经验出发,坚信自由市场的正当性和合理性,将摆脱危机的注意力从拉动市场转向优化组织内部的运行机制。他从提高组织效率入手,强调运用市场经济的规律,以工业组织管理的自身变革来达到企业复苏的目的。与此前的古典管理理论不同的是:穆尼强调的是组织效率。穆尼认为,仅仅有生产效率还不够,组织的意义在于"减轻人们的匮乏和痛苦",在于提高产能的同时还要更好地满足社会需要,实现组织与社会的协调。

三、理论内容

尽管在穆尼之前,泰勒和法约尔都宣称他们的理论除工业组织之外也适用于其他组织,但是,泰勒和法约尔所说的"适用",只是一种推论,他们并没有对包括政府和非营利组织在内的组织结构和运行原理进行阐释。穆尼同前人的不同之处就在于他超越了企业讨论组织,从构成组织最基本的因素开始进行学术梳理。穆尼和赖利认为,他们所提出的组织原则具有普遍适用性。

(一)组织三原则

一般认为,组织具有一定的规模。穆尼等在《组织原理》中提出:组织并不都是宏大的,只要有人与人的合作,哪怕只有两个人,也是一个组织。类似于中国"三个和尚没水喝"的隐喻,他用搬石头的例子来说明组织管理的三原则:两个人合作搬石头,共同目的是将石头挪开,因此,两个搬运者必须齐心协力;如果不合作,那么一个人的努力是无效的。基于此,他提出组织管理的三原则,作为组织理论的根基,也是支撑组织的核心内容。

1. 协调原则

所谓协调原则,是指"有秩序地安排团体力量,以便在对一个共同目标的追求中能有统一的行动"。穆尼强调,组织意味着参与者必须协同工作,这与组织的成功密切相关。在工业组织中,有相当多的经理人把组织协调仅仅看作人员的协调,而忽视了组织的结构性协调。每个组织内部都存在着集体工作,一般情况下,集体工作是许多个体工作的总和,但单个的个体相加并不必然形成整体。组织就是要通过协调使所有人员形成一体化的整体结构。

2. 等级原则

所谓等级原则,是指组织中的不同成员按其权力和职责的不同组成一个等级序列。通过这个等级序列,上级领导把权力授予下级,同时安排下级的工作任务,明确职责。正是这个等级序列产生组织权威,上述组织协调原则亦需要这个权威。组织是一个整体,它所呈现出的权威必然反映出全体成员的意志。在任何体系中,权威与责任是一体的,一个协调良好的组织,要能清晰地界定每个层级和每个岗位的行为责任。

3. 职能原则

所谓职能原则,是指人们在组织中担任不同的职务,从而履行不同的职能。职能又可区分为决定组织目的的职能和执行有关业务以达到组织目的的职能,以及对已完成事项和应完成事项进行比较分析的职能。组织有效性的实现途径是在组织中对各个职能进行配置,不同类型的组织存在着不同的职能;在等级序列下,同一组织内部也存在着不同的职能,职能分工复杂而多样。

(二) 冲突管理思想

穆尼认为,组织冲突是一种普遍现象,对决策活动和组织运行是把双刃剑。领导者必须研究和认识产生冲突的原因以及冲突的外在表现形式,以便对其进行合理处理。只有从具体情况出发,在充分认识特定冲突的基础上,才有可能限制和消除冲突破坏性的一面,激发出其建设性的一面,从而正确地处理组织运行过程中的矛盾,顺利实现未来的目标。

1. 冲突的类型

穆尼提出了三种冲突类型,即"战斗""竞争"和"辩论"。理解这三种冲突类型,对领导协调、控制冲突具有重要的意义。

(1) 半自动型的冲突——战斗。

在"战斗"型的冲突中,行为者的自我控制与相互控制急剧减退。在国家间的军备竞赛和大国的对抗中可以看到,一国的军备水平或军备支出成为另一国的基线,使前者决定以某种"安全"幅度——譬如增加10%的军备支出来超过后者,以使自己感到安全。但对于后者,这一新的、较高的军备水平却又成为其安全基础,它又会努力比其敌手在武器上多支出10%,于是前者又力图再比这个数目增加10%。军备升级就这样连续进行,直至一方或双方精疲力竭,或战争爆发,或双方中的一方在最后时刻改变政策,当然这是极不可能的。

(2) 战略性的理性冲突——竞争。

在理性冲突中,竞争者必须懂得自己需要得到什么,还必须明白自己知道什么和不知道什么,可以做什么和不可以做什么。但对其行动的后果,他们的认识是不确定的,竞赛者往往不完全知道对手可能做什么、可能做出什么决定或可能计划做些什么。而对这种不确定性,竞赛者必须将其行动建立在最可能的合理推测和估计之上。

（3）改变形象和动机的冲突——辩论。

敌对者改变对方的动机、价值观或对现实的认识的冲突，也可称作"辩论"。它不是一般的信息交流或贴上"辩论"标签的事件。首先，冲突类型的"辩论"同样具有竞争性，是相互了解与调整认识的过程。其次，它还遵循"相互可接受的重申"的原则，按照这一原则，双方通过辩论能够发现可接受的解决办法。最后，辩论的一个基本步骤是发现对手头脑中的观点并及时使对方确信自己观点的真实性。

2. 冲突的解决方法

穆尼认为，组织冲突的破坏性和建设性，是人们从理性的角度对冲突的看法和态度，但具体到每种冲突对领导活动和目标实现的意义，还要看领导者采取的态度和策略。正确的策略可以化害为利，而错误的策略就可能化利为害，所以采取何种策略是领导科学和领导者要关注的重要问题。穆尼将领导者可以采取的策略概括为五种：回避、建立联络小组、树立超级目标、采取强制方法、解决问题。

（1）回避。

在领导活动中，个体和群体之间发生冲突常常是令人不快的事情。所以，在没有严重损害组织效能的冲突发生后，领导很可能选择一种消极的处理办法——回避，即无视冲突的存在，希望双方通过减少群体间的相互接触次数来消除分歧。通过回避策略，让冲突双方有和平共处的机会。采用回避策略可能会使组织在以后花费难以承受的人力物力来解决群体间的冲突。所以组织的领导者必须要密切关注群体间冲突的程度和严重性，并研究其对组织可能产生的影响。回避方法只对群体间某些不太严重的冲突适用；对于群体间较严重的冲突，还得采取较主动的态度。

（2）建立联络小组。

领导者处理冲突的第二种策略是建立联络小组。当组织内的群体交往不频繁，而组织目标又要求他们协同解决问题时，群体间就可能产生冲突。这时，交往尤为重要，需要采取建立联络小组的方法来处理群体之间的互相关系。联络小组可以促进两个群体之间的交往，对内部边界进行扩展——在两个群体间架起一座桥梁。这种联络小组，或称边界扩展小组，可能只包括冲突双方的领导或各方的几位代表,其工作也并不轻松。研究表明,联络小组的成员大都对工作感到不太满意,觉得工作中存在矛盾突出、职责不明确等消极因素。因此,领导者们面临的挑战是挑选能胜任这种边界扩展工作和充当群体代表的人选。

(3) 树立超级目标。

所谓超级目标是指凭借一己之力无法达到的目标。树立超级目标是处理群体冲突的另一种策略,它使得冲突的任何一方仅凭一己之力无法达到目标,只有群体通力协作才能达到。在这种情况下,冲突双方可以互相谦让和做出牺牲,共同为这个超级目标做出贡献,从而使原有的冲突与超级目标统一起来,有助于确保组织自觉地为这个目标努力。这种策略有助于领导者处理组织冲突和提高组织效率。

(4) 采取强制方法。

领导者或处于冲突中的群体采取这种策略,可以利用组织赋予的权力有效地处理并最终从根本上强行解决群体间的冲突。从冲突中的群体角度看,有两种方法可以用来促进强制程度:第一,两个群体中的一个直接到领导那里寻求对它的立场的支持,由此强行采取单方面解决问题的办法;第二,其中的一个群体可以设法集合组织力量与组织里的其他群体组成联合阵线,这种来自联合阵线的"强大阵容"常常能迫使组织里的另一些群体接受某个立场。

(5) 解决问题。

解决问题是处理冲突策略中最有效的方法。组织内的群体、个人不可能时时沟通,在缺少及时沟通的情况下,怀着解决问题的心态来处理冲突最为合适,这便于就事论事地处理某些具体问题。这种办法是将冲突双方或代表召集到一起,让他们把分歧讲出来,找出分歧的原因,提出办法,以及最终选择一个双方都满意的解决方案。这种面对面的沟通形式可以促进互相理解,缓和冲突环境,消解冲突氛围,并以此防止产生其他冲突。

(三) 安全阀理论

穆尼从其他学科中移植"安全阀"这个术语,提出了著名的"安全阀"理论。例如,水利工程专家在水库设计和施工中,为确保水库安全,都会设置"溢洪道"装置:当蓄水位达到一定高度时,多蓄的水便从"溢洪道"中排出。再如工业锅炉设有"限压阀",使锅炉内容器的压力控制在安全系数内。无论是"溢洪道"还是

"限压阀",都是确保水库和锅炉正常运行的"安全阀"。没有安全阀,后果不堪设想。

穆尼认为,组织中的矛盾和冲突不能掩盖、压制,而应让它们表现出来。这有利于不同观点、情绪的宣泄,使情绪对立的人在心理上获得平衡,进而使矛盾得以解决。这里的解决是指领导者要创造一定的条件和环境,使不满情绪通过一定的渠道、途径和方式发泄出来,使组织稳定和有序地运行,这里的发泄渠道、途径和方式就被称为"安全阀"。

在国际上,成功地运用"安全阀"理论来解决矛盾及冲突的不乏其人:如国际商业机器公司(IBM)的创始人沃森在经营哲学中所提倡的"开门政策";松下幸之助认为,身为最高领导者,要有会发牢骚的下属,有这样的人对于组织决策是非常幸运的事情。如果牢骚或者批评、反对的意见没有地方表达和发泄,组织怨言越来越大,容易导致决策者和管理者犯错误。组织中的冲突不可避免,关键是如何处理并利用这种冲突从而使得组织更加有效率。

四、基本评价

穆尼作为成功的经理人,以独到的眼光,对组织原理进行了深入发掘,以协调、等级、职能三个原则讨论组织,使组织理论形成了自己的逻辑体系,把法约尔创立的一般管理学上升到了学理分析的高度,开创了以协作系统研究组织的先河,助推国家以工业组织的力量走出经济危机、推动社会进步。穆尼对管理理论的主要贡献是对组织和组织效率原则进行了深入阐述。他认为,组织就是为了达到一个共同目标的人们联合的形式,只有组织内部关系有效协调,这个组织才能称为有效率的组织。从形式上来看,组织就意味着秩序。管理是激励、指挥、控制、计划和有程序的组织活动,人的因素是随着管理而进入组织的。管理同组织的关系就像复杂的心理结构同身体的关系,人的身体只不过是心理力量为达到目标和愿望而运用的手段和工具。因此,组织既从属于管理,又是管理得以进行的前提和基础。

穆尼对组织的研究是具有里程碑意义的。现代管理学的代表人物巴纳德的组织理论也有明显的穆尼色彩。在组织理论的发展史上,穆尼独立于韦伯进行了理性化的探讨,为后续研究提出了新的命题,具有承前启后的历史意义。

第二节 吉尔布雷斯夫妇的动作研究理论

一、人物简述

莉莲·吉尔布雷斯（左）和
弗兰克·吉尔布雷斯（右）

弗兰克·吉尔布雷斯（Frank B.Gilbreth，1868—1924）出生于美国缅因州的一个贫苦家庭。他中途辍学，转入建筑行业，以砌砖学徒工的身份开始了职业生涯，后来注册了自己的建筑承包公司。吉尔布雷斯在管理实践中对一般管理科学产生了浓厚的兴趣，并根据自己丰富的经验著书立说。1924年，吉尔布雷斯心脏病突发逝世，年仅56岁。他的主要著作有：《动作研究》（1911）、《应用动作研究》（1917），以及和夫人莉莲·吉尔布雷斯合著的《疲劳研究》（1919）、《时间研究》（1920）等。

其夫人莉莲·吉尔布雷斯（Lillian M. Gilbreth，1878—1972）是美国著名的管理心理学家，人类工程学的先驱。她出生于美国加利福尼亚州奥克兰市，1972年逝于美国亚利桑那州菲尼克斯。她一生中创造了许多个"第一"。她是美国第一位获得荣誉工程硕士学位的女性，也是美国第一位获得心理学博士学位的女性。1924年弗兰克·吉尔布雷斯逝世后，她毅然接替丈夫的工作，此后在工业界和管理学界享有盛名，被称为"管理学第一夫人"。1931年，她荣获吉尔布雷斯奖章，是迄今为止获得该奖章的唯一女性。1935年，她成为普渡大学工程学院的第一位女性管理学教授。同时，她还是获得甘特奖金质奖章和CIOS（国际管理科学委员会）金质奖章的唯一女性。1966年，为了表彰她作为一名工程师在公共管理领域的突出贡献，她被美国政府授予胡佛奖章，成为获得该项殊荣的第一位女性。在其一生中，主要代表作品有《管理心理学》和与丈夫弗兰克·吉尔布雷斯合著的《疲劳研究》（1919）、《时间研究》（1920）等。

二、学说背景

由泰勒发起的科学管理革命促进了古典管理理论的产生，泰勒、法约尔、韦伯探讨企业和社会组织的管理症结,同时也为解决组织中的劳资关系、管理原则、生产效率提供了思想指导和理论方法。受效率至上价值观的影响,许多管理者在科学管理理论所带来的高效率条件下寻求更高的效率,以使利益最大化。在此背景下,吉尔布雷斯放弃了建筑业务,改行从事"管理工程"研究。1912—1917年的5年时间内,他把兰巴特公司作为自己的试验基地,利用当时的照相机技术,开始专注于动作研究。

工程师出身的吉尔布雷斯,结合自身的工作实践,注册登记过自己的建筑承包公司,后来逐渐从建筑承包业扩展到建筑咨询业,并开始根据自己的丰富经验著书立说。在这个过程中,他参加了倡导科学管理运动,并对一般管理科学产生了浓厚的兴趣。作为妻子的莉莲·吉尔布雷斯为了配合丈夫吉尔布雷斯的研究工作,也开始从心理学研究转向动作研究,并在丈夫逝世后继续他的研究,为动作研究做出了突出的贡献。也正因如此,吉尔布雷斯夫妇成为继泰勒、甘特之后古典管理时期的主要代表人物。

三、理论内容

吉尔布雷斯夫妇通过对砌砖动作进行详细的分析和研究,规定既高效又经济的动作,以最小的体力消耗获得最多的工作成果,达到节约工时从而提高劳动生产率的目的。

(一)动作研究的性质

动作研究是指研究和确定完成一个特定任务的最佳动作的个数及组合,即把作业动作分解为最小的分析单位,然后通过定性分析,找出合理的动作,以使作业达到高效、省力以及标准化目的的研究。吉尔布雷斯夫妇认为,要提高效率,就必须尽可能地删除无效动作,减少辅助动作,并对动作进行记录和分解,用容易区分的标志、符号表示出来,使砌砖的每一个动作更加精炼、顺畅。曾经做过建筑学徒工的吉尔布雷斯在自身的实践和观察中发现,工人们砌砖的动作缺乏统一的标准。于是,他开始对砌砖动作和速度的关系产生浓厚的兴趣,在实践中,他仔细观察砌砖工在工作中的各种动作模式和所使用的工具,并且制定出一系列改进工作的方法,以最小的体力消耗来获得最大的工作成果。

（二）基本动作元素分析

1912年,吉尔布雷斯夫妇在美国机械工程师学会会议上首次发表了题为《细微动作研究》的论文,他们首次用电影摄像机和计时器将工人工作时的动作拍成影片。通过研究分析,他们发现,工人任何复杂的工作动作都可以分解成有限种类的动作元素,即完成一件工作所需要的较小的基本动作。他们把工人工作的动作划分为三种类型,共18种动作元素。一是必要的动作:(1)伸手;(2)握取;(3)运输;(4)组装;(5)使用;(6)分解;(7)释放;(8)检查。二是辅助的动作:(1)寻找;(2)选择;(3)计划;(4)定位;(5)预位。三是无效的动作:(1)发现;(2)持住;(3)停止;(4)不可避免的滞延;(5)可避免的滞延。

通过对动作基本要素进行详尽的划分和分析,吉尔布雷斯得出结论:要提高动作的效率,就要保证必需的动作,尽可能地去除无效的动作,减少辅助动作。在实际操作中,为了便于动作要素的记录和归类,每一种动作要素都要用不同的符号、颜色等来表示。

（三）时间和动作研究

吉尔布雷斯夫妇认为,要实现作业的高效率,以达到高工资与低劳动成本相结合,首要目标就是提高作业的效率;要提高效率,又要明确高标准的工作量,这对于企业员工来说是很困难的。于是,吉尔布雷斯进行了改进,提出了5种方法:(1)减少动作的种类与数量,缩小动作幅度,减少动作方向的改变;(2)最大限度地减少动作本身造成的疲劳;(3)使动作成为习惯和自然;(4)各种动作都应有一定的标准,并应在事先进行教育;(5)通过动作的改善,提高产品质量。

吉尔布雷斯科学管理思想的基础是根据工人的体力和脑力来确定工种,然后训练他们使用"最佳工作方法"。时间研究是研究完成一项工作所需要的合理时间,即在一定时间内所应达到的合理工作量,它的目的是制定作业的基本定额。通过潜心研究,吉尔布雷斯制定了能够记录各种生产程序和流程模式的生产程序图和流程图,使为提高效率而进行的数据收集成为可能。这两种图纸在工业界得到广泛的运用。

除此之外,吉尔布雷斯夫妇还创造了企业卡片制度,这成为现行工作成绩评价制度的先驱,为工作成绩评价制度构建了原始模型。同时,他们还极力主张管理和动作分析的原则可以有效地应用在自我管理这片在当时尚未开发的领域,从建筑行业扩展到一般的制造业,并把动作研究扩展到疲劳研究领域,从而开启疲劳领域的研究,该研究对工人身心健康和企业生产率的影响一直持续至今。

（四）差别计件工资制

吉尔布雷斯认为,当提高效率的首要目标实现后,紧接着就是实现高工资和低劳动成本的结合,而要做到这一点,就必须实行差别计件工资制。所谓的差别计件工资制,就是按日及时统计作业量,并对作业进行及时检验和快速统计、公布,使得管理者能够了解前一天的作业量,并对同一种工作设置不同的工资率,对那些在最短时间内完成工作并达到质量标准的工人采用高工资率来计算工资,而对那些耗时长且质量不合格的工人采用低工资率,从而激励所有员工都努力工作的付酬方式。

差别计件工资制同科学管理密切联系,吉尔布雷斯夫妇管理思想实际上是对泰勒思想的继承和深化发展。正如科学管理理论一样,实行差别计件工资制,也必须具备实行这种工资制度的条件:(1)要制定科学的定额;(2)要建立制定定额的机构;(3)要改进生产管理,保证生产条件的规范化和正常化,以使工人每天都能达到最高产量,并使每个工人都能够得到一致的、公道的和平等的机会。

（五）关于动作的经济原则

吉尔布雷斯夫妇认为,动作的经济原则,即用于分析和改进操作动作的原则。他们将动作的经济原则分为三类:

（1）关于人体的运用。就双手而言,两只手应同时开始并完成动作,双臂应该保持对称,除了规定的时间外,双手不应同时处在空闲状态;应尽可能利用物体的运动量,并且在面对身体阻力时,应将其减到最小的限度;动作应尽可能地带有轻松自然的节奏。

（2）关于操作场所的布置,原材料、工具设备的存放应遵循就近原则;工具设备应按照最佳的工作顺序进行排列;照明设备、办公桌以及坐椅的放置都要以适宜工人工作为原则。

（3）工具设备方面，尽量把手解放出来，用器具工具替代，同时原材料、工具设备等物品应预先放置在工作位置上；机械设备上的手柄在设计时应尽可能增大与手的接触面积，并且机械设备上的杠杆、十字杆以及手轮的位置应能使操作者的姿势变动最小但能最大程度地利用机械力。

（六）关注员工的选拔与晋升

在员工的选拔和晋升方面，吉尔布雷斯夫妇关注人本身的素质和环境条件对工作成绩的影响，他们认为有关工人本身素质的骨骼、肌肉、满意程度、信仰等15个要素和工作成绩有一定的相关性。为了提高员工的技能，发掘员工最大的潜力，提高组织工作效率，吉尔布雷斯制定了一种"三级职位晋升方案"，即每位员工首先应该从事他自己的工作，但同时也要把他下面的员工培训为他的继任者，此外他也要学习其可能会晋升到的更高一级职位所需的技能。这个方案有效地解决了组织中职位晋升过程中继任者的培养问题，有助于员工能力的提升与潜力的开发。

四、基本评价

莉莲·吉尔布雷斯从哲学和心理学的角度研究人的工作行为，提出"成功的管理在于人而不是工作"这一管理思想。吉尔布雷斯夫妇在现代人力资源管理等众多领域都做出了突出的贡献，他们的很多主张对于解决现代社会中的诸多人力资源管理现实问题依然发挥着重要的作用。与泰勒的科学管理原理相比，吉尔布雷斯夫妇把最优的方法制度化，在追求效率上达到了一个更高的层次。在管理人员的培训和提升上，吉尔布雷斯夫妇既关注整个组织的利益，又关心组织成员的利益，他们制定了"个人提升表"和"提升机会表"，为员工个人的提升创造条件，同时还关注组织员工的身体健康和工作环境。毫无疑问，这是管理学界的一个重大进步。

作为古典管理时期的学者，吉尔布雷斯夫妇在动作研究上的贡献是巨大的。但正如许多管理理论一样，他们的动作研究也存在一些缺憾——整个动作研究仍是建立在提高效率的基础上的，即使在其他方面对员工的工作进行改善，也都只是因为这些条件影响了效率的提升，所以说，改善这些条件只是为了使工作效率得到提升的意外的衍生品。因此，在效率至上的古典管理时期，吉尔布雷斯也和其他管理学者一样,忽视了员工的价值层面的真正需求,譬如社会公平、公正,更缺乏从人性角度对员工的需要进行真正的思考。但是,一个社会的价值观决定了一个社会的取向,吉尔布雷斯夫妇身处当时的大环境下,把追求效率的研究做到极致,对管理学界乃至全世界而言,无疑都有重大贡献。

第三节 厄威克和古利克的系统化管理理论

一、人物简述

林德尔·福恩斯·厄威克(Lyndall Fownes Urwick,1891—1983),英国管理史学家、教育家、管理学家,1891年出生于英国,早年在英国牛津大学攻读历史学,两次世界大战期间都在英国军队和政府中服务,并取得优异成绩。他长期从事企业管理和管理咨询工作,1928—1933年间担任日内瓦的国际管理协会会长。著作有:《组织的科学原则》(1938)、《行政管理原理》(1944),以及与古利克合编的《管理科学论文集》(1937)等。

林德尔·福恩斯·厄威克

卢瑟·哈尔西·古利克

卢瑟·哈尔西·古利克(Luther Halsey Gulick,1892—1993),美国管理学家。曾任美国哥伦比亚大学公共关系学院院长,参加过罗斯福总统的行政管理委员会。1937年,他同厄威克合编的《管理科学论文集》包含了当时管理学领域的一些重要论文,被认为是管理学文献的"路标"。

二、学说背景

首先,系统化管理理论作为一种对法约尔一般工业管理主义的深化,适应了资本主义政府行政的创新要求。古典管理学派在研究中忽视了对人的关注,侧重于从管理职能、组织方式等方面研究效率问题,对人的心理因素考虑很少。于是,在总结西方学者的管理思想后,古利克和厄威克强调研究正式组织结构问题,由此丰富了科学管理的内涵,发展了法约尔的职能论,促进了管理功能的拓展,确定和巩固了古典行政组织理论研究的范围,从而扩大了管理理论研究的影响,为建立具有普遍性的管理理论和组织理论奠定了基础。

其次,古利克和厄威克以古典管理主义忽视人的因素为出发点提出组织结构问题。1937年,古利克与厄威克合编的《管理科学论文集》汇集了那一时代各种不同的管理思想,集中反映了正式组织的结构设计和组织效率提高的问题,他们将法约尔以来有关管理职能方面的论说加以系统化。古利克提出了著名的"管理七职能论"。之后,厄威克在1944年出版的《管理的要素》一书中提出了管理的八条原则,后来他又把这些著名管理学家的思想和理论做了系统的归纳,形成了管理理论的综合框架,即目标、过程和结果相结合的管理理论体系。

三、理论内容

厄威克最大的贡献是对经典的管理理论进行了综合。他在《行政管理原理》一书中,把各种管理理论加以综合,创造出一个新的体系:他把泰勒的科学管理理论和科学分析方法作为指导一切管理职能的基本原则;把法约尔的计划、组织、控制三个管理要素作为管理过程的三个主要职能;将法约尔的管理原则放在管理的职能之下,如在控制职能之下的职能有配备人员、挑选和安排教育人员等。厄威克在管理职能划分方面,基本上是在"法约尔五职能说"的基础上进行了分析和综合。他认为管理过程是由计划、组织和控制三项主要职能构成的。他根据法约尔关于计划职能的论述,认为法约尔的计划职能中包含着预测活动。因此,他认为预测是计划的基础,而预测的原则是"适用性",这就决定和要求计划应具有"条理性"。厄威克认为,协调和控制的基础在于"职权",而职权则是依据"需求层次原理"来确定的,通过职务的高低和职能的统一,最后界定每个人的权责。他主张控制应遵循集中原则,他将控制职能又细分为配备人员、选择与安排、纪律与训练这三种派生的职能。

厄威克在其早年著作中曾提出了适用于一切组织的八项原则:

(1) 目标原则。所有的组织都应当表现出有关实际任务的目标,组织起来进行工作。

(2) 相符原则。权力和责任必须相符。

(3) 职责原则,即上级对直属下级的职责是绝对的。

(4) 组织阶层原则,即组织命令和任务的传递、实施及完成是有层次的。

(5) 控制幅度原则,即每一个上级所管辖的相互之间有工作联系的下属不应超过6人。

(6) 专业化原则,即每个人的工作应限制为一种单一的职能。

(7) 协调原则。组织横向系统要协调发展,有利于整体目标。

(8) 明确性原则,即对于每项职务都要有明确的规定。

厄威克吸收了泰勒的管理过程要以科学调查为指导原则的思想,经过分析引出一般性的结论,即把科学分析作为指导一切管理职能的基本原则,是"组织设计论"的一个重要代表人物。

厄威克所研究的内容并不限于组织方面,他对领导问题也有相当深入的研究。他认为,一名领导者应当了解本身承担的职务包含的意义:(1)充当企业法人的角色;(2)制定组织战略并付诸行动;(3)管理日常工作;(4)向下属解释工作的目标及其意义。他对那些自以为是的经理人员提出了批评,认为他们只重物而不重人,特别在选用人员时,往往仅通过一次几分钟的谈话就识别"合适的"人选等。总之,在行政管理科学的各个方面,几乎没有未被厄威克论及的问题。

古利克在管理学史上,同厄威克处于几乎同等的地位。这种地位,与其说是由于他们在现代管理思想上有什么创新,倒不如说是由于他们在古典管理理论的系统化方面所做的大量工作而确立的。在1937年出版的《管理科学论文集》中包含了一系列反映当时管理学方面不同意见的论文,包括穆尼、法约尔、亨利·丹尼森(Henry Demsion)、L. J. 亨德森(L. J. Henderson)、怀特黑德(T. N. Whitehead)、梅奥、福莱特、格兰库纳斯(V. A. Graicunas)等人的作品。古利克在这本论文集内,将法约尔有关管理过程的论点加以展开论述,提出了有名的管理七职能论。他取每种职能英文词的首字母组成POSDCRB,即 Planning(计划)、Organising(组织)、Staffing(人事)、Directing(指挥)、Coordinating(协调)、Reporting(报告)、Budgeting(预算)。古利克提出的这七种管理职能,基本上囊括了到那时为止的有关管理过程的观点,并成为以后这类研究的出发点。

古利克有关管理七职能论的基本观点是：

（1）计划。即为了实现企业所设定的目标而制定的所要做的事情的纲要，以及如何做的方法。

（2）组织。为了实现企业设定的目标，就必须建立权力的正式机构和组织体系，以便对各个工作部门加以安排、规制和协调。

（3）人事。包括有关职工的选择、训练、培养和适当安排等方面的职能。

（4）指挥。包括以下各项内容的一种连续的工作：做出决策；以各种特殊的和一般的命令与指示使决策具体化；作为企业的领导者发挥作用，包括对下属的领导、监督和激励。

（5）协调。即为了使企业各部门之间工作和谐而协同其步调，共同实现企业的目标，是一种使工作的各个部分联系起来的极为重要的职能。

（6）报告。指经理人员应向负责人汇报正在进行的工作，经理人及其下属也要通过记录、调查和检查得到有关情报。

（7）预算。包括所有的以财务计划、会计和控制形式出现的预算。

四、基本评价

厄威克是继泰勒、法约尔、韦伯之后西方古典管理理论的集大成者，他强调研究正式组织结构问题，丰富了科学管理的内涵，发展了法约尔的职能论，促进了管理功能的拓展，确立和巩固了古典行政组织理论研究的范围，从而扩大了管理理论研究的影响，坚定了人们可以建立具有普遍性的管理理论和组织理论的信心。厄威克的主要贡献是把科学管理理论系统化，把泰勒、法约尔、穆尼等人的理论联系起来，综合出一套科学的逻辑框架，提出了他认为适用于一切组织的八条原则。

古利克则把关于管理职能的理论系统化，提出了有名的管理七职能论，后人虽有增减或修改，但成为职能理论的基准。如果说穆尼和赖利强调的是"职能主义"或各种职位之间的区分，古利克则表明这些职位和活动如何能归并为同类部门，以便协调。厄威克和古利克在管理理论上的贡献并不在于他们自己创造了新的管理理论，而是对古典管理理论进行了必要的整理和综合。如果没有他们对古典管理理论的综合，也许就很难说有今天体系如此完整的公共管理理论。

第四节 福莱特的行政动态学理论

一、人物简述

玛丽·帕克·福莱特(Mary Parker Follett,1868—1933),美国政治哲学家、管理哲学家与管理学家。1868 年出生于美国马萨诸塞州波士顿市,是一位传奇女性。

1898 年,福莱特在雷德克利夫学院获得了荣誉文学学士学位。在 20 世纪初期,福莱特从事公益性的社会工作长达 25 年。在福莱特生命的最后十余年里,她全身心地投入企业的管理咨询工作,成功地实现了从一位政治哲学家向企业哲学家的转变,她的生命也因此绽放出了更加绚丽的色彩。1933 年 12 月 18 日,福莱特在波士顿逝世,享年 65 岁。

玛丽·帕克·福莱特

由于她对管理学的巨大贡献,当代管理学大师德鲁克把她称为"管理学的先知",更有人把她与泰勒相提并论,称她为"管理理论之母"。主要代表作有:《众议院发言人》(1896)、《新国家》(1918)、《创造性的经验》(1924)、《作为一种职业的管理》(1925)等。

二、学说背景

费希特认为,个人并不拥有自由意志,而是被束缚于关系网络之中。福莱特在其《新国家》一书中表述了与费希特相同的哲学思想,并向她那个时代所流行的政治假设提出了挑战。福莱特的观点是:我们只有在集体组织之中才能发现真正的人。个人的潜能在被集体生活释放出来之前,始终只是一种潜能,人只有通过集体才能发现自己的真正品性,得到自己的真正自由。她受马克斯·韦特海默(Max Wertheimer)的完形心理学影响,坚持把"集体原则"视作一种"新心理学",并用其来否定有关个人独立思考、感觉和行动的传统观念。同时,她也接受了查尔斯·霍顿·库利(Charles Horton Cooley)有关社会自我通过联合而扩大以及"镜中自我"的思想,开始追求一种以集体原则而不是以个人主义为基础的新社会。

福莱特在长期的政治活动与管理实践中,形成了自己独特的政治管理哲学。在政治上,福莱特强调集体、民主、整体联系与联合统一,并以此为基础总结了结合建设性冲突、权威与责任的情境规律,以协作达成控制,以及相互服务的领导方式等管理理论。她既把泰勒的许多想法加以概括,又成功预测了梅奥在管理学研究中的许多结论,其管理理论既具有科学性,又有强烈的人文主义色彩。福莱特凭借自己的发现和分析方法提前近百年就预见到的理论,直到现在才逐渐为企业领袖和学术界人士所认识和赞赏。

三、理论内容

(一)集体主义原则

集体主义原则,又称团体主义原则。如何在集体主义中实现自我呢?这一直是一个令学界困惑的问题。福莱特认为,民主是解决这一问题的最好方式。她表示:"个人创造自己的生活之时,这种生活并非单单是自己的生活,而是与其他人联系在一起的。"[1]所以,她反对组织的目的是保障个人权利这一说法。她认为,民主使所有的人在成员众多的社会生活中交织在一起,使个人的不完整性得以补足,这样一个成员的社会生活才真正得以显现。对于福莱特而言,民主是一种社会意识而不仅是个人主义的发展。她将个人、社会乃至宇宙的进化整合为一,使民主的概念得到进一步发展,她相信人们可以创造出一种新的"社会意识",并在"世界国家"中和平共处。[2]但是,福莱特对形式民主,如"投票箱式的民主"缺乏信心,认为那种想法只不过反映了人群心理学和单纯用数量来表示的"权利"。在她看来,民主不过是集体与社会的功能罢了,诚如她所认为的那样:民主制度的技巧就在于集体的组织功能。

---

[1] Ricardo S. Morse, "Prophet of Participation: Mary Parker Follett and Public Participation in Public Administration," *Administrative Theory & Praxis*, Vol. 28, Iss.1, 2006, p. 9.

[2] 〔美〕丹尼尔·A. 雷恩:《管理思想的演变》,李柱流等译,中国社会科学出版社1997年版,第336页。

(二) 民主与集体

福莱特认为,民主与集体主义的核心观念就在于行动之间的相互关联、相互影响,以及由此创造出的价值之间的整体联系。关于整体联系,福莱特提出以下看法:(1)行为是由内部决定的,又是由外部决定的;(2)行为是集体的活动和环境的活动之间相互联系与交织的方程式,也就是说,反射是因某种关联发生的;(3)通过相互影响的活动,个体和环境都各自创造了崭新的自我,于是出现了新的关联过程,从而为我们带来了不断发展变化的环境。[①] 基于整体联系的思想,福莱特认为,在实际行动中,进行联合统一是实现集体与民主原则的最好方法。集体努力的目标是通过结合产生统一性,它超越了各个部分而形成和谐的统一有机体。

(三) 组织关系与冲突

在组织关系与矛盾冲突的处理上,福莱特强调通过"结合"与重视"建设性冲突"来减少矛盾与分歧。福莱特提出了支配控制、妥协退让以及联合统一三种处理矛盾冲突的方法。以往的研究在管理者和被管理者之间划出了一条人为的分界线,事实上并不存在这条分界线,福莱特认为组织的所有成员都在承担一定的责任并对整体做出贡献。除了把公司看成一个劳资统一体之外,还应该看到公司同其外部环境即债权人、股东、顾客、竞争者、供货商和当地社区之间的结合。这种关于公司及其环境的更广泛的观点,使得社会和经济能实现统一。

(四) 情境规律之一:权力与权威

要实现"集体主义原则",通过结合的方式来解决利益冲突,就必须重新考虑关于权力和权威的概念。当存在着"发布命令者"和"接受命令者"时,结合的原则就难以实现,"上司"和"下属"的等级概念为利益共同性的认知制造了障碍。为克服这一障碍,福莱特试图用"共享的权利"来代替"统治的权利",用共同行动来代替同意和强制,变服从命令为服从"情境规律"。福莱特解释道:"既然权

---

① 〔英〕葆琳·格雷汉姆主编:《玛丽·帕克·芙丽特——管理学的先知》,向桢译,经济日报出版社1998年版,第36页。

威是由职能所产生,那就同等级地位无关。一位工作调度员工在工作调度方面比总经理更有权威。"① 福莱特还提出了"权威知识和经验相联系"的思想,认为把权威转向知识就可以避免个人之间的冲突,因为每个人都感到那是情境在发出指示,因而较易实现合作。

（五）情境规律之二：控制

福莱特有关控制的新哲学的基本观点有两个:(1)由事实控制而不是由人控制;(2)是基于相互关联形成的控制而不是管理层强加的控制。这些观点是处理整体和个体,使之达到统一性的完形心理学的观点。在控制活动中,除非在某种情境中所有要素、材料和人之间存在着统一和合作,或有着共同的利益追求,否则,有效的控制是难以实现的。

控制的基础是认识到相互间共同利益并自觉控制其工作,使之符合既定目标的自我管理、自我指挥的个人和团体。经理人员所要控制的,不是单个的要素,而是复杂的相互关系;不是个人,而是情境,其结果是要达到使整个情境形成一种生产性的结构。许多群体力量的交织决定了相应的总体行为,所以绝大多数情境都显得十分复杂,以致最高层的集中控制难以有效地发挥作用,这就要求在组织机构中设立许多个控制点,并使其"相互关联"。这种相互关联是以协调为基础的,福莱特认为,这种协调具体可包括四个方面:(1)它是一种情境中全部因素交互相关的协调;(2)由全部有关负责人员直接协调;(3)在早期阶段的协调;(4)作为一种连续过程的协调。

（六）情境规律之三：领导方式

在领导方式上,福莱特以合作原则与情境规律为基础,提出了相互服务的新型领导方式。她认为领导不再以权力为基础,而是以情境的相互联系为基础,组织目的要与个人目的和集体目的结合起来。而要实现这种新式的领导,必须培养领导为公众服务的动机。福莱特提出服务是互相服务的观点。她认为,付出与收获是平衡的,服务意味着自我牺牲以及对私人利益以外的其他目标的认同,

---

① Ricardo S. Morse, "Prophet of Participation: Mary Parker Follett and Public Participation in Public Administration," *Administrative Theory & Praxis*, Vol. 28, Iss.1, 2006, p. 9.

并且作为一种社会财富,服务也上升到了社会功能的高度。

对于那些想当经理的人,她提出以下忠告:经理人必须认识到他们承担着重大的责任,要利用知识来为别人服务,只有经过训练、讲纪律并有服务精神的人才能在将来成功地承担经理职责。当然,作为既信奉泰勒主义,又有梅奥主义倾向的管理学家,福莱特认为,服务动机并不否定经济动机,服务驱动并不能代替利益驱动,服务的概念并不是用来代替利润概念的,服务的概念与上述其他概念结合于一个更广泛的职业动机之中。正如她所说:"我们都希望得到利润,并且希望尽可能多地得到利润,只有这样做才不会牺牲其他的东西。"[①]

四、基本评价

作为科学管理时代与人际关系理论之间的桥梁,福莱特是个理想主义者与浪漫主义者,也是一个理性主义者与实用主义者。她有关利益结合、情境规律、追求质量与效益的论述与泰勒的"精神革命"、科学管理的思想是一致的。而她关于协作、相互联系、服务等方面的论述又与以梅奥为代表的人际关系学派的论点相通。

福莱特认为,人不是"个体我",而是"社会我";现代社会组织都比较注重团队建设,而要建立团队,每个成员都要具有合作精神。因此,团队领导者要善于激发成员作为"社会我"的潜力,但又不能仅仅看到其社会性,忽略其个体性,故团队领导者也要让下属发挥他们独特的创造性。因此,福莱特的社会人的思想,在某种程度上不仅有利于组织的不断发展和创新,还有利于团队凝聚力的建设;推广到社会上,也有益于整个社会的安定与团结。今天,伴随着人们对泰勒主义"唯效益性"的批判,以及对行为科学"无效益性"的质疑,人们应该重新认识到福莱特的民主、合作、服务、团结、情境、效益与情感的融合,经济需要与社会需求相统一等思想的时代价值。

[①] 〔英〕葆琳·格雷汉姆主编:《玛丽·帕克·芙丽特——管理学的先知》,向桢译,经济日报出版社1998年版,第297页。

第五节 梅奥的人际关系理论

一、人物简述

乔治·埃尔顿·梅奥

乔治·埃尔顿·梅奥(George Elton Mayo, 1880—1949),原籍澳大利亚,美国管理学家,哈佛大学行为科学家、心理学家,美国艺术与科学院院士,早期的行为科学——人际关系学说的创始人。1880年12月26日出生于澳大利亚,1900年在澳大利亚阿德雷德大学取得了逻辑学和哲学的硕士学位。1922年,梅奥移居美国,作为宾夕法尼亚大学的研究人员为洛克菲勒基金会进行工业研究。1923年,在费城一家纺织厂进行实验研究,并加入美国国籍。1926年,他进入哈佛大学工商管理学院专事工业研究,以后一直在哈佛大学工作直到退休。1927年冬,梅奥应邀参加了开始于1924年并在中途遇到困难的霍桑实验,从1927年至1936年断断续续进行了为时9年的两阶段实验研究。在霍桑实验的基础上,梅奥分别于1933年和1945年出版了《工业文明的人类问题》和《工业文明的社会问题》两部名著。

二、学说背景

一战后,世界经济体系呈现出全新的格局。欧洲的资本主义力量被严重削弱,美国大发战争财,一跃成为世界头号经济强国。但繁荣的背后隐藏着更大的危机。1929年10月24日,资本主义世界爆发了历史上最深刻、最持久的一次经济危机,前后长达五年。在此期间,工人大量失业,工人阶级承受了极大的痛苦。为摆脱经济危机,资本家利用泰勒的科学管理理论加紧了对工人的剥削,致使工人运动高涨,罢工、游行示威活动在全国范围此起彼伏。在这样的背景下,为了实现一种新的"平衡",学者们开始在各个领域寻求答案。在管理学方面,梅奥开始了探索人际关系和行为研究的新历程。

古典管理理论的杰出代表泰勒、法约尔等人注重管理的科学性、合理性、纪律性，而未给予管理中人的因素和作用以足够重视。他们假设社会是由一群群无组织的个人组成的；这些个人在思想上、行动上力争获得个人利益，追求最大限度的经济收入，即"经济人"。基于这种认识，工人被安排从事固定的、枯燥的工作，成了"活机器"。泰勒制虽然使生产率大幅度提高，但也使工人的劳动变得异常紧张、单调和劳累，从而引起了工人的强烈不满，并导致工人的怠工、罢工以及劳资关系日益紧张等情况出现，这使得对新的管理思想、管理理论和管理方法的寻求和探索成为当务之急。

另外，第一次世界大战使心理学因素开始进入管理界，参战各国都力图利用心理学原则来改进管理，提高生产以便为战争服务，如制定人员选拔和训练的方法，研究最有效的组织形式，调整工人与管理人员的关系等。一些管理学家和心理学家也意识到，社会化大生产的发展，需要与之相适应的管理理论。

三、理论内容

梅奥的人际关系理论来源于霍桑实验。经过多次调查研究和实验，霍桑实验的研究结果否定了传统管理理论对于人的假设，表明工人不是被动的、孤立的个体，他们的行为不仅仅受工资的刺激，影响生产效率的最重要因素不是待遇和工作条件，而是工作中的人际关系。据此，梅奥在总结霍桑实验的基础上提出了人际关系理论。

（一）工人是"社会人"，而不是"经济人"

18世纪中后期，西方古典经济学的奠基者——英国经济学家亚当·斯密首次将从事经济活动的人定义为"经济人"。泰勒的科学管理理论继承了这一说法，把人当作经济人来看待，认为金钱是激发人的积极性的唯一动力。霍桑实验则证明，人是社会人，人们的行为并不单纯出自追求金钱的动机，还有社会方面的、心理方面的需要，即追求人与人之间的友情、安全感、归属感和受人尊敬等，而后者更为重要。社交需要是人类行为的基本激励因素，而人际关系是形成人们身份感的基本因素。因此，不能单纯从技术和物质条件着眼，把工人当成无差别的机器或机器的一部分，而必须从社会心理方面考虑合理的组织与管理。

（二）企业中存在着非正式组织

企业不仅是一个由各种生产要素构成的技术经济系统，而且是一个由各类人员(包括经济管理人员、技术人员、工人等)构成的社会系统。在企业中,除了存在正式组织之外,还存在着非正式组织。非正式组织的作用在于维护其成员的共同利益,使之免受因其内部个别成员的疏忽或外部人员的干涉所造成的损失。为此,非正式组织中有自己的核心人物和领袖,有大家共同遵循的观念、价值标准、行为准则和道德规范等。梅奥指出,如果管理人员只是根据效率逻辑来管理,而忽略工人的感情逻辑,必然会引起冲突,影响企业生产率的提高和目标的实现。因此,管理者必须重视非正式组织的作用,注意在正式组织的效率逻辑与非正式组织的感情逻辑之间保持平衡,以使管理人员与工人之间能够充分协作。①

(三)新型的领导能力体现为提高职工的满意度

科学管理理论认为生产效率主要取决于作业方法、工作条件和工资制度。只要采取恰当的工资制度,改善工作条件,制定科学的作业方法,就可以提高工人的劳动生产率。而霍桑实验得出了不同的结论:在决定劳动生产率的诸因素中,置于首位的因素是工人的满意度,而生产条件、工资报酬只是第二位的。职工的满意度越高,其士气就越高,从而生产效率就越高。高的满意度来源于工人个人需求的有效满足,不仅包括物质需求,还包括精神需求。而工人的满意度又依赖两个因素:第一是工人的个人情况,即工人由于其个人经历、家庭生活和社会生活所形成的个人态度和情绪;第二是工作场所的情况,即工人相互之间或工人与上级之间的人际关系。促进工人士气提高的因素包括物质动力和精神动力。②

(四)管理者的人事能力

新型的领导能力体现为,通过职工满意度的提高来激励职工的士气。梅奥认为,在现代大企业的经营管理当中,经常存在以下三个问题:"把科学和技术应用到某些物质的产品上;系统地安排工序;组织持久的合作。"③他把前两个问题

---

① 郭咸纲:《西方管理思想史》(第三版),经济管理出版社 2004 年版,第 163 页。
② 同上书,第 164 页。
③ Elton Mayo, *The Social Problems of an Industrial Civilization: With an Appendix on the Political Problem*, London: Routledge & Kegan Paul, 1975, p. 123.

称作处理技术的能力,把后一个问题称作处理人事的能力。其中,处理人事的能力不仅包括能使下属成员之间相互了解与合作,而且包括领导者与其下属成员之间相互了解与合作,使领导能为下属所接受,从而使企业形成"有效率的合作体系"。维持团体的持久合作虽然十分重要,但却往往被忽视。所以,这就要求企业管理者不仅要重视生产的物质技术要素,具有处理技术的能力,而且必须重视生产中人的要素和人与人的相互关系,具有处理人事的能力。

梅奥在《工业文明的社会问题》一书中提出了六点主张:(1)以人为本;(2)人存在于组织环境中,而不是社会中;(3)人际关系中的关键活动是激励人;(4)激励要以团队精神为导向;(5)通过对于个人需求的关注和满足,可以提升组织目标实现的可能性;(6)个人与组织都想以最小的投入获得最大的产出。《工业文明的社会问题》一书中总结出的人际关系理论随着时间的推移,其影响也逐步扩大。尽管时代已步入21世纪,但人际关系学说仍然有着深远的指导意义。在管理学的发展史上,没有人能够忽视霍桑实验,也没有人能够忽视梅奥这个名字,当我们今天本着"以人为本"的视角看待管理问题的时候,重温梅奥的《工业文明的社会问题》,仍能获得新的启示。

四、基本评价

梅奥的人际关系理论对古典管理理论进行了大胆的突破,不仅在理论上对其做了修正和补充,开辟了管理研究的新理论,还为现代行为科学的发展奠定了基础,所以人们称他为组织行为学的先驱。他的主要贡献在于以下几点:

第一,对人的本性做了全新的探索。梅奥的人际关系理论明确指出,工人不是孤立的没有任何联系的分散的个人,他们是社会性的动物。[1] 重要的是人与人之间的合作,而不是在无组织的人群中互相竞争,个人主要是为保护自己在集团中的地位而不是为自我的利益在行动。这就对人的本性做出了具有创新价值和意义的探索,不仅看到了人具有满足自然性的需要,并且进一步认识到人还有获得尊重的需要、社交的需要等其他一些社会需要,后一类需要比前一类需要层次更高。

---

[1] Lawrence L. Steinmetz, *Human Relations: People and Work*, New York: Harper & Row, 1979, p. 36.

第二,把管理研究的重点从物的因素转移到人的因素。一个管理者或领导者,不仅必须具有组织、控制整个企业所经营的事业的能力,还必须具备满足职工社会与心理需求,以激发职工积极性和创造性的能力,以及控制或操纵整个群体的能力。人际关系理论的出现使得企业管理开始注重人的因素,认为只有充分发挥人的主动性,才能充分发挥现代技术的作用,进而使得企业的管理手段由原来的只重视机器的作用,逐步改变为更加重视人的作用。

第三,人际关系理论让行为科学理论在人事管理中得以广泛应用。设置培训主管、强调对工人的关心和支持、增强工人和管理人员之间的沟通等人事管理的新方法被很多企业使用。人际关系理论的确对企业管理的理论和实践产生了广泛的影响。企业开始采取各种各样的福利措施来吸引和留住工人,例如建立寄宿所,并竭力营造工厂生活在道德和教育方面的优越性。

第三章
公共行政学的批判时期(1939—1952)

1929—1933年的世界性经济危机和第二次世界大战给西方各国的政治、经济、文化造成了前所未有的破坏,尤其给西方资本主义国家的经济体系、政府管理活动带来了剧烈的震动。自由放任的经济政策不再适应当时的社会发展,取而代之的是国家对经济和社会的全面干预政策。传统行政学理论面对社会变革,显得力不从心、苍白无力,甚至一度受到怀疑和批评,公共行政陷入了"身份危机"。在对传统行政学反思的基础上,这一时期出现了现代行政组织管理学说、新公共行政学和政策科学,产生了行政学历史上影响深远的西蒙与沃尔多的争辩。

第一节 巴纳德的现代管理理论

一、人物简述

切斯特·巴纳德(Chester Barnard,1886—1961),1886年出生于美国马萨诸塞州,1906年至1909年在哈佛大学攻读经济学,获得经济学学士学位。毕业后,进入美国电话电报公司开始了他的职业生涯。在漫长的工作实践中,巴纳德广泛地学习了社会科学的各个分支,阅读了许多管理方面的著作,并且将其应用于实践,创立了系统组织管理理论。到1961年巴纳德逝世

切斯特·巴纳德

时，他获得了普林斯顿大学、布朗大学、宾夕法尼亚大学等七所著名大学的荣誉博士学位，在管理学界享有盛名，被学界称为"博学的经理"和"现代管理理论之父"。

巴纳德一生著作很多，著名的有《经理人员的职能》(1925)、《工业关系中的高层管理人员的职责》(1939)、《经理人员的教育》(1945)、《工业研究组织的若干方面》(1947)等。这些著作为建立和发展现代管理学做出了重要贡献，也使巴纳德成为社会系统学派的创始人。

二、学说背景

古典管理主义到现代管理主义的成功转型经历了从古典管理到行为科学再到现代管理的漫长过程，行为科学在整个过程中起了重要的桥梁作用。产生于19世纪末20世纪初的古典管理主义为行政管理的研究奠定了基础。到20世纪二三十年代，以福莱特的动态行政管理理论和梅奥的"霍桑实验"为代表的研究奠定了人际关系理论的基础，是对古典管理主义的突破，起到了承前启后的作用。20世纪30年代末，巴纳德对行政组织理论进行了重新界定，成为古典管理主义向现代管理主义转变的桥梁。

1929—1933年的世界经济危机使资本主义经济受到沉重打击，传统的自由放任的经济政策已无力扭转经济颓势。此时，以美国为代表的西方资本主义国家开始采取国家干预的政策，重新调整政府与市场的关系，加强了政府对资本主义工业生产的控制与调节，同时建立了社会保障体系。其中很多措施都体现在巴纳德的系统行政组织理论中，如权威接受理论、组织要素、组织平衡论和非正式组织理论等。理论上的困境和实践上的挑战促使广大的组织学家和管理学者建立现代管理学说。

三、理论内容

（一）人性为本

在个体概念方面，巴纳德认为个体是指一个独特的、独立的、分离的事物，"第一，认为个体是个别、独立、实实在在地存在着。包括人的身体在内，是个别独立存在的。第二，无论出于有限的目的还是实用的目的，无论视为一种物体还是视为一般物质要素的一个阶段或多种物质因素的函数,都不能把纯粹的身体视为一个人。第三,人类有机体只有同其他人类有机体协同时才能行使其职能"①。在巴纳德的论述中,我们可以发现:(1)个体的一个重要特性就是活动,而活动的总体和易于观察的方面叫作行为。若没有行为,就没有单个的人。(2)我们所讲的个体行动,产生于心理因素。心理因素指的是物质因素、生物因素和社会因素的组合、结果或残余。(3)几乎所有的实际事务中,出于更科学的目的,我们往往赋予人们进行选择的能力、做出决定的能力和自由意志。(4)为了在实践中行使意志力,有必要在限制选择条件方面做出尝试。②

（二）组织概念新界定

1. 组织新概念

巴纳德从人与人之间协作关系的角度来看待组织。他并没有简单地把组织理解为人的集团,而是从人的行为和人协作关系的角度,把组织界定为"有意识地协调两个以上的人的活动或力量的一个系统"③。组织具有以下基本特点:(1)组织是由人的活动或行为构成的系统。(2)组织是一个系统,即按照一定的方法进行调整的人的活动和行为的相互关系。(3)组织是动态和发展的,当系统中的一个部分同其他部分的关系发生变化时,作为整体的系统也要发生变化。(4)组织是协作系统的一个组成部分,但有时界限不太明确。(5)组织内部协作关系和外部协作关系同等重要。④

2. 组织三要素

巴纳德认为组织作为一个系统,包含三种基本的要素,即合作的意愿、目标与目的、沟通与交流。

（1）合作的意愿。这是各种组织不可或缺的第一项基本要素,它与一般的意愿相似,即人的意愿总是不断波动和变动的,或者因为个人原因,或者因为外

---

① 〔美〕切斯特·I. 巴纳德:《经理人员的职能》,王永贵译,机械工业出版社2013年版,第10—11页。
② 同上书,第12页。
③ 同上书,第50页。
④ 同上书,第50—62页。

部原因。① 人在组织合作系统中,个人合作意愿的强烈程度与组织对其贡献的补偿紧密相连。

(2) 目标与目的。这是合作系统的第二个要素,是合作意愿的必然推论。巴纳德指出,组织中的个人除了要有同别人联系这样一种模糊的感觉或愿望以外,还必须要确定合作的目标和目的,合作的意愿才能逐渐形成。

(3) 沟通与交流。除了合作意愿以及目的和目标之外,组织还必须有沟通与交流。沟通交流处于组织要素的中心地位,因为组织的结构、规模和范围几乎全由信息交流技术所决定。

3. 组织平衡论

从人的行为和人与人之间的协作关系来看,组织生存和发展的一个基本条件就是:组织成员愿意且能够进行正式协作,为实现组织的共同目标做出贡献。这个条件包括两个方面:一是组织对成员的吸引力,二是成员对组织的贡献。这就是组织平衡论。巴纳德认为,组织要实现长期持续的发展必须寻求两个方面的平衡——对内平衡和对外平衡。对外平衡是指一个组织对外部环境的适应性;对内平衡是指组织成员愿意并能够进行真正的协作,为实现组织目标而做出贡献。实现组织平衡的关键在于使组织成员获得一种贡献与诱因的平衡。组织提供的诱因大于或等于个人贡献,组织就可以实现平衡,就可以生存和发展,否则组织就会衰落乃至消亡。由于组织的外部环境不断变化,组织成员的个人目标存在差异,所以组织的平衡是一种动态不稳定的平衡。为克服这种不稳定的状态,组织只有不断发展壮大来增加组织所掌握的诱因,从而获得持续发展。

4. 组织决策论

组织的决策过程是一种适应过程。无论人有意识的行为还是无意识的行为,都是某种决策的实施,决策的过程就是对组织行为的理解的过程。在决策过程中,参与制定组织决策的成员扮演着双重角色:一方面,作为组织成员的个体,有自己的个人决策;另一方面,个人属于组织的决策层,所制定的决策要为整个组织服务,这种决策在对其个人产生影响的同时,更重要的是对组织中的其他成

---

① 〔美〕切斯特·I.巴纳德:《经理人员的职能》,王永贵译,机械工业出版社2013年版,第65页。

员产生影响或约束。组织决策时需要考虑决策目的和实现目的的方法这两个问题。决策目的与决策环境密切相关,一个目的只有置身于一个具体的环境中才能得到具体的体现,反之,则给人一种模糊的感觉。因此,目的只有根据环境情况被不断细化和分解,便于执行者理解,才能保证其真正实现。需要强调的是,个人做决策的方法和组织做决策的方法是截然不同的。

5. 非正式组织

巴纳德是全面系统阐释非正式组织的第一人,他把梅奥在霍桑实验中发现的非正式组织进行了理论化、系统化,正式建立了非正式组织的理论体系。首先,他将非正式组织界定为"一种无正式的组织结构、无自觉的共同目标,只是具有一定的通过与工作有关的接触而产生的习惯、规范和情感等特点的集合体"[1],从而明确了非正式组织与正式组织的区别。其次,巴纳德认为非正式组织是由非意识的社会过程产生的,往往有两类重要的结果。第一,使人们形成一定的态度、理解、风俗和习惯等。非正式组织的最普遍后果是形成一些风俗、道德观念、习俗、民俗、社会规范和理想。第二,为正式组织的产生创造条件。非正式的联系显然是正式组织形成以前必需的一个条件。要使得共同的目的能够被接受、信息交流成为可能、协作的意愿得以达成,组织成员都必须有一个事前的接触和预备性的相互作用过程。当正式组织是自发地形成的时候,这一点表现得特别清楚。最后,非正式组织有三个优点:(1)可以交流正式组织所不便沟通的意见、资料和信息;(2)可以通过培养组织成员的服务热情以及对权威的认同感而维持组织的团结;(3)非正式组织的互动关系可以避免正式控制过多过滥,进而保持个人自尊、人格完整和独立选择能力。

(三)权威理论新主线

巴纳德对"权威"进行了重新界定:权威是正式组织中信息交流(命令)的一种特征,通过被组织成员接受,支配或决定什么是他们要对组织做的事,什么是不对组织做的事。权威接受论由权威的主体、客体与无差别区域组成。权威的主体可以称为个人方面,具体指个人与权威,也就是个人把命令当作权威来接

---

[1] 〔美〕切斯特·I. 巴纳德:《经理人员的职能》,王永贵译,机械工业出版社2013年版,第87页。

受;权威的客体主要是指命令被接受的性质。组织成员与权威的关系是:个人不必真正从内心深处信服命令、指示或决定,无所谓这些命令、指示或决定让他们干什么和怎么干,对于这些命令、指示或决定仅仅是执行而已。

巴纳德还对权威被接受的条件做了解释。他认为权威要对人们发生作用,就必须得到人们的同意,而要得到人们的同意,则必须具备以下四个条件:(1)人们能够而且的确理解了命令,一个不能被人理解的命令不可能有权威;(2)在做出决定时,这个命令同组织目的没有矛盾,一个被接受者认为同组织目的相矛盾的命令是不会被接受的;(3)在做决定时,这个命令整体上同个人利益是一致的,如果一个命令所带来的负担会破坏个人同组织关系的纯利益,那么它引导个人为组织做贡献的纯诱因就不存在了;(4)组织成员在精力和体力上能够执行这个命令,如果一个人没有执行命令的能力,显然他一定不会服从这个命令。①

(四) 管理职能新总结

1. 建立和维持组织沟通体系

对于由一个以上单位构成的复合体来说,需要有完善的沟通体系和相应的管理人员,主要包含三个方面:(1)组织安排。亦称组织构造,其实质就是组织职位的确定。(2)人员配备。人员是组织基本的组成部分,即对管理人员的选择和对一般人员的选择。(3)非正式组织沟通。非正式组织作为正式组织的重要补充,在沟通体系中的作用尤为突出。

2. 提出和制定组织的目标

在巴纳德的组织三要素中,组织目标处于核心地位,而组织目标的提出和界定是管理人员特有的职能,组织目标与管理人员的责任相连。组织目标的制定与分解是组织决策过程中的一项重要工作,必须明确组织决策的责任人。组织决策最好是由组织沟通体系的中心做出,处于中心位置的管理人员责无旁贷要承担此项重要责任,这也是管理人员职责的本质。

四、基本评价

巴纳德提出的系统行政组织理论以人性理论为基础,把人作为组织概念中

---

① 〔美〕切斯特·I. 巴纳德:《经理人员的职能》,王永贵译,机械工业出版社2013年版,第122页。

的组成要素。该理论明确了管理人员在组织中的枢纽地位、职能和作用,也提出研究人员必须对组织理论中正式组织、非正式组织、诱因理论、决策理论以及管理人员的职能有全方位的掌握和了解,才能更好地制定人事制度。权威接受论着重指出了权威是否被接受,取决于接受命令的人。协作理论、组织理论、人事理论与权威理论之间是相互联系、相互作用的。其中,协作理论是组织理论研究的基础,组织理论是人事理论研究的前提,人事理论是权威理论研究的支撑。这四方面的管理理论互为支点、相互融合,是巴纳德行政管理思想不可或缺的部分,在公共行政发展历史中处于重要位置。可以说,巴纳德开创了现代组织管理和行政管理研究的许多重要途径,而且还提出了许多具有重大理论价值和实际意义的根本性概念和观点,被誉为"现代管理理论之父",开启了"巴纳德革命"。

然而,巴纳德的公共行政思想也有一些缺陷。他并没有建立起完整的管理学科或知识体系,只是对一系列组织现象做出了解释,而没有从中提炼出一套有关组织的概念框架和管理思想。换言之,他没有提出切实可靠的衡量诱因与贡献的尺度,易陷入循环论。此外,巴纳德具有保守倾向,他将组织规定成合作的、高度功能性的实体,组织决策论对决策要领的分析不够深刻,轻视了高层管理者面向外部环境的决策任务。尽管如此,作为西方行政管理学说史上的里程碑式人物,他的组织理论实际是开放系统理论的一种具体应用。不得不说,他的系统组织理论在这一发展方向上具有首创性,并在整个行政管理学乃至管理科学发展史上占有十分重要的地位,他的学术思想和理论观点对于后来的组织理论和管理思想都产生了深远的影响。

第二节 西蒙的行政原则批判

一、人物简述

赫伯特·亚历山大·西蒙(Herbert Alexander Simon,1916—2001),1916年6月15日生于美国威斯康星州密尔沃基市,1933—1936年就读于芝加哥大学政治系并获得政治学学士学位。1943年获得芝加哥大学政治学博士学位。1939—

赫伯特·亚历山大·西蒙

1942年在加利福尼亚大学担任一个研究小组的主任,从事地方政府研究工作。1942年担任伊利诺伊理工学院政治系教师。在1946—1950年,他曾任多个政府部门或协会的顾问。1949年西蒙到卡内基梅隆大学任行政学与心理学教授,后来任计算机科学与心理学终身教授。1968年被任命为总统科学顾问委员会委员。

西蒙的研究涉及心理学、统计学、计算机科学、公共行政、经济学等多个领域,其代表作有《管理决策新科学》(1960)、《管理行为》(1976)、《有限理性模型》(1982)、《人工智能科学》(1996)等。1969年,获得心理学界最高荣誉——杰出科学贡献奖。1975年,他和艾伦·纽厄尔因为在人工智能等方面进行的基础研究,荣获计算机科学最高奖——图灵奖,他也被称为"人工智能之父"。1978年,获得第十届诺贝尔经济学奖,是诺贝尔奖历史上唯一以非经济学家的身份获得诺贝尔经济学奖的学者。

二、学说背景

在20世纪20年代,西方行政学界普遍认为行政学是一门科学,从科学研究中可以找出一些行政原则,例如法约尔在一般管理理论中提出的十四条管理原则,以及古利克七职能说等。对于这些"管理原则",西蒙进行了一系列批评。他认为,流行的管理原则有一个致命弱点,那就是它们像谚语那样,总是成对出现,我们差不多都能找到其对立原则。对此,西蒙提出了新观点:在研究方法上必须寻求新突破,构建新的逻辑实证主义和行为主义政治科学方法。西蒙还力图分离事实与价值,并通过界定事实性问题为可验证的问题建立一门行政学说。

任何一门学科都有其历史继承性和发展性,西蒙也是站在巨人的肩膀上开始自己的研究,除了逻辑实证主义和行为主义政治科学之外,他还深受巴纳德的影响,巴纳德在组织中关于人的观点也成为西蒙对人的行为进行研究的起点。再者,巴纳德突出了组织平衡的重要性,提出组织平衡的关键在于组织为人们提供的诱因与人们为组织做出的贡献保持平衡。组织要使自己长期生存,必须适时地给它的成员和可能的贡献者提供诱因,以刺激或激励相关人员的协作意愿。西蒙在此基础上发现组织平衡问题就是组织决策问题,由此开启了决策理论研究。

三、理论内容

1946 年,西蒙在《公共行政学评论》上发表了一篇名为《行政管理格言》的文章,猛烈抨击被传统行政学奉为经典的"行政原则"。西蒙认为,这些原则常常是"二律背反"的,几乎总以相互矛盾的对偶的方式出现,而且虽然两种原则自相矛盾,但我们却无法用理论证明哪一条原则是正确的,即这些原则无法实现内部逻辑自洽,也无法实现不同原则之间的自圆其说。西蒙认为其不具有科学性,或只具有很小一部分科学性,因此将"行政原则"定义为"行政谚语""行政格言"(The Proverbs of Administration)。传统的应用性行政科学既然只能产生谚语,那么在研究方法上就必须寻求新的途径,这样才能建立真正的行政原则。

(一) 四项原则

西蒙对人们常常谈到的"专业分工""统一指挥""控制幅度"和"组织的划分"等四项原则进行了批判。

1. 专业分工

分工只是群体工作的本质,组织不论效率如何均需分工,因为两个人不能在同一时间、同一地点做同一项工作,分工只不过是不同的人在同一时间做不同的工作而已,所以分工并不是有效行政的条件。亚当·斯密的分工理论认为分工能提高劳动的熟练程度,使每个人专门从事某项作业,不做与其生产没有直接关系的事情从而节省出时间,有利于发明创造和改进工具。比如,护士对某一社区内的所有护理工作负责,包括学生健康检查、探访儿童、护理肺结核病人;或者按职能进行专业化分工,一部分负责学生健康检查,一部分探访儿童,一部分护理肺结核病人。以上这两种行政管理安排都满足专业化分工所需的条件:第一是按地点进行专业化分工;第二是按职能进行专业化分工。到底应该如何对这两种策略进行选择,专业化分工原则没有提供任何帮助,因为"专业化分工"不是有效率的行政管理条件,而是所有群体行动的必然特点。不论群体行动有效还是无效,专业化分工仅仅意味着不同的人做不同的事。所以,行政管理的真正问题不是去进行"专业化分工",而是按能提高效率的特定方式和方法去从事专门化工作。

2. 统一指挥

假定统一指挥是一条行政管理原则,就可以这样断言:安排给一名组织成员某个职位而在该职位上接受来自两个或更多上级的指令,这种做法是行不通的。在组织和协调过程中,这一原则的重要性不容忽视。在建立协调的组织结构的过程中,经常会为某个有许多工作任务的员工设一个以上的老板,即使像泰勒这样的管理哲学家也会犯这种错误,即确定不同的领班解决机器原材料、机器速度问题等,每个领班都有权力直接给某个员工下达指令。古利克明确地指出了如果在面临困境时不按统一命令行事,大量的无责任性和混淆性指令肯定会接踵而来。但是,这或许是为增强决策的专门化所付出的不太大的代价。这一原则的真正缺陷是它与专业化分工原则不一致。权威在组织中最重要的作用之一是使决策活动专门化,以便专业地做出每个决策。

3. 控制幅度

控制幅度指每位管理者能有效监督和指挥的人数。人们通常认为,直接下属数目缩减到最小数目可以提高行政管理效率,行政管理效率可以通过最低限度地保持办事所需的组织层次的数目而得以提高。该原则显然与另一条人们常提到的组织层次应该力求精简的原则相冲突:缩小控制幅度势必会增加组织层次。在许多情况下,这条格言产生的结果直接与控制幅度原则、统一指挥原则和专业化分工原则要求的条件相矛盾。在有复杂人际关系的大型组织中,被限制的控制幅度必然导致公文繁多,因为组织成员的每一次接触必须向上推进,直到共同的上级出现为止。如果组织规模很大,这会自下而上地涉及几个层次的管理者,这是一个耗时和烦琐的过程。如果假定控制幅度的扩大和缩小都产生了不合意的结果,那么最佳点是什么呢?主张限制控制幅度的学者没有给出准确数字以及原因。

4. 组织的划分

根据目标、程序、对象、地点划分组织,从专业化分工的角度看,这些标准存在明显的内部不一致性。因为目标、程序、对象和地点是组织的不同基础,而且在任何已知的分工点上,不同部门可以通过职能重新获得一些有利条件。因此,在公共工程部门可以有工程处,教育部门可以有学生健康服务处。类似地,在规模较小的单位里也可按地区或按对象的职能分工。然而,这些职能分工又不能同时达成,因为组织的管理程序和管理部门之间并不能时时保持一致。管理的目标和程序确实需要通过机构部门的职能分工来完成,但是事实上具体到部门职能,又存在着私利性。这样就会出现我们经常说的"国家利益部门化、部门利益个人化、个人利益法制化"的现象,以及问题解决并非依靠程序和过程,而是依靠领导者的情况,例如我们常说的"老大难老大难,领导重视就不难"。

(二) 有限理性理论

在有限理性理论方面,西蒙认为,现实生活中作为管理者或决策者的人是介于完全理性与非理性之间的"有限理性"的"管理人"。"管理人"的价值取向和目标往往是多元的,不仅受到多方面因素的制约,而且处于变动之中乃至矛盾的状态;"管理人"的知识、信息、经验和能力都是有限的,他不可能也不企望达到绝对的最优解,而止步于找到满意解。在实际决策中,"有限理性"表现为:决策者无法寻找到全部备选方案,也无法完全预测全部备选方案的后果,还不具有一套明确的、完全一致的偏好体系,以使他在多种多样的决策环境中选择最优的决策方案。

"有限理性"还来自大脑加工所有任务的基本生理约束。正是这种约束,使思维过程表现为一种串行处理或搜索状态(同一时间内考虑的问题是有限的),从而也限制了人们的注意广度(选择性注意)以及知识和信息的获得速度和存量。与此相适应,注意广度和知识范围的限制又引起价值偏见和目标认同(类似于基于无知和某种目的意识所产生的宗教或信仰),而价值偏见和目标认同反过来又限制人们的注意广度和知识信息的获得(类似于宗教或信仰对科学和经验事实的抵制和排斥)。西蒙认为,有关决策的合理性理论必须考虑人的基本生理限制以及由此引起的认知限制、动机限制及其相互影响的限制。因此,所探讨的应当是有限的理性,而不是全知全能的理性;应当是过程合理性,而不是本质合理性;所考虑的人类选择机制应当是有限理性的适应机制,而不是完全理性的最优机制。决策者在决策之前没有全部备选方案和全部信息,而必须进行方案搜索和信息收集;决策者没有一个能度量的效用函数,从而也不是对效用函数求极大值,而只有寻求一个可调节的欲望水平,这个欲望水平受决策者的理论和经验知识、搜索方案的难易程度、决策者的个性特征等因素调节。在此基础上,决策者确定方案,并决定搜索过程是否结束。决策者之所以接受满意解而非最优解,并不是因为他宁劣勿优,而是因为他根本没有选择的余地,不可能获得最优解。

从有限理性出发,决策的制定包括四个主要阶段:(1)找出制定决策的根据,即收集情报;(2)找到可能的行动方案;(3)在诸行动方案中进行抉择,即根据当时的情况和对未来发展的预测,从各个备择方案中选定一个方案;(4)对已选择的方案及其实施进行评价。决策分为程序化决策和非程序化决策。所谓程序化决策,就是那些带有常规性、反复性的例行决策,可以制定出一套例行程序来处理的决策。所谓非程序化决策,则是指那些过去未曾发生过,或其确切的性质和结构尚不清楚或很复杂,或其作用十分重要而需要用"现裁现做"的方式加以处理的决策。但是,这两类决策很难分得绝对清楚,它们之间没有明显的分界线,而是像光谱一样的连续统一体。不同类型的决策需要不同的决策技术。决策技术又分为传统技术和现代技术。传统技术是一种古典技术,是从有记载的历史至今仍为组织所使用的简单工具。现代技术则是第二次世界大战后发展起来的一系列新技术,主要代表是计算机和信息化的大数据手段所提供的决策支持辅助系统等。

(三) 理论特点

以西蒙为代表的决策理论学派的理论与传统的决策理论及其他学派相比,有以下基本特征:

(1) 管理即决策,决策是管理的中心,决策贯串管理的全过程。西蒙认为,任何作业开始之前都要先做决策,制订计划就是决策,组织、领导和控制也都离不开决策。

(2) 在决策准则上,用满意性准则代替最优化准则。西蒙认为,完全的合理性是难以做到的,管理中不可能按照最优化准则来进行决策。首先,未来具有很多的不确定性,信息也不完全,人们不可能对未来无所不知;其次,人们不可能拟定全部方案,这既不现实,有时也是不必要的;最后,即使用了最先进的计算机分析手段,也不可能就各种可能结果形成一个完全而一贯的优先顺序。

(3)强调集体与组织对决策的影响。西蒙指出,管理者的职责不仅包括本人制定决策,也包括负责使他所领导的组织或组织的某个部门能有效地制定决策。他所负责的大量决策制定活动并非仅仅是他个人的活动,同时也是他下属人员的活动。

(4)发展人工智能,逐步实现决策自动化。西蒙在他所著的《管理决策新科学》一书中,用了大量篇幅来总结计算机在管理中的应用,特别是计算机在高层管理及组织结构中的应用。

四、基本评价

西蒙是一位杰出的行政学家,他在组织决策和公共行政学领域做出了极大的贡献。西蒙所提出的决策理论解决了信息不对称的问题,因为决策理论着眼于合理的决策,其核心思想是有限理性与满意性准则,即用有限理性代替完全理性,用满意性准则代替最优化准则。西蒙认为,决策分析本身是一个技术性的行为,除此之外,他还将政策问题融入了事实与价值因素。

深受行为主义学派的影响,西蒙穷尽一生为建立科学化的知识体系而努力,主张以科学化的概念、实证的研究方法来取代传统的、充满含混命题和教条的内容。他的研究方法以及对决策过程的研究,主要目的就是建立科学化的行政学。西蒙力图将自然科学的研究方法应用于行政领域,尝试引用逻辑实证主义来建立一门富有效率的行政科学,并为该领域确立了逻辑实证主义的议程。他希望这种行政科学具有可操作性,能够反映客观经验事实。他的研究模式与进步主义思维相一致,并与政治科学的行为革命相呼应,成为解决公共行政效率问题的研究途径,至今依然是思考公共行政的一种基本思路。

第三节 沃尔多的行政国家理念

一、人物简述

德怀特·沃尔多(Dwight Waldo,1913—2000),美国政治学家和现代公共行

德怀特·沃尔多

政学者,1913 年出生于内布拉斯加州的农场小镇,在内布拉斯加州立大学获硕士学位,在耶鲁大学获得博士学位。沃尔多在耶鲁大学的博士论文经过修改后,于 1948 年以《行政国家:美国公共行政的政治理论研究》为名出版,成为公共行政学领域的经典之作。沃尔多一生有较多的著作,代表作有:《行政国家:美国公共行政的政治理论研究》(1948)、《公共行政研究》(1955)、《研究行政学的各种观点》(1956)、《动荡时期的公共行政》(1971)、《公共行政学的任务》(1980)等。

二、学说背景

第二次世界大战之后,美国经济的快速发展逐渐改变了人们的生产和生活方式,同时也带来一系列问题。经济的发展以资源和环境的过度消耗为代价,带来人口增长、经济危机、城市化、浪费和社会混乱等问题。整个社会开始呼吁新的理念,希望政府在社会公共事务管理中发挥积极作用,创造美好的生活。在此背景下,政府的权力不断扩大,行政人员不断增多,政府看得见的手伸到社会生活的各个领域,这种现象被称作行政国家(Administrative State)。行政国家随着资本主义政治经济社会生活的发展而出现,在二战之后因为奉行凯恩斯主义而达到高峰。行政国家要求国家成为一个强政府,能够为公民提供必要的公共产品,担当和履行政府各项职能,但也因此会产生种种弊端。政府权力的扩大打破了三权分立的平衡,在政府权力不断膨胀的情形下如何才能保障美国的民主又兼顾效率,成为这一时期行政学者们关注的问题。

这一时期,传统公共行政学理论受到了行政学者们的批判,行政学者开始为公共行政的发展寻求新的出路。在沃尔多之前,西蒙就已经开始对正统的行政学理论进行批判,而沃尔多则从思想史的角度对已经出版的公共行政学著作做了全面的回顾。沃尔多对正统时期的价值中立和效率优先的行政学理念产生了质疑,其行政国家思想正是在对正统时期的行政学理论进行分析和批判的基础上产生的。他反思科学管理价值观,呼吁在行政学中引入政治民主价值观,在行政学的"B途径"之外开辟了"P途径"。此外,沃尔多在政治理论方面的学习经历也使他从政治理论的视角重新审视公共行政的价值问题。

三、理论内容

（一）政府追求的价值

沃尔多指出政府的目的就是实现"美好的生活",政府追求的目标必须建立在一定的政治哲学之上,政府在实现美好生活中发挥重要的作用。

首先,美好的生活应该是对自然的征服。随着科学技术的不断发展,人们运用科学技术来利用和改造自然的能力在不断提高。自然资源的开发和利用丰富着人类的生活。在物质生活得到满足之后,人类开始寻求精神上的需求。

其次,美好的生活应该是一个"计划"的社会。公共行政事务离不开计划,善于计划的政府才能对公共事务进行合理的安排。这一方面是因为科学管理运动的启发,另一方面也有经济危机的爆发带来的启示。行政学者们对未来的发展有明确的计划,因此政策决定受到了重视,政策的执行却被学者们遗忘。

为了实现美好的生活,政府的规模不断扩大。美好的生活被计划,计划的实施由政府来完成。由此,政府的管辖范围和权力不断扩大。政府被学者们看作实现民主和富强的工具。但问题是,上述美好的生活是物质的和被计划的,学者们是凭借什么描绘出美好的生活的?美好的生活背后的价值是什么?

（1）公民利益。美好社会的最终目标须落实在每一个人身上,这就需要政府为公民提供服务。正如沃尔多指出的,"政府是一个工具,用来为个人提供服务,除此之外,再无任何其他存在的理由。国家、政府以及任何小团体都没有任何自身的目的,它们的存在仅仅是为了给个人提供服务"[①]。政府公共行政的出发点是公民利益,或者说是大多数人的利益组成的公共利益。

（2）道德主义。美好的生活以物质或者说是财富作为基础,社会经济的发展为人们提供了财富,也为人们提供了丰富的商品来消费。但工业的发展也导致环境破坏和资源浪费,社会生产中人们懒惰散漫,学会了投机取巧。沃尔多认

---

① Dwight Waldo, *The Administrative State: A Study of the Political Theory of American Public Administration*, New York: The Ronald Press Company, 1948, p. 71.

为,这都是崇尚物质主义所导致的道德问题,在物质主义弥漫的同时要重视道德主义的作用。

(3) 美好的生活必须是和平的。经过了两次世界大战,和平被全世界人民深深地渴望。人类目睹了在物质财富、工业文明和科学技术高速发展的时代战争的破坏力。所以,在建设美好生活的过程中,如果不能坚守住和平的信念,所有建设在和平基础上的物质和精神财富将失去基础而渐渐消失殆尽。

(4) 自由和平等。沃尔多同意大多数行政学者的看法,即首先应该满足物质上的平等,然后再谈论自由。沃尔多认为自由是具体地干什么或者享受什么。当物质财富被平等地分配之后,人们才能谈论享受和生活。自由和平等被沃尔多赋予了更加实际的意义。

(5) 美好的生活是城市生活。沃尔多认为,城市的文明促进了工业化,城市的文明是更高级的文明,城市的生活也是更美好的。在城市中,个人的需求得到满足,个人的才能得到展示,城市化使国家的发展成果惠及每个生活在城市中的市民。

(6) 民主价值。美国人对其建立的"美国式的民主制度"大加赞扬,他们认为美国的权力分立式的民主制度最具优越性。他们认为,"传统的民主制度并不能确保自身的成功,它们确实反而会妨碍到民主"[①]。持正统观念的学者的解决办法是提倡政治与行政的二分。批评者认为上述观点"为了寻求经济的民主而忘记了政治的民主"[②]。批评者指出,政治与行政的二分使公共行政过分地追求经济和效率而忽视了对民主的追求。

(二) 行政行为的标准

行政行为的标准就是说什么样的原则能作为政府行为的标准。传统行政学的决策基础没有一个清晰的标准,经济、科学、效率、经验、事实等都可以作为依据。但是,沃尔多指出,传统行政学并没有像其鼓吹者所说的那样价值无涉和效率至上,正统行政学理论的决策依据实际上有着一定的哲学基础,即具有"相容

---

① Dwight Waldo, *The Administrative State: A Study of the Political Theory of American Public Administration*, New York: The Ronald Press Company, 1948, p. 74.

② Ibid.

性"。传统行政学者主张的决策依据实际上就是功利主义、实证主义、实用主义。

功利主义。沃尔多指出,"功利主义者想要废除高级法和基本道德准则,将公共行为的准则替换成单单考虑效用"①。效用在功利主义者看来就是"最大多数人的最大幸福"。功利主义者想通过国会来制定法律,从而保证人们获得快乐的权利。功利主义者所指的任何快乐都不具有本质的区别,而只有量的不同。而且对于快乐的追求,都是人们内心的本性。

实证主义。实证主义与功利主义有很多相似之处,它们都抛弃了传统的决策方式,取而代之的是提倡"用实际的测量代替形而上学的抽象思考"。实证主义就是用"事实"来证明行为的正确性,以客观的情况、实际的需要作为决策的基础。沃尔多批评道:"传统实证主义立场的矛盾已经被发现,一方面是严格的科学,另一方面是人道主义的热情。"②实证主义用科学的方法进行测量和量化,为决策提供依据,而人对于外界的认识不具有科学的严密性,人所获得的感官体验,很难用科学来加以测量。

实用主义。沃尔多这样说:"我们可以认为实用主义是反对理性主义的、反对先进的思想方法、反对思维的惯性。它对事实的考察通常将可用性和经济价值看作主要标准。如果一个想法在尝试的过程中产生了满意的效果,那么它就为真。"③实用主义最关注的是实际效用,它以现实的效果作为行政决策的基础。而怎样判断政策是否有效,实用主义给出的建议是"尝试",即通过尝试来判断政策的好坏。

(三)行政人员的选择

好的政府应该以善政为宗旨,因此,行政人员应该是优秀的。他们不仅应该充分地了解他们所工作的政治领域,而且应该积极地拓展描绘政治领域轮廓的思路。在行政人员的选择上,沃尔多从专家和专业主义的兴起开始讨论行政阶层的问题。沃尔多指出:"公共行政学本身就是一个客观或技术的领域,在该领

---

① Dwight Waldo, *The Administrative State: A Study of the Political Theory of American Public Administration*, New York: The Ronald Press Company, 1948, p. 74.
② Ibid., p. 79.
③ Ibid., p. 83.

域中一个人能充分运用所学,且科学和艺术是可以通过普遍学习获得的。"① 随后,沃尔多考察了正统行政学家关于行政人员应该具备何种品质的著作,根据这些品质的要求,他提出了公共行政人员招聘和培训的方式。

(1) 行政人员应具备的品质。卢修斯·威尔默丁(Lucius Wilmerding)认为,行政人员应该是一个专家,但并不限于某一个领域和专业,他们的特长在于方法而非内容,他们是知识的综合者,而非自身知识领域的深入研究者。马克·狄马克(Mark E. Dimock)认为,行政人员应该具有不同寻常的能力、是多种能力的综合体,他们在各方面都应表现得出类拔萃。② 沃尔多认为,行政人员既是专业化的技术人员,也是各种智慧和理念的集大成者,他们的职能不仅仅是处理日常的行政事务,他们更要关注行政过程中的价值问题。因此,沃尔多得出结论:行政阶层的发展与壮大会使美国政府继承民主传统,而且美国需要一批具有管理技术、正义信仰和"全知全能"式的行政人员来维护一个有序的公平政府。

(2) 以民主的方式招聘行政人员。首先,行政人员的招聘应注重能力的要求,选贤任能,唯贤是举。行政人员的招募不看个人的财富数量,也不看个人的家庭背景和社会阶层,只要拥有出色的能力,满足行政人员应该具有的品质要求,就可以招聘成为行政人员。其次,行政人员的招募应该立足于广泛的社会基础,这样既可以减缓社会矛盾,又能发掘最佳人选。最后,行政人员需要接受过良好的教育,因为受过教育的人通常不会违反民主的原则。

(3) 对行政人员的培训。沃尔多认为学校作为社会教育的一部分,对行政人员的培养起到了重要的作用。不同的人对于学校教育持有不同的看法,有些人认为学校应该注重专业教育,另一些人则认为学校应该注重文化的熏陶。而实际上,所有的行政学者都会同意,将两种观点相结合才能得到最好的答案。具体来说,行政事务的现实情况要求行政人员具有综合知识与较强的人文素养。行政人员所要接受的教育不能是片面的,而应该是综合的;行政人员在处理行政事务的过程中,不仅是解决问题的机器,他们也必须具有灵活性和创造性。这是因为他们要做的不仅是政策的简单执行,而且要在执行的过程中做相应的判断。

---

① Dwight Waldo, *The Administrative State: A Study of the Political Theory of American Public Administration*, New York: The Ronald Press Company, 1948, p. 92.

② Ibid., pp. 92-95.

(4) 解决难题需要多方合作。沃尔多讨论了李维斯·梅兰（Lewis Meriam）的观点并对他的观点表示赞同。梅兰反对专业化,对公共行政人员的培训和文化教育持怀疑的态度。他认为行政人员所需的只是一定水平的天赋,加上特定的有用技术,再加上工作中的锻炼,重点应放在职业化的特有知识上。此外,梅兰主张解决问题应通过专家构成的委员会。① 因此,沃尔多认为,单纯地靠行政机构是不能够更好地解决面临的问题的,行政人员必须有智慧,解决问题应该综合各方面的智力因素。

（四）政治与行政的整合

沃尔多认为,正统行政学将政治与行政进行二分是不恰当的,政治与行政不可能完全分离。虽然政治与行政的二分并不是由古德诺提出的,但对于政治与行政二分法,古德诺是具有独到见解的一位学者。沃尔多认为古德诺的贡献就在于进一步解释了政治与行政二分的理念。政治与行政的二分可以概括为政府存在两种主要的职能,分别是"政治"与"行政",对应于"决策"和"执行"。第一,政府机构之间不可能按照职能的不同划分得一清二楚。"职能分割是好事,权力分割是坏事。"②首先,由于行政事务的复杂性,完全按照特定的"职能"进行分割是不可能的;其次,权力分割势必会导致多个权力互相竞争或推诿,从而导致行政效率的下降。第二,政治对行政的控制。通过对政治与行政的深入分析可知,政治与行政之间完全清晰的区分是不可能的,因此古德诺提出了二者之间的协调即实现政治对行政的控制。国家意志与国家意志的执行必须保持协调一致,说明了政治与行政必须是密切联系的,但如果政治过度地控制行政则会丧失行政效率。因此,关键就在于如何使这种控制保持适度。政府运作是一个整体,政府包括政治与行政,而且政治与行政应该是一个过程中相互联系的两个方面。因此,将政治与行政严格地二分已经成为一种陈旧的教条。

（五）民主与效率的相互协调

沃尔多讨论了正统行政学长期存在的两种倾向,分别是集权化倾向与分权

---

① Dwight Waldo, *The Administrative State: A Study of the Political Theory of American Public Administration*, New York: The Ronald Press Company, 1948, pp. 102-103.

② Ibid., p. 107.

化倾向。正统行政学理论中的集权化与分权化的争论实质上是对"民主"和"效率"理念的争论。但是无论是集权化还是分权化,政府的最终目标都是让人民过上美好生活。

1. 集权化

沃尔多总结了卢瑟·古利克对分权理论的三点批判。首先,分权化意味着"孤立",这可能在一定程度上实现进步,但是长时间后很可能导致停滞。其次,将权力分散给与行政有关的专业的独立机构,而这些机构往往是"狭隘和自私自利的"。最后,基于同一机构授权的"独立机构"可能会因为存在竞争而出现相互摩擦和不合作的情况。同时,他对集权化的优点做了四点论述,分别是:第一,集权有利于做出权威的决定;第二,集权减少了行政过程中的摩擦、职权的重叠;第三,集权创造出更加强大的职能专业化;第四,集权使公民的任务仅限于选举可靠的人选,从而确定行政的范围,这样公民参与民主变得更加简单。沃尔多在最后借用赫林的观点来表达他对集权化的看法:集权并不仅仅是为了实现效率,集权化也开始关注公共利益。[1] 为了获得效率,重组是必须的,但是政府的目标必须明确,政府必须服从公共利益。

2. 分权化

沃尔多在归纳科克尔的《行政改革的教条》一文和爱德华兹对集权化的批判后,进行了如下总结。第一,合作组织。为了减轻政府的行政负担,更好地提供公共服务,可将一些行政事务交给政府创立的各种"下属机构"或者"控股公司"来完成。相对于政府,合作组织具有经济性、独立性和灵活性的特点。第二,知识与权力的联合。为了能够将知识和权力进行联合,政府机构之间必须保持紧密的联系。为了解决现实的问题,必须将科学、经济现实和政治遗产综合起来。这个主张强调专业技术和专家在行政中发挥更大的作用,这些"专业团体"可以成为提高公共服务质量、改变政府治理现状的一大助力。第三,行政过程的民主。这种观点反对正统的"政治与行政二分"的看法。他们认为民主不应该仅仅

---

[1] Dwight Waldo, *The Administrative State: A Study of the Political Theory of American Public Administration*, New York: The Ronald Press Company, 1948, p. 107.

在于"政治",行政过程中也要有民主的含义,因为是否民主的判断标准不涉及政治与行政的区别。

3. 集权与分权的调和趋势

在研究了集权化与分权化之后,沃尔多提出,"公共利益"和"民主"具有明显的内在联系,集权化与分权化开始向着相互调和的趋势发展。从沃尔多对集权化与分权化的论战进行梳理的过程可以看出,沃尔多认为无论是集权化还是分权化都不是完美的。沃尔多在分别论述集权与分权的主张的同时,对它们之间的分歧也做了系统的分析。最后,沃尔多得出的结论也不是绝对的。民主与效率是不矛盾的,集权与分权都是为了实现同一个目标而存在的方式。因此,对集权与分权的争论,沃尔多的态度是折中的。

四、基本评价

沃尔多继承并超越了传统公共行政理论,其思想形成了一个新的流派,即新公共行政学派,同时,他也提出了当代公共行政学也要着重研究现代组织理论和比较公共行政,是西方公共行政学的集大成者。他通过批评传统的公共行政学,深刻地揭示了传统行政学的内在矛盾,主张政治与行政不可能完全分离、价值中立和科学研究方法。沃尔多认为公共行政并不是一个"纯粹的科学",公共行政应更多地关注公共的利益和正义与公平。他认为不应该将政治只限制于决策阶段的考虑,执行阶段同样存在着政治问题。在对待效率的问题上,沃尔多认为民主和效率不是矛盾的两个方面,二者是可以相互协调的。沃尔多将价值的理念引入公共行政,为新公共行政学派的产生奠定了基础。

许多学者认为,沃尔多是一位折中的行政学家,并指责沃尔多更多的是一个破坏者而不是一个创造者,他打碎了一个旧世界,却无法构造一个新世界。沃尔多自己晚年在回应这一指责时说:"我的目的并不是去告诉人们思考什么……但我尽力去告诉他们如何去思考公共行政。"的确,在一个奉行政治与行政二分的世界里,沃尔多通过揭示传统行政学的反民主的特性,并通过集聚政治理论而确立了公共行政学未来发展的思想议程。就此而言,罗森布鲁姆和麦克凯迪的评价是中肯的,即将民主的价值注入公共行政的理论与实践,这应该是沃尔多最大的贡献。① 毫不夸张地说,我们今天所看到的关于民主官僚制、代议制官僚制、参与式官僚制、草根民主等丰富的公共行政文献,都可以从沃尔多那里找到源头。

第四节 政策科学学派

一、学派简述

哈罗德·拉斯韦尔

"政策科学"由美国政治学家哈罗德·拉斯韦尔(Harold Lasswell,1902—1978)首先提出。这一概念正式出现于他与卡普兰在1950年合著的《权力与社会:一项政治研究的框架》中。1951年,拉斯韦尔与拉纳合编的《政策科学:范围和方法的新近发展》一书正式出版,首次对政策科学的研究对象、性质和发展方向进行了概括,标志着政策科学的诞生。拉斯韦尔也由此被誉为"现代政策科学创立者"。

政策科学的相关倡议研究至少可以追溯到1943年拉斯韦尔与麦克道格的共同努力,两人在《法律教育与公共政策:公共政策的专业训练》一文中就公共政策的含义做了说明,认为公共政策是一种探寻公共利益的途径,法律就是公共政策的一种。② 同年,拉斯韦尔在一份备忘录和一份提议上明确了"政策科学"术语,指出政策科学包括社会与心理的科学以及在一般意义上所有与政府决策有关的科学,政策科学的目的是服务于人类的尊严。③ 可以说,麦克道格是拉斯韦尔创建政策科学道路上的伙伴,拉斯韦尔提出将政策科学建设成为一门超级社会科学的设想,受到了麦克道格的诸多启发。1935年,拉斯韦尔在评价麦克道格时谈道,在其启发之下,提出了一个比较完备的"政策

---

① David H. Rosenbloom, Howard E. McCurdy, *Revisiting Waldo's Administrative State: Constancy and Change in Public Administration*, Georgetown University Press, 2006, pp. 1-14.

② Harold D. Lasswell and Myres S. Mcdougal, "Legal Education and Public Policy: Professional Training in the Public Interest," *Yale Law Journal*, Vol. 51, 1943, pp. 213-216.

③ Harold D. Lasswell, Ronald D. Brunner and Andrew R. Willard, "On the Policy Sciences in 1943," *Policy Sciences*, Vol. 36, No. 1, 2003, pp. 71-98.

科学"概念。

另一位跟随拉斯韦尔的脚步、将政策科学的核心旨趣发扬光大的学者是叶海卡·德罗尔(Yehezkel Dror)。德罗尔撰写了多部政策科学著作,如《公共政策制定的再审查》(1968)、《政策科学的构想》(1971)、《政策科学探索》(1971)("政策科学前三部曲")以及《疯狂的国家:违背常规的战略问题》(1971)、《政策赌博》(1983)、《逆境中的政策制定》(1986)("政策科学后三部曲"),还与兰德公司的著名政策分析家爱德华·奎德合作创立了第一个政策科学理论刊物并倡导举办了第一个政策科学国际培训班。1983年,德罗尔被国际政策研究联合会授予首届哈罗德·拉斯韦尔年度奖,由此形成了政策科学研究的拉斯韦尔-麦克道格-德罗尔传统,类似于威尔逊-古德诺-韦伯所形成的古典公共行政传统。

"政策分析"的概念则由美国政治经济学家查尔斯·林德布洛姆(Charles Lindblom)首先提出。1958年,他发表了《政策分析》一文,用"政策分析"表示一种将定性与定量相结合的渐进比较分析类型。在西方文献中,"政策科学"与"政策分析"两个概念的关系颇为复杂。有的学者将两者当作同义词使用,有的学者则将它们加以区别,用"政策科学"作为一个总的学科领域名称,强调它的跨学科、综合性特征,而将"政策分析"看作政策科学的一个分支,强调政策分析作为社会科学领域中一个应用性学科的特征。

政策科学有自身的特征。这些特征主要包括以下四个方面:(1)它是一个跨学科、综合性的新研究领域。按照拉斯韦尔和德罗尔等人的设计,政策科学不是现有的某一学科的更新,而是一种全新的跨学科学问,具有综合、交叉的特性。(2)它是一门应用性学科,是理论和实践的高度统一。政策科学是一门以行动为取向的学科,是适应人们解决复杂的社会问题或政策问题的需要而产生的。(3)政策科学既是描述性学科,又是规范性学科。政策科学是对一般选择理论的研究,以价值观作为基础,不仅关心事实,也关心价值与行动。(4)政策科学是软科学的一个重要分支,甚至可以说是当代软科学的核心部分。

总之,政策科学或政策分析在国外已成为一个相对独立和成熟的跨学科研究领域。它不仅有自己的研究对象、丰富的理论成果以及特定的"范式"或"研究纲领",其学科的社会体制(学会、专业杂志、出版渠道、基金、教学培训、职业化等)也具备了相当的规模。

二、学说背景

二战期间,兰德公司和布鲁金斯研究所成为实质性政策及其方法论研究的主要实验室。由于有兰德公司首创的项目—规划—预算系统(PPBS)在美国联邦政府各部成功运用的先例,美国政府迫切需要大批"兰德式"的政策分析家,但作为美国政府公务员培训中心的传统公共行政学院却满足不了这种需要。

此外,公众对重大政策问题兴趣增加,特别是,科学家越来越关注社会问题,并表现出强烈的参与解决社会问题的欲望。人们认识到,人类社会已经发展到了一个特殊的历史阶段:社会问题以加速度的方式变得越来越复杂、越来越相互依存、越来越激化,公众对高质量政策的诉求逐渐增加,同时对科学有助于棘手政策问题的解决、不科学的政策将会引发危机的信念进一步坚定。如果人类不能增加有关政策制定的知识,不能将其和政策制定系统的改进结合起来,仍然依靠过去"试错式"的政策决策方式,人类文明将面临不可逆转的灾难性后果。由此,改善政策制定的质量问题,第一次和人类的命运直接地联系起来,人类必须做到能够控制和塑造自己的未来。

随着社会治理难度的增加,面对极其复杂的政策问题,政策制定者感到无能为力,并四处寻求帮助。美国的传统公共行政学院,基于政治与行政两分的立场,强调政治中立,几乎放弃对公共政策的关注,把培训胜任政府执行工作的文官作为自己的目标,主要教授有关政府管理手段、预算、人事和机构设置方面的知识。但是这种远离社会问题的"经院式"的做法,引发了学生的强烈不满,并最终促使越来越多的学者、政策顾问和政治家意识到建立具备明显跨学科特征的政策科学的必要性和紧迫性。于是,十余所公共政策学院应运而生,公共政策正式成为一个正规的教育科目。

三、理论内容

(一) 政策科学的学科属性

政策科学是一门融合了管理科学、行为科学、经济学和政治学等多学科知识的领域。立足于二战之后的学科发展态势,创立者们将这种新的研究途径放到非常高的位置,将其等同于社会科学,作为一门综合性社会科学来看待,可以称之为"母科学"。"从操作性观点来看,社会科学更多地被指称为政策科学——其功能在于提供与内化于人际关系中或者与人际关系所实现的价值整合相关的智识。我们把政治科学视作政策科学之一,即从整合性观点来研究影响力和权力。"① 拉斯韦尔的政治权力观是政策科学的,而政策科学也是社会的,这是他将政策科学定义为一门综合性社会科学甚至是社会科学的母科学的论据。为此,拉斯韦尔提出,政策科学有三个区别于先前学科的不同特点,即多学科性、解决问题导向和明确的规范性。②

(二) 政策科学的发展目标

拉斯韦尔决意要来一次社会科学的范式"革命",以政策研究为中心内容,创立一门超越哲学、自然科学、技术科学、管理科学、行为科学的新的综合性学科。③ 他指出,"政策科学要面对未来,就必须采取这样一种明确的立场,即以知识和政策的高层次上的思想和组织的创造性整合作为重要的出发点。必须认识到各种不同研究途径的有效协调已经为政治科学家提供了一种过去只是部分地被利用了的机会,即取得一种一致的看法——建立一门以社会中人的生活的更大问题为导向的解决问题的学科"④。换言之,"作为具有革命性的新兴学科,政策科学不应像传统的学科那样,只以学科为中心组织知识,而要坚持以重大的社会问题为中心构建新的知识体系"⑤。既然要建立一门以社会中人的生活为导向的解决问题的学科,那么就要树立人类社会新的发展方向,改善公共决策系统,提高政策制定质量,在以问题导向的满足人的重大需求为出发点的情形之下,同时注重情境关系,追求方法多元。

---

① 〔美〕哈罗德·D.拉斯韦尔、亚伯拉罕·卡普兰:《权力与社会:一项政治研究的框架》,王菲易译,上海人民出版社 2012 年版,第 4 页。
② 〔美〕迈克尔·豪利特、M.拉米什:《公共政策研究:政策循环与政策子系统》,庞诗等译,生活·读书·新知三联书店 2006 年版,第 5 页。
③ 严强:《西方现代政策科学发展的历史轨迹》,《南京社会科学》1998 年第 3 期,第 47 页。
④ Harold D. Lasswell, *The Future of Political Science*, New York: Atherton, 1963, pp. 38-39.
⑤ 严强:《现代西方政策科学的知识体系》,《南京大学学报(哲学·人文科学·社会科学)》1998 年第 3 期,第 51 页。

(三) 政策科学的研究范畴

拉斯韦尔认为政策科学是"关切政策过程本身与内部的知识",所以政策科学包括两类知识:(1)政策过程本身的知识(knowledge of the policy process)。这指的就是政策研究的范畴,是为了政策本身的性质而进行政策研究,兴趣焦点通常是政策形成过程。(2)政策过程内部的知识(knowledge in the policy process)。这属于政策分析的范畴,是为了制定一个完整的政策而进行研究,兴趣焦点是政策实践过程,目的是解决特定的社会问题。

不管是关注政策过程本身的知识还是政策过程内部的知识,都同属于研究范畴的知识论。只是前者立足于政策研究,展现的是以学科性为导向的政策科学知识论;后者立足于政策分析,是以实践性为导向的政策科学知识论。在本体论上,政策过程的知识来源于政策科学学术共同体及社群的努力,政策过程中的知识则来自政府官员、智囊团和社会组织人士等。在方法论上,前者具有较强的实证研究取向,后者则是经验主义取向。正如李文钊所指出的,"'政策过程的知识'关注一般性政策过程,讨论政策过程本身的科学性,即能否按照科学逻辑来建构政策过程。'政策过程中的知识'则关注政策本身的内容,讨论政策本身的科学性,即能否用科学方法来解决问题"①。黄璜认为,"如果将那些'政策过程中的知识'定位为诸如经济、社会、科技等具体领域中的政策知识,那么'政策过程的知识'也可以看作是政治领域中的政策知识"②。

(四) 逆境中的政策制定问题

1. 逆境及其分类

德罗尔认为,"逆境"指的是由不同原因造成的、难以消除的各种社会紧张状态,根据不同的标准可以分为简单的逆境/复杂的逆境、可以处理的逆境/难以驾驭的逆境、短期的逆境/长期的逆境(时代性的逆境)、政治系统内生的逆境/政治系统外生的逆境/超社会的逆境等多种类型。"简单的逆境是指由明确而易于把

---

① 李文钊:《拉斯韦尔的政策科学:设想、争论及对中国的启示》,《中国行政管理》2017年第3期,第138页。
② 黄璜:《政策科学再思考:学科使命、政策过程与分析方法》,《中国行政管理》2015年第1期,第113页。

握的因素造成的逆境；复杂的逆境是指由多重往往难以把握的原因造成的逆境。可以处理的逆境是指能够运用已知的、可行的政策措施来应付的逆境；难以驾驭的逆境是用尽各种已知的办法也无济于事的逆境。短期的逆境只限于一小段时间内出现；长期的逆境则根源于社会基本结构特征的内在因素，会持续很长时间，不论是以尖锐的对立冲突形式还是以传染性的形式表现出来，它都是会反复出现的。逆境可能是统治机制中内生的，即政治制度本身特征中固有的，也可能是外生的，与政治制度以外的乃至超社会的现象有关，即是由所考察的社会及其范围之外的各种因素造成的。"①

2. 对逆境的政策制定反应

不同国家的不同社会制度中，政府中枢决策系统对逆境做出的反应都可能不同，主要有以下几种形式：第一，对逆境的认识出现偏差。否认逆境的严峻性，对逆境的性质和原因做过于简单化的理解，归因于外部因素。第二，试图影响公众对逆境的认识。降低公众对政府的要求与期望，使他们接受困难的长期性，把逆境的原因归结为公众自身的不足，寻找替罪羊。第三，将逆境惯常化甚至美化。第四，逆境被名义化。第五，对制定政策的责任实行再分配。这在不同国家表现为两种趋势：一种是政府中枢决策系统将权力下放，以减轻自身所承受的压力，与社会共同承担风险；另一种是把权力更集中于中枢决策系统部门，以便获得应付逆境所必需的政治力量。第六，渐进主义加上偶发性的激进。第七，大规模的行政改革，即对整个政府系统实行政治改革。第八，削减公共开支。第九，非教条性宏观政策革新。第十，改进政策制定过程本身。

3. 应对原则

德罗尔认为，面临逆境时，通常情况下应当遵循的诸如渐进主义等原则不再适用，这时候还需要探索一些不同常规的原则，这些原则规定了应付逆境的政策应遵循的方针和应采取的态度，它们也为更详尽地探讨逆境中政策制定的特点、必要条件和应付逆境的具体对策提供了指导。② 在此基础上，德罗尔提出了六个原则。

---

① 〔以〕叶海卡·德罗尔：《逆境中的政策制定》，王满传等译，上海远东出版社1996年版，第2页。
② 丁煌：《西方行政学说史》（第三版），武汉大学出版社2017年版，第261页。

第一,社会改造原则(核心是国家政治、经济体制的改革)。即对一个社会的机构、制度、政治和经济生活的运行过程实行广泛而彻底的调整和变革。

第二,达到临界质量的原则。即资源投入的数量、决议涉及的范围、方案作用的时间跨度、使用政策手段的数量、政策方案设计的完备程度、政策干预的范围和力度要足够使政策有效。

第三,有选择的激进主义原则。即认真分析逆境的特征,对挑选出的足以改变逆境的主要社会变量集中配置政策资源,采取强化干预手段,促使逆境朝着好的方向转化。

第四,准备承担风险同时避免万一的原则。逆境意味着社会局势的紧张状态并伴随着极大的不确定性。在这种条件下,政策制定不仅存在很大的风险,而且还呈现出模糊赌博的特征,如果一味采取保守主义态度,那么逆境将会继续存在并且可能恶化。

第五,产出价值优先原则。政策制定的全过程受到两套不同的价值[①]、目标与要求的支配。在社会处于承平、稳定的顺境时,应给形式价值较大的权重;而在逆境中,则要赋予产出价值较大的权重。

第六,积极性强制干预原则,即"要应付逆境,政府中枢决策系统就必须享有发号施令的权威,并且可以制定和执行带有强制性的政策"[②]。

4. 逆境中的应对对策

德罗尔认为,上述六项基本原则总括在一起构成了逆境中高质量政策制定应遵循的总的指导方针,在这个总方针的指导下,我们可以继续针对不同的逆境特征去寻求可操作性的具体对策。

逆境的一个显著特征是,政策制定本身固有的局限性与克服逆境所需要的高质量政策制定之间存在着巨大的政策质量赤字。因此,德罗尔认为,为了缓解直至克服逆境,就必须减少这种赤字。应付逆境的对策必须从消除政策制定的局限性入手,它应当是一种包括改进政策制定系统在内的复杂结构。一要改进

[①] 一套是政治系统输出的产出价值,或者说是政策对现实的影响方面的价值、目标和要求;另一套是政策制定与执行的形式价值,或者指民众参与、公开性、组织基础、民主性等较为抽象的价值、目标等。

[②] 〔以〕叶海卡·德罗尔:《逆境中的政策制定》,王满传等译,上海远东出版社1996年版,第114页。

应付逆境的基础条件;二要改进政策制定过程;三要变革决策观念和决策方式。

(五) 宏观政策分析思想

德罗尔认为,虽然组织原则的注意力集中在政府顶层上,但若对其做适当的调整,它们也适用于其他决策层次和组织。他认为有必要在政策分析领域进行一场大刀阔斧的革新,其宏观政策分析思想主要体现为以下22条原则[①]:

(1) 以判断和行为的而不是科学的哲学作为基础。政策分析的目的在于改善决策,且受时间约束,它是一项实践的而不是"科学"的工作。

(2) 高度重视超理性的作用。要认识到实际行动者的"非理性""反理性"的一面,用"超理性"作为宏观政策分析之依据。

(3) 以宏观政策为焦点。宏观政策分析,包括对政策模式的选择,均应以总体政策为视野焦点,这一点对不发达国家和发达国家都具有重要意义。

(4) 重视政策模式。宏观政策分析应根据当地的实际情况和现实需求选用恰当的政策模式,该渐进的就渐进,该激进的就激进。

(5) 从国家兴衰、革命和政权的命运、发展规划以及类似的"宏观事业"之成败这一高度来思考问题。

(6) 分析时必须注重未来因素的设计。从未来推及现在是宏观政策分析中的根本方法之一,它可以同人们惯常使用的从现在推及未来的思维方式互为补充。

(7) 从长远的角度考虑问题并且注意到其所具有的不确定性和各种变迁,这是宏观政策分析的重要原则之一。

(8) 加强预测。对形势进行广泛的、远期的以及动态的预测,尤其要注意衰落曲线、转瞬即逝的机会和意外事变。

(9) 以协调的观点集中注意关键性抉择。宏观政策分析应着力于鉴别关键性抉择并给它们配备尽可能充足的资源以便改进政策。

(10) 避免不利结局,争取良好绩效。

(11) 清除弊病。宏观政策分析往往会掺杂进一些"病理因子",在宏观政策分析中可以通过强化自我意识、进行反向思维、利用多种语言、吸收决策心理学

---

① 丁煌:《德罗尔的宏观政策分析思想》,《中国软科学杂志》1997年第1期,第11—15页。

家和研究心智与判断的哲学家进入政策分析班子等多种途径来克服谬误。

（12）在与动态环境交互作用的意义上进行分析。宏观政策分析倾向于从主体与反应灵敏的环境之间的动态交互作用这一角度来思考问题，它同那种低估环境和对象系统之反作用的倾向形成鲜明对比。

（13）深层复杂性的处理。宏观政策分析不能仅对付表面上的复杂性，更要发掘出问题的缠结错综之处并正确地处理。

（14）政策赌博。当不确定性涉及不同决策的未来形态和决定变化的原动力时，决策就成了一种模糊赌博，其中搀杂着不可知量和一些尚未确定的回归函数关系，最终结果可能是违背期望的或是未曾料及的，甚至会一发而不可收拾。他认为"政策赌博"也许是其宏观政策分析的所有原则中最大胆且最重要的一条。

（15）价值分析和目标探索。价值分析的基本目的：确定某种目标是否值得争取、采取的手段是否能被接受以及改进系统的结果是否良好。决策的本质是资源分配，价值也相应地成为资源分配指导原则的核心。

（16）了解新情况，修改旧决定。要对环境进行监测并反馈以了解新情况，改善组织的应变能力。

（17）创新与创造性。应考虑政策分析班子成员在文化、学科背景及性格方面的多样化，力争吸收开拓型人才，密切关注新政策思想，通过肯定对创新思想的需求和鼓励半成品的观点等做法来突出宏观政策分析的创新性。

（18）政治上的周密性和相对独立性。第一，应把政治现实视为一种约束，应把国家领导人当作使必须的东西成为可能的一种手段；第二，必须了解政策分析的政治；第三，保持与政治的相对独立。

（19）与危机决策的相关性。危机决策是一种重要的关键性抉择模式，应当给予分析和利用，以便在宏观政策分析的协助下为提高政策质量服务。

（20）同政策探索的广泛社会过程保持有效的联系。

（21）有关元政策的制定。元政策是指有关政策制定的策略。德罗尔认为，要制定元政策，必须具备带有独立性的智囊机构——它们同政治保持距离，同时又享有把政策方向渗入实际政策制定的机会。

（22）沟通的针对性。首先，宏观政策分析者要选择恰当的途径和组织结构使研究成果接近主要决策者及其智囊团;其次,要设法将复杂的分析结果以具有可操作性并且便于高层决策者理解的形式呈现出来。

四、基本评价

公共行政学的生命力在于实现了从政治与行政二分到政治、行政与政策的三分的主题转变。具体过程是:自从政治与行政二分之后,公共行政古典范式正式确立,它高举"应用"和"效率"的大旗,倡导行政组织的技术优化。之后,出现西沃之争,把古典时期的政治与行政二分问题提上学术争鸣的议程,出现了技术理性与价值理性的分野。这种分野的实质是政治与行政在学理上可以二分,但在实践中出现了政策制定与执行难以二分的困境。价值理性成为新公共行政学派追求社会公平价值的主导思想,但技术理性更像一条暗流,冲击着政府实务与行政理论研究之间的鸿沟。随着鸿沟越拉越大,政策科学范式为解决政治与行政应然可以二分但实然难以二分的困境应运而生,把公共行政学带入了行政、政治与政策三分的世界。①

政策科学有两个传统:拉斯韦尔—德罗尔的政策科学传统和以林德布鲁姆、奎德等人为代表的政策分析传统。两种传统在时间上有交叉和重合,例如林德布鲁姆提出政策分析是在1958年,建立连续有限比较模式(渐进调适模式)是在1959年,随后对这个政策分析模型进行细化,形成全面的渐进调适模式则是在1963年。可见,现代公共政策学从20世纪30年代孕育到40—50年代正式提出再到70—80年代集中于政策过程阶段循环模型的开发,政策科学逐步迈向成熟。20世纪80—90年代,随着传统研究议题的继续深入和有关政策过程的竞争性与替代性理论的出现,现代公共政策学进入比较研究的新天地。

我们可以将"政策科学"定义为由拉斯韦尔、麦克道格和德罗尔共同开发的以问题为导向的、情境化的和多方法的综合社会科学,旨在探究如何使人类社会更美好。这是政策科学关注的重点,也是政策科学运动的知识起源。渐进理性决策模型及其政策分析学派的产生,试图使"民主的政策科学"迈向"科学的政策

---

① 张静静、陈世香:《政治、行政与政策:公共管理理论想象力与实践前进力的统一》,《湘潭大学学报(哲学社会科学版)》2022年第1期,第79页。

科学",强调寻找更可行的替代方案,促进了整个现代公共政策学的渐进发展,政策科学理论与渐近理性模型二者共同构成现代公共政策学的知识体系。念念不忘,必有回响。政策科学回应了20世纪中后期人类社会和国家治理的"大问题",找到了一种使世界治理更美好的学科定位和方法追求,促进现今世界和国家治理朝着让社会更美好的目标持续迈进。

第五节　西蒙与沃尔多的争辩

20世纪四五十年代,西方公共行政科学尚未"一统天下",各种民主行政理论方兴未艾。1952年,沃尔多在《美国政治科学评论》上发表了《民主行政理论的发展》一文,对各种民主行政理论所依存的行政思想与历史背景进行了深入的勾画,并做了深刻的评论。在这篇论文的注脚中,沃尔多含蓄地批判了赫伯特·西蒙关于"事实与价值二分"的观点。随即,西蒙进行了反驳,认为沃尔多的评论不仅缺乏逻辑前提,而且存在严重的误读,然后以逻辑实证主义的立场表达了对沃尔多及其他政治理论家的诸多不满。沃尔多毫不示弱,马上就对西蒙的反驳做出了回应,并坚持反对逻辑实证主义霸权地位的立场。这一来一回的论战持续了近半个世纪,即学界所谓的"西沃之争"。

一、西沃之争的背景

到20世纪30年代西方公共行政学进入了发展的黄金时期,形成了所谓的"正统论"学说。无论是在学术研究还是实践上,"正统论"行政学都赢得了广泛的赞誉。但进入40年代以后,在一群被视为"异端"的年轻学者的交相批评下,"正统论"遇到了前所未有的危机。公共行政将何去何从？人们从不同的角度给出了不同的回答,并从各自的立场出发与他人展开了激烈的争论。在所有这些争论中,沃尔多与西蒙这两位"横跨20世纪后半叶美国公共行政学的巨人"之间的争论无疑是最引人注目的。西沃之争被公认为是百年公共行政学说史上最激动人心、最富于启发意义的争论,并基本上确定了20世纪中叶以来公共行政理论与实践的发展方向。

二、西沃之争的维度

西沃之争的第一个维度是学科层面上的争论,即"公共行政是不是一门科学"。西蒙主张用自然科学的研究方法来探寻行政组织中的成员行为,进而发展一门真正的"行政科学"。在西蒙看来,"科学只对与验证有关的语句感兴趣。因此,科学关心的是语句含义的事实层面,而不是伦理层面"。通过将事实与价值加以分离并将事实命题界定为可验证的命题,西蒙得出了他关于"什么是行政科学"的答案:和任何科学一样,行政科学只关心事实陈述。事实元素构成了行政科学的真正的实质。

沃尔多则对西蒙的观点展开了批评,认为公共行政不是一门科学性的学科,而是一种专业。他认为,科学的定义有严格与宽松、狭义和广义之分,人们通常是将科学等同于"知识"或者说"经验知识"来使用的,即指关于经验的规律性的系统的信息。从这样的定义看,社会科学就大有可能被称为科学了。依据这种区分,沃尔多严厉地驳斥了那些主张"社会科学不是真正的科学",或者"只是科学中的二等公民"的观点。他说,社会科学不仅是理论和学说,而且是社会中一切人为的发明,包括各种制度安排。关注社会科学不仅要关注科学,而且要着眼于社会的发展。沃尔多强调说,如果没有社会科学的进步,自然科学的进步是不可能的。简言之,沃尔多虽然和西蒙一样,也对传统的自然科学与社会科学的区分提出了自己独特的看法,但西蒙着眼于事实与价值的分离,而沃尔多则着眼于社会科学与人类生活的关联,西蒙更多的是一种学术上的旨趣,沃尔多更多地体现了一种对社会的关怀。

西沃之争的第二个维度是:公共行政学是应该立足于政治科学的实证方法,还是立足于政治哲学的规范方法。前者构成西蒙路径的哲学基石,后者构成沃尔多路径的信念支撑。从根本上来说,"公共行政是不是一门科学"这一争论的基石是截然相反的哲学方法论。从西蒙的文本来看,逻辑实证主义至少在以下三个方面对西蒙有着深远的影响:一是价值中立取向。逻辑实证主义者坚持"事实"与"价值"相分离的二元论,他们声称科学并不对它的研究对象做价值判断,而是独立于社会和道德价值的中立活动。由于坚持这一原则,逻辑实证主义就从根本上放逐了价值问题。二是经验主义立场。三是科学统一观念。逻辑实证主义认为社会科学与自然科学拥有相同的方法论,任何科学理论的推理都必须在逻辑上严密,而且在经验上具有可检验性,这一科学哲学思想极其重要。在其为诺贝尔奖委员会所撰写的一篇自传性文章中,西蒙说,他在各项科学研究活动中都遵循着"科学统一"原则。

和西蒙相反,沃尔多的学术思想根植于英国政治史、经典政治理论、美国政治学,因而对时兴的经验分析特别是逻辑实证主义怀有很深的敌意。沃尔多对西蒙逻辑实证主义的批评集中在如下几个方面:第一,西蒙依据逻辑实证主义做出了价值与事实的区分,然而,这种区分只是逻辑上的区分,西蒙却把它误认为生活中的区分。第二,逻辑实证主义造成了一个不幸的后果,就是人们会将分析工具看作一个行动项目。第三,西蒙一再声称他之所以要运用逻辑实证主义,是为了建立一门真正的行政科学,但他所主张的逻辑实证主义实际上会阻碍或限制科学的发展。第四,西蒙声称行政科学为行动打开了一扇门,但它没有什么实际意义。在对逻辑实证主义展开批评的基础上,沃尔多提出了他对于公共行政学的方法论的看法,即抛弃二战前美国公共行政研究的狭隘的技术性特征,在行政研究中更多地借鉴其他社会科学研究的成果,将公共行政学建立在广泛的政治、历史和文化的根基上。

西沃之争的第三个维度是:价值取向之争。如果说西蒙与沃尔多关于学科定位与哲学方法论的争论主要聚焦于公共行政学作为一门学科的合法性,那么,价值取向之争就更多的是作为实践的公共行政的合法性之争。前者(学科定位与方法论之争)主要涉及公共行政学是不是科学以及"科学"的意义、角色与局限性等问题;后者(价值取向之争)主要涉及民主治理过程中非民选的行政体系是否具备合法性、"负责任的"行政的本质是什么,以及对于公共行政的学术研究来说立宪民主理论意味着什么的问题。简言之,前者关注的是学科形式上的合法性问题;后者关注的是实质上的公共行政本身的合法性问题,因而后一种争论更具根本性。

正是通过引入逻辑实证主义,将事实与价值相分离,西蒙成功地将行政科学的价值取向设定在效率之上。沃尔多尖锐地批评说,西蒙所主张的效率价值观妨碍了并将进一步妨碍民主行政理论的发展。沃尔多认为,这个障碍是由从威尔逊到古利克的传统行政学设置的,但西蒙却成为这一障碍的更为坚定、有力的守护者。沃尔多对西蒙的攻击主要集中在西蒙的效率概念的"反民主性"上。西蒙一再声称,效率只是一个价值中立的概念,一个衡量社会表现的公正和客观的手段。但沃尔多通过考察效率一词的历史渊源后发现,效率并不是一个单纯的描述性概念,而是一个强有力的道德概念。沃尔多就此断言:"在相当程度上说,对效率的赞美可被看作新教伦理的世俗化和物质化。效率的信条就是信仰'强有力的基督教'。"[①]因此,沃尔多认为,他与西蒙关于效率的争论虽然看似一种科学上的"主义"之争,但西蒙的看法实质上是"在破坏美国社会的根基",这是沃尔多所无法容忍的。

三、西沃之争的意义

面对处于困境中的公共行政学,西蒙与沃尔多从两个不同的方向开辟出了前进的路径,并引发了1952年开始的那场大争论。西蒙和沃尔多所争论的问题,至今仍然是公共行政理论与实践的中心问题。这些问题包括:对于行政研究来说,"科学"的意义、角色与局限性是什么?价值与事实、政策与行政之间的实际的和分析的区别是什么?"负责任的"行政的本质是什么?对于公共行政的学术研究来说,立宪民主理论意味着什么?70年来,人们或追随西蒙路径,或追随沃尔多路径,从而使得这场争论的影响一直延续到今天。

从其后公共行政学的发展演变来看,这场争论至少产生了两个方面的影响。一方面,这一争论所带来的反思,甚至深刻到使得公共行政学面临可怕的身份危机。西沃之争之后的半个多世纪,身份危机已然成为一个用来表征公共行政学问题的标签。另一方面,正是在对这一争论及相关争论的反思过程中,公共行政学逐渐地意识到自己在知识发展上存在的问题,包括理论基础、研究方法、研究范围上存在的问题,并在解决这些问题的过程中致力于公共行政学的重建工作。重建的理论尝试相互竞争、互为补充,使得公共行政的研究路径呈现出一种百花齐放、百家争鸣的格局。

西沃之争的胜利者不是西蒙也不是沃尔多,而是当时正处于困境中的美国

---

① Dwight Waldo, "Development of Theory of Democratic Administration," *American Political Science Review*, Vol. 46, No. 1, 1952, pp. 81–103.

公共行政学。在西沃之争的影响下,经过半个多世纪的发展,当今的美国公共行政学大放异彩,不同的理论流派开始在公共行政领域发挥自己的作用,这彰显了公共行政学的特质——不同视野下的多重表现。当然,在西沃之争中也没有失败者,西蒙通过这场论辩进一步深化和发展了行为主义学派的观点和理论,而沃尔多在论辩中则为新公共行政的产生和发展奠定了重要的理论基础,成为新公共行政学派的重要代表性人物。

西沃之争并不单纯是两位学者之间的论战,而是在很大程度上反映出当时公共行政发展的多元化趋向。从不同的视角对复杂的公共行政实践进行理解不但是必要的而且是必需的,每种分析视角只能反映或者是分析复杂公共实践的某一个方面,而研究视角的丰富化有助于我们更好地理解公共行政的整体。各个视角之间虽然存在着矛盾和差异,但是对于研究者而言,这无疑是有益的,不同视角之间是很难完全取代的,通过不同视角的阐释,我们对公共行政学问题的理解也将更加全面、深刻。

第四章
公共行政学的转变时期(1953—1971)

20世纪50年代到70年代是公共行政学的转变时期。在这一时期,行为科学理论对古典行政管理理论形成了冲击,并在对传统行政学批判的基础上对其相关理论内容进行了重新建构。这一时期的公共行政学已经超出了基础性、结构性的研究,开始关注人的需要、组织行为、公共精神以及社会正义。首先是里格斯的行政生态理论。他认为研究者必须把眼光扩大至整个社会政治体系的各有关要素,才能把真实的公共行政勾画出来。随后,1968年在雪城大学举办的第一次明诺布鲁克会议对公共行政组织目标和意义的重新界定,既是对传统公共行政的反思,又促使新公共行政学派形成。紧接着,弗雷德里克森提出了公共行政的信念、价值和习惯问题,开创了公共行政学研究的新时代,在公共行政理论发展的过程中做出了巨大贡献。罗尔斯在总结前人思想的基础上提出了"作为公平的正义"理论并为该"正义"确立了原则。可以说,这一时期的公共行政学处于发展与创新的高峰期。

第一节 里格斯的行政生态理论

一、人物简述

弗雷德·里格斯(Fred W. Riggs, 1917—),美国著名行政学家,1917年生于中国广西桂林,1948年获美国哥伦比亚大学政治科学博士学位。他是比较行政学和行政生态学创始人,美国公共行政学会比较行政分会的第一任主席。1948—1951年担任美国对外政策协会非正式研究会员;1951—1955年任纽约公

弗雷德·里格斯

共行政—政府情报交换所所长助理;1956—1967年任美国印第安纳州立大学政治学系任教;1967年起担任美国夏威夷大学东西方研究中心资深研究员,兼任美国斯坦福行为科学高级研究中心研究员。他的代表性著作有:《行政生态学》(1961)、《发展中国家的行政:棱柱型社会的理论》(1965)、《泰国:一个官僚政体的现代化》(1965)、《发展行政的新领域》(1971)、《重返棱柱型社会》(1973)等。

二、学说背景

二战之后,殖民地如雨后春笋般纷纷脱离西方大国的统治,出现了一批新的民族国家,以美国为代表的西方世界在对它们进行经济援助的同时,也开始为它们提供"政治援助",即按照西方的制度模式帮助这些新的民族国家建立一套"西化"的行政制度。但是,这套在西方国家行之有效的制度在这些新兴民族国家实施时却收效甚微,甚至毫无功效,致使国家的运作秩序远不如从前。这一现象引发了西方学者的思考,行政学家们认为,行政与其所在的环境具有密切的关系。因此,他们提出要了解行政制度和行政行为就必须研究这些环境以及行政与环境之间的相互关系。

在行政学者看来,如果将行政制度视为一个系统,而以社会为主要环境,那么行政系统与行政环境之间相互交换信息等资源就成为行政生态理论产生的推动力。著名社会学家帕森斯说过,一个社会系统,像所有有生命的系统一样,应该是一个开放的系统。它一方面会与环境发生交换,另一方面在内部各要素之间也会有交换。帕森斯将各国的行政系统放在本国的社会生活中进行对比,对比的重点则是行政生态环境;通过对比建立不同的生态模式,进而寻找导致各国行政系统差异的社会生态因素。里格斯在帕森斯的基础上,把世界分为传统社会和现代社会两种模式,找出反映两种模式特征的差异,进而区分不同模式的社会性质,从而揭示影响行政系统的主要生态原因。

三、理论内容

里格斯的行政生态学说起源于他的比较行政学研究。他认为,行政问题与生态环境之间存在着某种必然的联系。最早将二者联系起来进行研究的是哈佛大学的约翰·高斯教授,他被认为是正式将生态学的概念与方法移植到行政管理学范畴中来的第一人。然而,高斯的理论在当时并没有引起学界的重视,而真正使行政生态学成为一门系统的行政学分支学科并在行政学研究领域产生重要影响的是里格斯。里格斯认为,发达国家社会的各面向(如政治、经济、行政等)多少各有自己的范围,但是在发展中国家,这些面向往往纠缠在一起,互相影响,因此,研究者必须把眼光扩大至整个社会政治体系,才能把公共行政的实况勾画出来。他在对传统泰国、现代泰国、菲律宾以及现代美国等不同形态的国家公共行政进行比较研究后,创立了行政生态学说,将发展中国家的行政模式命名为"棱柱型行政",所以,很多学者又将里格斯的行政生态理论称为"棱柱模式理论"[①]。

(一) 影响公共行政的要素

1. 经济要素

里格斯认为经济要素是影响一个国家公共行政的首位要素,这也符合马克思主义中"经济基础决定上层建筑"的基本原理。社会经济机制及生产力发展水平是影响公共行政最主要的生态因素。他从社会经济结构分类的角度提出三种不同社会形态中将会存在不同的三种经济结构模式,即互惠—重配型结构、集市—有限市场型结构、市场—企业型结构。这三种经济结构与传统农业社会、过渡型社会、现代工业社会一一对应。

农业社会具有"互惠—重配"的经济结构。农业社会建立在自给自足的基础上,存在以物易物或交换劳动力的形式,这种分配方式具有"地方性"和"特定性"。国家或地区之间互赠国产,地方官吏向国王"进贡"。[②] 波兰尼将这种"交换"称为"重配制度"。在这种"互惠"行为中,实际上完成了社会经济活动的"重

[①] 张康之、李传军、张璋编著:《公共行政学》,经济科学出版社2002年版,第341页。
[②] 唐兴霖:《里格斯的行政生态理论述评》,《上海行政学院学报》2000年第3期,第44—52页。

配",在一定程度上实现了社会财富的重新分配。①

工业社会具有"市场—企业"的经济结构。在这种经济结构中,社会经济会遵循价值规律进行运作,市场主体会根据"功利"与"理性"的市场原则进行交换。在里格斯看来,这种经济结构下的整个行政制度也会呈现出市场化和商品化的特点。

过渡型社会具有"集市—有限市场"的经济结构。在过渡社会中,尽管已经有了市场化的"集市",有了以货币为媒介的交换行为,但是社会经济并未完全商品化,政治、社会、个人地位等因素仍然强烈地影响着经济行为。这种经济结构最明显的特征是"价格不可决",即商品的价格并非完全取决于价值,也受到社会地位、家庭出身等非经济因素的影响。

2. 社会要素

里格斯所说的社会要素主要是指各种社会组织。社会组织在行政生态学里主要分为两类:一类是以血缘关系为纽带结成的自然团体,如家庭、家族;另一类是以利益关系为纽带结成的人为团体,如教会、政党、工会等,里格斯将此统称为"社团"。他认为,在不同类型的社会形态里,家庭与社团对公共行政的影响是不同的。在现代工业社会,由于社会结构高度分化,代表不同社会利益的功能性社团也种类繁多,会对公共行政的模式产生不同程度的影响。一方面,社会各阶层、各利益集团通过社团向政府施加压力,影响行政,社团变成了一个媒介,通过它的作用,许多特殊的利益都可从公民转迁到政府;另一方面,政府也需要依靠社团为自己服务,落实各种计划和政策,实现公共行政的目标。因此,里格斯认为,社会组织是任何发达工业社会不可或缺的要素。

3. 沟通网络

沟通网络是通过各种方式使整个社会互相"沟通"的渠道。一个国家的沟通网络是否畅通,会直接影响公共行政。里格斯还借用了卡尔·多伊奇的"动员"和"同化"两个变量来讨论社会沟通问题。所谓"动员",是指全社会的人口加入庞大的沟通网络的程度,它受语言的同一性、知识、电话和报纸等大众传播媒介

---

① 〔美〕弗雷德·里格斯:《行政生态学》,金耀基译,台湾商务印书馆1978年版,第5页。

及新交通工具等的制约。"同化"则是指社会普通民众和精英分子共享同一符号、认同同一的基本价值与目标的程度。里格斯根据这两个变量,从社会沟通的角度将社会分为一元化社会和多元化社会。在里格斯看来,美国是一个现代工业化国家,属于一元化社会,因此社会大众与行政官员间的行政沟通比较顺畅,双方都能使用共同的语言和价值系统,这样政府与社会之间比较容易互相信赖,比较容易接受对方的观念,也比较容易表达思想。多元社会对于公共行政有着双重影响:一方面会限制行政机关对于公众利益的聚合和表达范围,另一方面会抵消加强政府责任和尊重公意的任何努力。反过来,这两点也会妨害政府制定政策与执行法令的功能。因而,里格斯说,一个社会如果不是"动员的",则无法使统治者自动地或被动地实行"法治之治"。

4. 符号系统

符号系统是指包括政治神话、政治准则、政治法典在内的一整套政治符号系统。里格斯在《行政生态学》中写道,法国自大革命之后在共和国还是君主国的政治制度上的选择差异,正是由各党派之间的貌合神离造成的。里格斯认为,美国人对政治符号产生了高度的"共同意识"。里格斯将这些政治符号定义为"迷思""理则"与"典章"。"迷思"是指用以表明主权的最后源泉、人之天性与命运、人的权利与义务及其主要的关系等;"理则"是指一套决定政府结构、统治者如何选择以及他们应承担何种责任等的规则;至于"典章",法律、法规是最好的例子。[①] 虽然有些学者觉得美国的政党制度是不合理的,但它却使得整个国家凝聚在一起。

5. 政治架构

里格斯认为政治与行政应是分离的,政治是决定政策的过程,行政是执行政策的过程。换句话说,行政需要靠政治来领导,而政治则需要依靠行政来实现其目标。政治与行政之间存在一种"功能依存关系",而这种"功能依存关系"决定了政治架构是对公共行政具有重要影响的生态要素。正如里格斯所说:"只有在'非官僚的权力'强大到足以控制并奖惩官僚的成绩表现时,以及政策执行步骤

---

① 〔美〕弗雷德·里格斯:《行政生态学》,金耀基译,台湾商务印书馆1978年版,第39页。

很清晰地被规制时,我们才能期望一个高水准行政产出的获得。"①

上述五种因素是影响并决定一个国家公共行政的主要因素,它们相互交叉、相互作用、相互影响。因此,在研究的过程中,既要认真地分析每一种要素,又要注意它们之间的互动性。

(二) 行政模式

里格斯将人类的行政模式分为融合型的农业型行政模式、棱柱型的过渡行政模式和衍射型的工业型行政模式。这三种模式反映了不同社会形态的发展水平,因而能够解释现代工业社会、传统社会和开发中社会的行政现象。

1. 融合型行政模式:中心折射、混沌未开

与农业社会相适应的是融合型行政模式。就像折射前的自然光一样,农业社会的社会结构是混沌的,没有明确细致的社会分工,行政行为与立法、司法、军事、经济等行为混杂不清,更无专业化的行政机构,行政效率极为低下。它的主要特点为:(1)社会关系取向与特殊化的分配形态,具有强烈的亲属及血缘关系色彩;(2)不变的地方团体与有限的空间流动;(3)相当简单而固定的职业分化;(4)追求有广泛影响力的地位;(5)农业社会的行政活动是以地域或土地为基础的,故行政的主要问题是如何维持行政的一致与统一。

2. 棱柱型行政模式:新旧并存,稻稗混杂

与过渡社会相适应的棱柱型行政模式,恰似自然光进入棱柱折射后的情形,既有融合的白光特性,又含有衍射光的因素,是介于农业与工业社会之间的过渡形态,具有新旧并存的特点。在棱柱型行政模式中,已经设立的专业机构功能有限,不能正常运作,且许多行政制度在实际执行过程中受到各种传统因素的影响而不能起到约束和规范作用,行政效率不高。它的主要特点有:(1)异质性,即极为不同的体制、习俗和观点同时存在。(2)重叠性,即行政机构重叠。行政机构并不一定产生其应有的功能,而由一些非行政组织来代替行政行为。(3)形式主义,即政府所制定的法律与政策等徒具形式,受到各种因素的影响难以实施。

---

① 〔美〕弗雷德·里格斯:《行政生态学》,金耀基译,台湾商务印书馆1978年版,第45页。

3. 衍射型行政模式:各司其职,分工明确

与工业社会相适应的是衍射型行政模式,它犹如白光经过三棱镜折射后表现出来的各色光谱。这种行政模式的目的是谋求专业化基础上的协调与统一,追求行政效率与科学性。整个社会建立在普遍性原则的基础上,有着明确且细致的分工,行政职能专门化,机构之间分工细化,社会功能专一。

四、基本评价

里格斯作为当代西方最负盛名的行政学家之一,对非西方的过渡社会有着普遍而深入的见解,而且对于那些社会的公共行政原则有着更深刻的洞察力。他深入研究并推广了其所用的"科际整合法"(人类学、社会学和心理学三门学问的整合),从而提出他所推崇的"泛科际研究法"(Pan-disciplinary approach)。[①] 里格斯认识到,仅仅是西方化的模式,是不能适用于非西方社会的,后来他创造了一种能够解释各种类型社会的公共行政模式,即"融合的—棱柱的—衍射的"模式。

里格斯提出的行政生态学是系统行政学派的一个分支,运用系统方法研究行政系统与环境之间的相互关系。行政生态学把行政系统视作一个"有机体",注重这个"有机体"与周围环境的互动性,因此它偏重运用生态模拟的方法,建立行政模型,而忽视系统研究。而且,行政生态环境所包括的内容是非常广泛的:不仅包括人文社会环境,还包括自然社会环境;不仅包括国内环境,也应包括国际环境;不仅包括一国的宏观环境,也应包括一省一县的微观环境;不仅包括静态的行政环境,也包括动态的行政环境。所以,行政生态理论显然缺乏完整性与系统性。里格斯列举的五种要素只是影响一国行政生态环境要素的一部分,还有一些重要的因素需要我们加以深入研究。行政生态学的研究领域仍然有待进一步拓展。

---

① 〔美〕弗雷德·里格斯:《行政生态学》,金耀基译,台湾商务印书馆1978年版,第187页。

第二节　第一次明诺布鲁克会议

一、会议简述

在沃尔多的推动以及乔治·弗雷德里克森、弗兰克·马里尼和亨利·拉姆布莱特的协调下,1968年9月3日至7日在雪城大学的明诺布鲁克会议中心举办了第一届明诺布鲁克会议,他们在关于行为主义(逻辑实证主义、理性、科学)与反行为主义(哲学的、历史的、定性的)的争论中,沿着政治科学的断层线建构公共行政学。绝大多数与会者都非常熟悉西蒙与沃尔多之间关于科学在政治学与公共行政学中的角色之争,这场争论为明诺布鲁克"对话"定下了基调,而沃尔多的反行为主义观点占据了上风。

此次会议收到12篇论文,成果收录于马里尼所编的《迈向新公共行政:明诺布鲁克观点》中。另外,沃尔多的《动荡时期的公共行政》以及弗雷德里克森的《新公共行政》等书中也有许多相关的文章。会议的组织者之一马里尼将第一次明诺布鲁克会议的议题归纳为:走向"关联性的"公共行政研究;后逻辑实证主义的观点;适应动荡不安的时代环境;建构新的组织形态;"以服务对象为导向"的公共行政。会议聚焦规范理论、哲学思考、社会焦点及行动主义,关键词是"相关性""社会公平""调整与适应"以及"顾客导向"。

二、会议背景

第一次明诺布鲁克会议是在面临众多社会问题的背景下和解决这些问题的期望下召开的。20世纪50年代到70年代,美国社会在呈现出一片繁荣景象的背后也充斥着各种矛盾与问题。美国国内存在民众普遍恐慌不安、种族歧视、贫困、失业和不平等等众多社会问题,对外面临越南战争、第四次中东战争引发的石油危机等状况,而这些又引发了民权运动、新左派运动等。而此时,美国政府规模快速膨胀,政府机构臃肿低效,不同机构间互相推诿责任,民众对政府办事效率低下的现状非常失望,需要寻求新的公共行政工具。与此同时,整个西方社会的价值体系、道德标准不断地受到冲击。对此,西方行政学界审视传统公共行政出现的弊端,亟需利用新的视角、新的理论、新的方法、新的观点来看待和分析社会政治经济问题。

西蒙和沃尔多的争论为第一次明诺布鲁克会议的召开奠定了基础。西沃之争的大前提是对传统公共行政学的共同反思。传统公共行政学坚持政治与行政分离,太过注重效率,结果在经济发展、科技创新的同时,却催生了各类社会发展困境。行政主体理应授予当代公共行政以伦理道德的内容,以增强行政工作人员的使命感,让管理人员担负其社会责任,把优秀的管理方法和社会公平作为社会发展规则以及基本方式的立足点。这场争论产生的影响包括:对传统行政学"效率至上"观点的反思和批判;对社会公平价值观的提倡;对传统政治—行政二分法的突破;动态、开放的组织观。对传统公共行政学的反思是在其发展成熟之后的转向调整。第一次明诺布鲁克会议在这个分水岭上应运而生。

三、会议内容

(一) 重新构建组织理论

大多数组织理论只是被简单地设想为促进效率和理性决策的组织控制体系,忽视了时代变革所导致的问题取向性。公共组织在政治中的角色需要在更广阔的视角中界定,而不应当仅仅将产出与内部维持当作首要价值。所以,公共组织的目的是为那些组织内外的人减少经济、社会和心理上的苦楚,并为其提供更多的、更好的生活机会。公共组织有责任维护社会正义,即"允许它们的参与者和公民团体决定他们自己的道路,给予参与者和公民团体更多的分享政治和社会权益的机会"[①]。因此,只有重新构建组织理论,才能使公共行政研究重返与实践相符的道路,也只有这样公共行政才能真正符合时代主题。

(二) 反逻辑实证主义

逻辑实证主义认为,科学的方法是研究人类行为的唯一正确的方法。批评者们认为它虽然以感性的经验为依据,但却否认了感性认识的积极作用,是不折

---

① 孙宇:《现代西方公共行政思想简史》,中国社会科学出版社 2015 年版,第 172 页。

不扣的理性主义。许多研究者从经验角度分析,认为外部客观世界是可以被认识、被量化的。亚伦·威尔达夫斯基(Aron Wildavsky)尖锐地指出:公共政策不涉及,也从未涉及,也绝不是用来处理大规模的社会变革的。① 原因之一是,社会变革自古以来就是人们最不能理解的主题之一。学者们已经试图靠谈论大规模的社会变革而赢得荣誉,值得注意的并不是他们谈论了什么,而是进行了谈论这一事实。毕竟,在民主社会中,大变革是为政客保留的。② 换言之,人类的决策和演进行为并非遵循严格的逻辑推导和预测进行的,逻辑实证主义不能揭示社会系统的复杂性及其规律。

(三) 强调社会公平

被公平对待是每个人拥有的基本权利。公平不仅是一种伦理价值,同时也是法律、社会制度和社会结构体系的存在基础。③ 社会公平是公共行政的核心价值。传统的公共行政学注重公共行政的效率、经济和协调性,而实现社会公平则是新公共行政的基本目标,新公共行政也以此为核心重塑现代公共行政的价值体系。弗雷德里克森指出,社会公平强调政府提供服务的公平性,以及公共管理者在决策和组织运行中的责任与义务,要对公众要求做出积极的回应,而不是以满足行政组织自身的需要为目的。④

(四) 对公共行政的反思和批判传统

与会学者们认为公共行政的核心价值不应当是效率,而应当是社会公平,并对传统公共行政学"效率至上"的原则进行了反思与批判。新公共行政学者认为,提倡效率原则虽然在某种层次上有其积极作用,但却不适用于公共问题的解决,这是由于按照传统行政学理论设计的政治制度并未表达公共利益。公共行政不仅要执行政策,而且还对广大民众生活的各个方面都具有决定性的影响,它担负着广泛的社会责任。所以,应当赋予现代公共行政以伦理的内容,以增强行

---

① 孙柏瑛:《公共行政的新思维——美国新公共行政学派及其思想评述》,《国外社会科学》1995年第8期,第51页。
② 同上。
③ 孙宇:《现代西方公共行政思想简史》,中国社会科学出版社2015年版,第172页。
④ 〔美〕乔治·弗雷德里克森:《公共行政的精神》,张成福等译,中国人民大学出版社2003年版,第103—119页。

政人员的责任感,让管理者承担其社会责任;把效率至上的原则转为公平至上的原则;强调公共行政组织的变革,把行政组织变革的终极目标定位为建立民主行政。

四、会议影响

第一次明诺布鲁克会议为新公共行政学的理论主张奠定了基础,促进了新公共行政学的发展,其中,关于反逻辑实证主义、社会公平、顾客导向、公平等一直是当代公共行政的中心议题。此次会议对公共行政组织目标和意义的重新界定,给公共行政组织理论赋予了一种规范性的基础,完善了公共行政组织理论的内容,超越了实证主义的研究模式,使公共行政学摆脱了对政治学与管理学的附庸,迈开了独立发展的步伐。总体来说,这个会议的论文包含了对"组织理论"的批判、对政府官员需要承担的责任及伦理道德义务的讨论、对项目预算(PPB)的批判,还有对传统公共行政的思考以及对公共行政的经验和理论的总结等方面的内容。这次会议更加关注时代主题,参会者想摆脱传统公共行政的束缚,在新时代建立新的行政理论与思维方式。这一努力值得肯定和赞扬。

为了进一步推动切合时代主题的理论探讨,除了会议论文之外,会议主办方还提前向每位参会者提供了两份充满时代感的重要文献:沃尔多在美国公共行政学会(ASPA)纽约首府区分会上的发言——《动荡时期的公共行政》和由同为锡拉丘兹大学教员的约翰·赫尼执笔的"赫尼报告"。[1] 在这些文献所设定的语境下,会议的实际讨论内容比参会论文体现出了更为深切的时代感。这些讨论赋予了明诺布鲁克会议全新的内容,重新发现了公共行政概念的价值内涵。也正是这一点,使新公共行政真正成为一场具有划时代意义的学术运动。[2]

第一次明诺布鲁克会议对新公共行政产生了巨大的影响,但也遭到诸多质

---

[1] 〔美〕乔治·弗雷德里克森:《明诺布鲁克:反思与观察》,宋敏译,《行政论坛》2010年第1期,第89页。

[2] 张康之、张乾友:《解读"新公共行政运动"的公共行政观》,《公共管理与政策评论》2013年第1期,第23页。

疑。比如,这次会议提出的观点仍被批判为"年轻人"的观点,被认为偏激和不成熟。罗伯特·登哈特说:"无疑,新公共行政运动的历史,尤其在明诺布鲁克那里,显示出它并不是一种成熟的替代传统公共行政学的方案。事实上,这一头衔本身可能只是一种漫不经心的称呼,归其名下的只是一些彼此并无太多关联的论文。"①

加里·L.万斯莱认为:"在学术上,读完全文,我们很容易产生这样一种感觉,弗雷德里克森说'新公共行政学'并无太多新意,因为'所谓新的都直接来自那些指导着传统公共行政学的价值'。尽管承认'新'的事物是演化与传承的结果,是很有价值的,但是,弗雷德里克森还是给我们留下了一些可能与他先前著作产生矛盾的印象。"②此外,第一次明诺布鲁克会议在主题和一些知识构架上还是不完善的,它最大的缺点在于没能把当时流行的经济学和公共选择理论融入学派知识观点中,所以受到其他学者的批判。

第三节 新公共行政学派

一、人物简述

乔治·弗雷德里克森

新公共行政学派的代表人物是 H. 乔治·弗雷德里克森(H. George Frederickson, 1934—2020),堪萨斯大学埃德温·斯滕尼公共行政专业特聘教授,美国著名公共行政学术期刊《公共行政理论与实践》主编。1977 年任职美国公共行政学会会长,1990 年荣获美国公共行政学会和全美公共行政与公共事务学院联合会颁发的特别研究奖,1992 年荣获美国公共行政学会颁发的德怀特·沃尔多奖。曾任教于雪城大学、南加州大学、北卡罗来纳大学和马里兰大学,也曾担任东华盛顿大学校

---

① 张康之、张乾友:《解读"新公共行政运动"的公共行政观》,《公共管理与政策评论》2013 年第 1 期,第 23 页。

② 孙宇:《现代西方公共行政思想简史》,中国社会科学出版社 2015 年版,第 175 页。

长、密苏里大学公共与社区服务院院长和印第安纳大学公共与环境事务学院副院长。著有《公共行政的精神》(1971)、《新公共行政》(1980)等多部享有盛誉的公共行政学专著。

二、学说背景

20世纪60年代末70年代初,以美国为代表的西方国家接连出现了社会、政治危机。1961—1973年美国发动的越南战争和1969年12月爆发的经济危机使美国的经济增长陷入停滞状态,而越南战争又加剧了美国的民权、种族问题冲突,导致社会处于分裂状态。美国民权运动是黑人为了争得公正的待遇而发起的运动。这在一定程度上体现了当时美国公共行政存在不合理的一面。不合理的存在上升为理论,就意味着传统的公共行政思想已不符合实际的需要,亟需新的思想来解决现实社会中的难题。面对政府未对社会公众的需求做出及时回应的现实,公共行政作为处理社会问题和进行社会管理的学科,亟需寻求相应的变革和治理之道。这时,很多公共行政学家开始反思传统公共行政并对其进行批判,倡导新公共行政。新公共行政的出现顺应了时代潮流。

当人类进入20世纪后半叶的时候,整个世界几乎都处在战争纷乱和急剧变革的状态中。科技的不断发展一方面推动生产力迅速发展,经济水平不断提高;另一方面,也促使全球文化趋向普遍化和理性化。但是凡事都有利有弊,社会进步也为人类社会带来了诸多消极影响。例如,科学研究的态度使人们转变了信仰,也导致了意识的沦丧,形成了现代人内在的空虚感,让人们变得更加世俗化、功利化。科技发展还给当代价值规范系统造成了混乱:原有的价值规范丧失了权威,新的价值规范又尚未确立。而新公共行政学倡导意义与价值,为时代指明了新的方向。

三、理论内容

正如弗雷德里克森本人所说,《公共行政的精神》一书涉及了当代公共行政所面临的一些亟待解决的问题,比如如何有效和公平地管理的问题。但是,它更关注的是当代公共行政领域所面临的重大问题,即公共行政的信念、价值和习惯问题,其中最突出的是社会公平问题。

(一) 公共行政为何需要社会公平的精神

在传统公共行政的基本价值体系中,效率是公共行政的核心和基本价值诉求,其他价值只是为了维护和保证效率的实现。简而言之,传统公共行政追求的是有效的经济效益和协调的行政系统,强调效率至上,其研究重点是高层管理机构以及政府重要的职能部门,忽略了民主和价值。而公共行政除了需要关注效率和经济,更重要的是关注社会正义,即"要使社会公平成为公共行政的精神"。

狭义的公共行政往往只注重效率和经济等管理层面的价值;广义的公共行政除了重视管理的价值之外,还强调公民精神、公平、公正、正义、伦理、回应性以及爱国主义等价值。效率和经济属于管理理论的范畴,而社会公平属于政府理论的范畴。公共行政需要融合政府的科学艺术和管理的科学艺术,在追求经济效率的同时不能忽略社会公平。而且,公共行政的核心价值或者公共行政的精神,不仅包括在一般意义上对公共性的承诺,也包括在具体意义上对公民和公民团体的回应。

(二) 何为社会公平的公共行政精神

所谓"公共精神",是指在公共生活中,涉及公共事务的治理与公共利益的分配时,公共管理者与公民在公共行政领域内所形成的信念、价值和习惯。公共精神也是一种关心公共事务并愿意致力于公共生活的改善和公共秩序的建构,以营造适于人类生存与发展的伦理规范、政治价值和社会制度。公共行政的内在本质、功能及其合法性基础都充分彰显了公共精神的内在需要。所以公共行政是公共精神的表达方式。公共行政精神,就是公共精神,这是"对于公共服务的召唤以及有效管理公共组织的一种深厚的、持久的承诺"[1]。"社会公平"是效率与经济之外的、公共行政学的另一个新的支柱,推动"社会公平的发展"就是促使"社会公平成为公共行政的精神"[2]。

社会公平强调政府服务的平等,强调公共管理者决策和执行项目的责任,强调公共管理的变革,强调对公民需求而非公共组织需求的回应,强调对公共行政

---

[1] 〔美〕乔治·弗雷德里克森:《公共行政的精神》,张成福等译,中国人民大学出版社 2003 年版,第 2 页。

[2] 同上。

研究与教育的探讨。① 公民精神是品德高尚的好公民具有的公共意识,对公共行政具有重要的意义,对公共行政伦理的实现具有重要影响。对公民精神的培养需要充分的公民参与,高尚的公共行政管理者要致力于公民精神的培养。

(三) 实现社会公平的公共行政精神途径

弗雷德里克森试图通过纠正和完善传统公共行政思想,来保证公共行政的"公共性",他的思想处处彰显着人文关怀和社会责任感,并最终试图将社会公平变为社会现实。在广义公共行政价值指导下,公共行政会朝着社会公平的方向发展,公共利益和幸福通过共同履行公共责任就能实现。在这一过程中,政府组织和非政府组织都应积极参与相应的服务,从而有效满足不同群体和个人的需求,最终实现包括自己利益在内的公共利益。

公共行政精神的新原理包括:(1)公共行政的范围应该更广,既包括国家的活动,也包括集体的公共行为在行政或执行层面的各种形式及表现。(2)公共行政的任务在于高效、经济及公平地组织和管理所有具有公共性质的(包括政府、准政府以及非政府)机构。(3)公共行政的范围是执行公共政策,有效地组织与管理公共机构,不带任何党派偏私地支持公共机构,为了全体公民的利益而维护政体的价值。(4)公共行政,无论在学术研究方面,还是在实践的领域,均应公平地把关注的焦点放在美国联邦体制下的联邦、州及地方政府各层级上。(5)我们应以增强变革的前瞻性、回应性及公民参与的方式,管理公共组织和机构。(6)在民主政治环境下,公共管理者最终应向公民负责。正是因为这种责任,公共行政学者的工作才显得崇高、神圣。(7)无论在理论上还是实践上,公共行政对公平与平等的承诺,都应该与对效率、经济和效能的承诺同等重要。遵循公平与平等原则能够把同一时代的人民紧紧联系在一起,同时也使其与未来一代的联系更加紧密。(8)公共行政的精神是建立在对所有公民乐善好施的道德基础之上的。②

弗雷德里克森的正义观具有非常典型的特征,他认为"社会正义"是除了效

---

① 〔美〕H. 乔治·费雷德里克森:《新公共行政》,丁煌、方兴译,中国人民大学出版社 2011 年版,第 4 页。

② 〔美〕H. 乔治·弗雷德里克森:《公共行政的精神》(中文修订版),张成福、刘霞译,中国人民大学出版社 2013 年版,译者前言,第 7 页。

率和经济之外的公共行政学的第三个规范性支柱。他直接从美国当代著名政治哲学家和伦理学家约翰·罗尔斯的"作为公平的正义"思想体系中获取理论依据。在技术越发复杂的社会背景下,公平地对公民进行回应,要求政府具有指导性的思想和负责任的行动。新公共行政是在批判和完善传统公共行政的基础上逐步形成的。任何一个时代,都不可能完全地追求效率而忽视社会公平正义,弗雷德里克森作为新公共行政的旗手和领航者,无论在理论层面还是在实践层面,都将公共行政带入了一个崭新的领域,开创了公共行政学研究的新时代。

四、基本评价

按照弗雷德里克森的解释,行政学的经典或传统总是有效的、经济的和协调的公共服务管理,它的焦点总是为高层管理者和基本的辅助职员服务。新公共行政学在公共行政学的经典目标和理论基础中增加了"社会公平"这一项。传统的公共行政学试图回答如下两个问题:(1)我们如何基于可供利用的资源提供更多更好的服务(效率);(2)我们如何少花钱而保持特定的服务水平(经济)。新公共行政学增加了这样一个问题,即这种服务是否增进了社会公平。

新公共行政学以公平为核心,因而拒绝了传统行政学的一系列基本观点。首先是抛弃了政治—行政二分的观点。弗雷德里克森指出,这种政治—行政二分的观点缺乏经验证据,因为管理者既从事行政执行的工作,也从事政策制定的工作,所以"政策是政治和行政之间的联通"在经验上是一种更准确的观点。新公共行政学试图以这样的方式来解决问题:行政管理者并不是价值中立的,他们应该对好的管理与社会公平作出承诺,以此作为价值、奋斗目标或理论基础。

以弗雷德里克森为代表的新公共行政学派,就其理论本身而言,也存在着一定的不足。弗雷德里克森提出的政府再造运动的目标设定过于理想化,这对广大发展中国家来说明显不现实和不具有操作意义,造成了新公共行政思想在实践中的解释困境和运用困境。同时,新公共行政缺乏概念的连贯性,没有形成明确的内涵界定,也没有明确限定的宪法基础等。新公共行政在试图弥补传统公共行政缺陷和不足的同时,同样提出了许多没有解决的问题,并制造了新的困境。比如,关于政治与行政的关系,弗雷德里克森等批评威尔逊和古德诺的二分理论是错误的,但是对于应该如何处理两者之间的权利冲突关系,弗雷德里克森也没有阐述清楚。再如,弗雷德里克森提出社会公平的复合理论,但是却没有构建出一个类似于经济学的社会公平模型供人们参考,不得不说是一个缺憾。

第四节 罗尔斯的《正义论》

一、人物简述

约翰·罗尔斯(John Rawls,1921—2002),美国政治哲学家、伦理学家,普林斯顿大学哲学博士,哈佛大学教授,20世纪70年代西方新自然法学派的主要代表之一。罗尔斯1921年生于马里兰州的巴尔的摩。1943年在普林斯顿大学获学士学位,1950年获该校博士学位。先后在普林斯顿大学、康奈尔大学、麻省理工学院和哈佛大学任教。尽管著作不多,但其在西方学术界影响甚大。[1]

约翰·罗尔斯

他于1951年发表了《用于伦理学的一种决定程式的纲要》,之后陆续发表了《作为公平的正义》(1958)、《宪法的自由和正义的观念》(1963)、《正义感》(1963)、《非暴力反抗的辩护》(1966)、《分配的正义》(1967)、《分配的正义:一些补充》(1968)等文章。在此期间,罗尔斯着手撰写《正义论》一书,终成20世纪下半叶伦理学、政治哲学领域最重要的理论著作之一。

二、学说背景

正像罗尔斯所表示的那样,政治生活中依然存在着我行我素的权势集团,经济生活中依然存在着巨大的分配鸿沟,徘徊于街头车站的无家可归的人始终是制度的隐忧,黑人的社会地位依然令人担忧,这些问题的存在构成《正义论》一书走红的社会条件。只要这些问题存在,解决这些问题的讨论就不会结束。20世纪六七十年代,美国社会风云变幻,资本主义社会固有的矛盾和冲突接踵而至,

---

[1] 〔美〕约翰·罗尔斯:《正义论》,何怀宏等译,中国社会科学出版社2001年版,前言,第1页。

此起彼伏。经济危机、通货膨胀、种族歧视、民权运动、女权运动、贫困问题、抵制越战的浪潮以及学生问题等事件接连发生。① 这些都引起人们对社会正义问题的反思。置身于这样一个时代,罗尔斯认真思考和观察这些现象,并把走出困境的希望寄托于正义观念的澄清。

平等与自由的观念在现代社会中被视为两个并不那么协调的价值。新保守主义坚持自由是西方社会的核心价值,平等不仅给社会带来种种危机,而且侵害了人的自由。而平等主义者则认为只有突出平等才能保证人们的自由,否则政治和经济资源的不平等分配,必然会侵害一部分人的自由。这场争论旷日持久,代表着社会的不同势力。可以看出,罗尔斯试图协调平等与自由两者。结果就是,我们不得不在功利主义和直觉主义之间进行选择。最后可能停留在功利主义的某一分支,而这一分支可能又会受到直觉主义的修正和限定。为此罗尔斯试图进一步概括传统的社会契约理论并使之上升到一种更高的水平。

三、理论内容

罗尔斯通过对以卢梭、洛克为代表的传统契约论进行概括,形成了"作为公平的正义"理论。该理论共分为两个部分:一是对原初状态的解释和对正义原则的概述;二是对实际选择正义原则的论证。他的理论通过三个层次展开,原初状态是罗尔斯正义论的逻辑起点,公平正义是罗尔斯正义论的主题,正义原则是罗尔斯正义论的核心。②

(一) 作为起点的原初状态

罗尔斯对原初状态的规定是其正义论的基础,也是逻辑的起点。原初状态的物质基础是中等程度的匮乏,这既是理性的客观条件,也是整个正义论前提假设的历史基础。原初状态中的人是逻辑和历史的统一。③ 原初状态理论的构成要素包括五个方面:选项预设、信息预设、主体预设、环境预设和心理预设。

---

① 〔美〕约翰·罗尔斯:《正义论》,何怀宏等译,中国社会科学出版社2001年版,前言,第1页。
② 何鹏举:《罗尔斯正义论的和谐意蕴及其现代启示》,《求索》2009年第3期,第63页。
③ 徐丹丹:《从无知之幕到分配正义——罗尔斯正义论的"哲学—历史"逻辑演进》,《南京社会科学》2012年第8期,第69页。

1. 选项预设——待选原则

就预设的可选事项而言,只有查看了所有的可能的正义观以后做出的最后选择才最具普遍性和合理性,才真正称得上是最可取的选择。但可供选择的正义原则的内容太多以至于无法精准描述。罗尔斯为了解决这个问题,列出了包括六个预设选项的最初表格:(1)两个正义原则;(2)功利原则+古典功利原则+平均功利原则;(3)至善原则;(4)利己主义原则(一般的利己主义+特殊人称的利己主义);(5)直觉主义观念;(6)混合观念。

2. 信息预设——无知之幕

个人的具体情况各不相同。不同的天赋、出身、地位、利益、志趣、愿望,必然引领人们去选取最有利于自己的原则,即使这个原则对其他人来说是有害的。这样选择的结果必然是没有选择,每个人都不会同意别人所做的选择。罗尔斯为了达成具有合理性的一致,将人们的出发点统一,使人们对自己的特殊情况不了解,让大家的整体情况大体一致。任何人都不会因其天赋或社会背景的缘故而有所不同,他们只能以一种大家所共有的思考方式去选择正义原则。这种将个人信息予以遮蔽的预设状态,罗尔斯称之为"无知之幕"。

3. 主体预设——自由、平等与有理性

主体的自由是为了保证契约的订立是一个自由、自然的过程,是为了保证所订立契约的公平性和契约各方的平等,使所有人在选择原则的过程中都有同等的权利,每个人都能进行提议并说明接受这些提议的理由,等等。契约各方有理性是为了让人在无知之幕下依据基本善进行选择。

4. 环境预设——社会环境、物质环境

罗尔斯预设了一个由一些个人组成的联合体的社会,这个社会具有利益一致和利益冲突两个相对立的特征。社会中的人在相互交往的过程中,共同承认某些行为规范的普遍约束性,契约各方在一般的情况下也都是一致遵守规定的。罗尔斯假设一种"中等匮乏"的资源状况,是因为当且仅当社会资源处于一种中等匮乏的状态时,人们才可能产生共同谋取利益的愿望,才会产生对分配社会利益的标准或原则的需求。

5. 心理预设——互相冷淡、无妒忌心与有正义感

首先,互相冷淡的心理预设包含不关心、冷漠和无偏私的含义。契约各方既有大致相近的需求和利益,同时每个人各自又具有不同的"善"的观念。不同的善观念导致他们抱有不同的目的和目标,造成他们在利用社会资源、享受社会共同利益方面的冲突,而且所有的人都认定自己所保有的生活计划和善的观念是正确的,是应该被社会承认的。

其次,假定一个理性的人不受妒忌心的拖累,目的仍然是让正义原则的选择不受个人心理倾向上的差别等偶然因素的影响,从而避免心理主义所引发的选择标准的无谓争论。"无妒忌心者不会因知道别人拥有较多的'基本好'而烦躁恼怒,他们有他们自己珍视的、足以自为的生活计划,他们不会因为'比别人的损失会更大'的理由而放弃自己的某些利益,不会有'宁可我不好,但我要你更不好'的心理,他们对自身的价值有一种牢固的自信和坚定的追求。"①

最后,有正义感。罗尔斯认为正义感是一种善的欲望,即契约各方有依照某种正义观点来行动的欲望或心理,它是善的观念的一种。假定契约各方都知道所有的立约者都具有正义感,即契约各方都具有按照某种正义观念去行动的欲望和能力,那么如若订立契约,各方确知他们都能共同严格遵守所选的正义原则,不会有违背原则的事情发生。

(二) 作为主题的公平正义

1. 正义主题的演变

西方正义观念的历史演变,是在古代希腊思想家奠定的基础上展开的。在古希腊,正义首先是作为一种宇宙论的原则被提出来的;到苏格拉底那里,正义的主题则发生了重大转换,即正义不再是统辖万物的宇宙法则,而是转变为支配人的行为的伦理原则。柏拉图、亚里士多德继苏格拉底之后把正义、社会伦理法则系统化了。总之,在古希腊,正义主要是一种伦理学和价值观,是人们对美德的向往和理想社会的憧憬,是应然的、观念的和道德的范畴。近代资产阶级思想家则把正义理论的目光投向了自由、平等与权利,从而使西方正义理论的发展出

---

① 何怀宏:《公平的正义:解读罗尔斯〈正义论〉》,山东人民出版社 2002 年版,第 139 页。

现了新的变化：自由、平等与权利不仅成了资产阶级反对封建主义的口号,而且成为正义理论的主题,实现了古代正义观念的伦理学、价值观主题向近代以自由、平等与权利为主题的正义观念的转换。

2. 现代正义论

如果说近代思想家关于自由、平等与权利的观念还只是一种理想性设计的话,那么现代思想家的研究重点则是怎样使这种理想付诸实施。于是,我们可以看到西方正义论主题的现代转变,即由近代自由、平等与权利的理想设计到现代作为具体制度的社会政策、社会体制的实施。罗尔斯认为,正义是社会制度的首要价值,正如真理是认识的首要价值一样。"每个人都拥有一种基于正义的不可侵犯性,这种不可侵犯性即使以社会整体利益之名也不能逾越。因此,正义否认为了一些更大利益而剥夺另一些人的自由是正当的,不承认许多人享受的较大利益能绰绰有余地补偿强加于少数人的牺牲。所以,在一个正义的社会里,平等的公民自由是确定不移的,由正义所保障的权利不受制于政治的交易或社会利益的权衡。"①罗尔斯把他的正义论称为"公平之正义",即社会权利和利益公平分配。②

（三）作为核心的正义原则

罗尔斯的第一个原则是平等自由原则。所谓自由,指的是"这个或那个人自由地（或不自由地）免除这种或那种限制而这样做（或不这样做）"③。他认为,自由可以划分为许多不同的种类,其中公民的基本自由有以下几种:政治自由（选举和被选举担任公职的权利）及言论和集会自由；良心的自由和思想的自由；依法不受任意逮捕和剥夺财产的自由等。所有这些基本自由必须被看成是一个整体或一个体系,而且各种自由互相依存又互相制约。罗尔斯强调,以上各种基本自由作为权利对每一个公民来说都应该是平等的。这是由人的自然特性即人的道德人格所决定的,这种道德人格有两个特点:一是有能力获得善的观念,二是有能力获得正义感。④

---

① 〔美〕约翰·罗尔斯:《正义论》,何怀宏等译,中国社会科学出版社2001年版,第5页。
② 戴桂斌:《西方正义论主题的历史嬗变》,《辽宁大学学报（哲学社会科学版）》2004年第6期,第91页。
③ 〔美〕约翰·罗尔斯:《正义论》,何怀宏等译,中国社会科学出版社2001年版,第56页
④ 同上书,第55—60页。

第二个正义原则是机会的公平平等原则和差别原则的混合。如果说第一个原则是支配社会中基本权利和义务分配的原则,那么,第二个原则就是支配社会中经济利益(主要包括权力、地位、收入和财富)分配的原则。"机会的公平平等"是针对保守主义的"机会平等"原则而言的。机会平等的核心是"前程为人才开放",这种平等是以平等的自由权利和自由的市场经济为先决条件的。罗尔斯认为,这只是一种形式的机会平等,因为它除了承认平等的自由权利以外,没有保证一种平等的或相近的社会条件,结果就是资源的最初分配总是受到自然和社会偶然因素的强烈影响,如人的才能、天赋、社会地位、家庭、环境、运气等偶然因素都会造成个人努力与报酬的不对等。在罗尔斯看来,这种分配方式是不合乎正义要求的。为此,他主张在"前程为人才开放"的主张之外,再加上"机会的公平平等"原则作进一步限定。也就是说,"各种地位不仅要在一种形式的意义上开放,而且应使所有人都有平等的机会达到它们"[①],以便尽量减少社会因素和自然运气的影响。为了实现这一点,他强调,自由市场不应是放任的,不能听任毫无限制的自由竞争导致不公平,必须由以公正为目标的政治和法律制度来调节市场,保障机会公平平等所需的社会条件。比如,防止产业和财富的过度集中,保证所有人受教育的机会平等,如此等等。

　　但是,罗尔斯认识到,机会的公平平等仍然是有其弊端的。即使它很好地排除了社会偶然因素的影响,但它仍旧允许财富和收入的分配受能力与天赋等诸因素的影响,而能力和天赋又是无法实现完全平等的。在罗尔斯看来,不平等的能力和天赋不能成为不平等分配的理由,因为这些因素在很大程度上依赖家庭,而对这些条件每个人是没有任何选择权的。为此,他就主张用差别原则来纠正这种不公正。按照此种原则,任何人的自然才能都应被看成一种共同的资产,一种共享的利益。因此"那些先天有利的人,不论他们是谁,只能在改善那些不利者的状况的条件下从他们的幸运中得利"[②],这就是所谓的"差别原则"。

　　罗尔斯对正义原则的探讨,目的是让人与人之间达到一种事实上的平等,而且为了这种事实上的平等,还要打破形式的平等,对先天不利者和先天有利者使

[①] 〔美〕约翰·罗尔斯:《正义论》,何怀宏等译,中国社会科学出版社 2001 年版,第 140—152 页。
[②] 同上书,第 96—97 页。

用形式上不同的尺度。罗尔斯曾把他关于正义的一般观念概括为这样一句话："所有的社会基本善——自由和机会、收入和财富及自尊的基础——都应被平等地分配,除非对一些或所有社会基本善的一种不平等分配有利于最不利者。"①这表明,罗尔斯的自由主义思想带有明显的平均主义倾向。

四、基本评价

《正义论》是一部学术内容丰富、思辨难度颇大的著作,它不仅反映了西方学术界 20 年来争论的主要问题,而且深刻反映了西方社会的内在矛盾,为读者思考正义问题提供了极好的文献。因此自 1971 年问世后,它就在西方国家受到了广泛重视,被视为第二次世界大战后西方政治哲学、法学和道德哲学中最重要的著作之一。它打破了西方政治哲学万马齐喑的冷清局面,以其独特性和思辨性令人耳目一新。罗尔斯通过原初状态及其相关程序把康德的绝对律令从伦理价值的基础转化为社会政治的基础,把"善良意志"改造为"正义观念",通过把绝对律令程序化将其推向社会政治领域。而且,他还让其正义论的哲学基础逐步地摆脱了对于康德先验论和道德哲学的依赖,建立在了权利法哲学的基础之上,并仍然保持着与它们的一定联系。

然而,《正义论》也受到了一些批评,例如它没有理由认为正义原则高于一切功利主义的考虑,"无知之幕"全然是人为的,政治权利绝对高于社会经济权利并不合理等。也就是说,罗尔斯并没有提出一种直接的演绎论证,把他的两个正义原则从规定了它们的其他陈述中推演出来。德沃金同样对罗尔斯的契约论方法提出了批评。德沃金指出,原初状态本身就需要证明,而对它的证明现在主要来自通过它来证明的正义原则及其制度。说到底,罗尔斯的主要论证手段——作为虚拟观念的原初状态及其相关程序,只是把人们经过一定的反思认为在合理地选择道德原则时面临的条件统一和结合到一个观念之中而已。显然,这种证明是不够的。

---

① 〔美〕约翰·罗尔斯:《正义论》,何怀宏等译,中国社会科学出版社 2001 年版,第 90—91 页。

第五章
公共行政学的探索时期(1972—1989)

20世纪70年代初,以美国为代表的西方资本主义国家出现了一系列政治、经济和社会危机,现行的政府模式已然不能应对日益复杂的社会问题,政府改革迫在眉睫,传统的公共行政学说面临着严峻的挑战。这一时期也是一个学术思想百家争鸣的时期,新公共行政学派之后相继出现不同的学术流派:(1)以万斯莱等为代表的黑堡学派;(2)以阿罗、布坎南等为代表的公共选择学派;(3)以奥斯本、盖布勒等为代表的新公共行政学派;(4)林登的无缝隙政府理论;等等。公共行政学也进入了繁荣发展的阶段。1988年召开的第二次明诺布鲁克会议,对公共行政学的未来进行了通盘检视,也对公共行政领域学者的理论观点进行了比较。

第一节 黑堡学派

一、学派简述

"黑堡宣言"(Blacksburg Manifesto)是加里·L. 万斯莱(Gary L. Wamsley)与他的同事查尔斯·T. 葛德塞尔(Charles T. Goodsell)、约翰·A. 罗伯(John A. Rob)、欧来恩·F. 怀特(Orion F. White)、詹姆斯·F. 沃尔夫(James F. Wolf)四位教授在1982年共同撰写的宣言,全称为《公共行政与治理过程:转变美国的政治对话》。因为黑堡是弗吉尼亚理工学院暨州立大学的重要校址所在地,所以这篇论文被称为"黑堡宣言"。以此为标志,一批批志同道合的"黑堡"人聚集起来,共同推动了黑堡学派的产生。

1982年,万斯莱教授和其他四位教授在弗吉尼亚的沙勒特维市利用元旦教员度假会议的时间,运用头脑风暴法提出了对公共行政的一些基本观点,此次讨论的蓝本是葛德塞尔教授的《为官僚制正名》。"黑堡宣言"完成初期,学术界对其褒贬不一。之后,他们联系了一些知名杂志,但宣言最终依旧未发表。1983年,美国公共行政研讨会在纽约举行,万斯莱等教授抓住此次机遇在纽约希尔顿饭店开了第一次发表会。令人欣喜的是,"黑堡宣言"获得了与会三十多位学者的热烈反响。此次会议之后,他们在美国行政管理学会与美国政治学会的年会和研讨会上公开发表了"黑堡宣言",至1987年,"黑堡宣言"首次刊印在《美国行政学百年发展史》一书中。1990年,万斯莱等教授将该宣言以及几篇与之相关的论文汇编成《重建公共行政》一书。在《重建公共行政》一书出版六年之后,1996年他们又出版了第二本书——《重建民主行政:现代的矛盾,后现代的挑战》。因此,"黑堡宣言"的观点主要体现在《为官僚制正名》《重建公共行政》和《重建民主行政:现代的矛盾,后现代的挑战》之中。这一系列思想与著作共同构成了黑堡学派的理论基础。[①]

二、学说背景

第一次明诺布鲁克会议后,新公共行政要求公共行政积极介入政治事务的讨论,关注平等、民主等价值观。[②] 然而,在实践中,尤其是在美国总统竞选的换届过程中,党派之间为了各自的利益,一直存在着共和党与民主党之争,即"驴象之争"。具体而言,总统竞选和换届是一次利益再分配的机会,选举获胜的政党则是绝大部分利益的获得者。这种成王败寇的风气对民主治理造成了极大的伤害,许多公共行政学者为此而担忧,美国社会中对政府的批评和贬损也越来越多。[③] 于是,以万斯莱为首的行政学者开始聚在一起商讨现有的现象及对策,从

---

① 杨炳霖:《"黑堡宣言"于今日中国之意义——对建设公共行政规范理论的启示》,《公共行政评论》2012年第6期,第118页。
② 同上。
③ 段钢:《重建公共行政的思考——〈"黑堡宣言"〉首席作者万斯莱教授访谈记录》,《中国行政管理》2002年第10期,第54页。

而为黑堡学派的产生奠定了现实基础。

在政府部门工作的那些年里,万斯莱为起草"黑堡宣言"积攒了丰富的实践材料。万斯莱说道:"我曾经在联邦政府机构工作过,还在那里参加过公务员制度改革的工作,曾亲眼看到美国联邦政府在 70 年代与 80 年代政党交替执政时,政治任命官员对职业文官的鄙视和粗暴言行,以及美国政治对话变为一种反官僚、反权威、反政府与批判官僚的风尚。这都给美国政府的治理能力造成了很大伤害,特别是人事问题上,破坏了文官中立原则。"[1]黑堡学派认为,美国的问题就是缺少一个核心组织机构,能够超越各党派、集团的狭隘利益,而关注长远的公共利益;贬低政府的风气使广大民众没能看清美国问题的根本所在,也没能提出正确的解决方案。基于此,他们提出公共行政不但不是问题,还是解决根本问题的关键,即要把公共行政作为超越党派利益、促进公共利益的核心原则。他们还认为,部分民众对政府不满多数是因为媒体或政客对单个事件的渲染,而从整体上看,绝大多数人对政府持满意态度。基于此,他们的目的在于捍卫公共利益,建立规范的公共行政理论。

三、理论内容

"黑堡宣言"发表后,在美国以及全球范围内产生了热烈的反响,以万斯莱为代表的黑堡学派成为继新公共行政之后西方公共行政演进史上的一颗耀眼明珠。随着学者们的不断加入,黑堡学派相关著作与思想体系也不断丰富与完善。他们的主要思想如下:

(一) 重塑公共行政的含义与意义

公共行政似乎淡忘了其负有的捍卫宪法精神的使命,黑堡学者重唤这种精神,主张公共行政可以扮演宪法的捍卫者。"黑堡宣言"认为,"公共行政的作用不是屈从于民意机关或民选首长的统治,公共行政的作用并不亚于立法机关或是行政首长所扮演的角色,公共行政的任务在于共同进行贤明的治理,维护宪法

---

[1] 段钢:《重建公共行政的思考——〈黑堡宣言〉首席作者万斯莱教授访谈记录》,《中国行政管理》2002 年第 10 期,第 54 页。

起草者拟订的作为独立人民意愿表达的秩序"①。"黑堡宣言"认为应该从宪法意义上确定公共行政的地位,其试图重建公共行政在治理过程中的核心地位。"黑堡宣言"从传统上质疑公共行政是否应该扮演重要的角色,转变为思考公共行政应该扮演何种形式的角色;公共行政绝不仅仅是纯粹的管理,而是尽可能维持最广泛的公共利益与依宪治国。

（二）重视人与制度的相互建构作用

作为新公共行政的继承者和发展者,黑堡学派反对将公共行政作为单纯的工具,主张重视人与制度的相互构建作用。首先,"黑堡宣言"并未对政治与行政二分予以全面的肯定或否定,而是试图对两者的关系进行厘清,其延续了第一次明诺布鲁克会议的主张,即新公共行政的基本立场,反对公共行政可以完全排除政治的面向。它主要从三个层次进行厘清:第一,在最高的即最抽象的层次上,行政不可能与政治分离;第二,在抽象程度稍低的行动或行为层次上,行政与政治在某些情况下亦不可能做到完全分离;第三,参与统治和治理过程的行政人员应该明确区分政治与行政二者。政治与行政二分仅是一种神话,在实际的运行之中,政治与行政就像一个没有缝隙的整体。其次,万斯莱在《重建公共行政》的序言中解释道,黑堡学派和新公共行政秉持相同的价值理念,但黑堡学派认为新公共行政之所以没能在实务中产生很大影响,是因为缺少制度的支持。社会变革必须从个人和社会制度两个方面同时进行,既要改变个人的观念和行为,还要改革社会制度结构。黑堡学派重视社会制度推动社会变革的作用,强调通过制度变革来影响人的观念,而人们新的观念和认知体系可以进一步推动社会制度的发展。

（三）公共行政人员重在追求专业主义

黑堡学派把公共行政看作解决社会危机、促进社会变革的工具。他们重新界定了专业主义的内涵,认为专业主义最重要的是公共行政人员要以专业的态度来行事,而不是宣称自己是专业人员,其职责是维系依宪治国规则,达成捍卫宪法的目的。"黑堡宣言"重新阐述了"何为公共行政人员":首先,公共行政人

---

① 〔美〕加里·万斯莱等:《公共行政与治理过程:转变美国的政治对话（节选）（黑堡宣言）》,段钢译,《中国行政管理》2002年第2期,第28页。

员应成为宪法的执行者和捍卫者。当法律赋予他们裁量权时,公共行政人员的誓言促使他们不能仅以当下和短期的眼光考量行政行为,而是有义务根据宪法的价值运用此一裁量权。其次,公共行政人员应该成为具有批判意识的公共利益的受托者。公共行政人员必须超脱于当时的政治压力,致力于扮演具备批判意识的角色。再次,公共行政人员应该是"贤明的少数",而且要不断扩大"贤明的少数"的范围;利用机会促使公众真正参与治理过程,而不是让他们成为随波逐流的"叫嚣的多数"或是"拥有强权的少数"。最后,公共行政人员必须假定人类的状况虽不完美,但可以改善。他们应该避免以急功近利、一劳永逸的心态进行公共问题的改善工作。公共行政人员既是分析者又是教育家,但不是哲学王或知识界名流。他们必须为民选官员的长期教育或培训而工作,并且认识到这是一项无报酬而艰苦的工作。黑堡学派基于后现代的立场,对公共行政人员不再主张追求公共利益概念的实质内涵,而是采取一种过程化的视角。例如,公共行政人员在决策时应该注意:从一个问题的多方面而不是少数几方面来考虑;把长远的眼光引入对话,避免过度考虑短期利益;考虑各种相互冲突的诉求,而不只站在一个立场上;在决策过程中尽可能搜集更多知识和信息。如果公共行政人员能够坚持以上原则,那么公共利益的实现也就指日可待了。

(四)公共行政的若干因素

在黑堡学派看来,公共行政在治理中的核心地位体现在:向上连接宪法体制,向下连接人民群众,在中间要促进以公共行政机关为中心的社群的形成,最终目的是实现最广泛的公共利益。

1. 公共行政与立宪体制

既然公共行政的合法性来源于宪法,其存在的意义就在于维护宪法秩序。公共行政不是立法机构、总统和法院的隶属机构,它具有宪法赋予的独立的地位,应该妥善应用自己的专业知识,根据宪法的精神,维护依宪治国的制度。公共行政人员具有广泛的自由裁量权,以宪法精神——自由、平等、人权等价值为指导。①

---

① 杨炳霖:《"黑堡宣言"于今日中国之意义——对建设公共行政规范理论的启示》,《公共行政评论》2012年第6期,第118页。

2. 公共行政与公民

黑堡学派继承了柏拉图、亚里士多德的古典政治学精神,认为国家的终极目的是培养公民的美德,而国家也需要具有美德的人来治理。政治过程就是培养公民道德和塑造人格的"学校"。培养公民精神最主要的"学校"就是公共行政,因为公共服务与广大民众的生活息息相关。公共行政人员应该最大限度地促进公民参与有关政策的讨论,培养人们处理公共事务的智慧。万斯莱认为公共行政的权威不应来自对别人的强力控制,而应来自创造有利于个人发展的条件,培养其自信、独立的人格,释放公民的潜力,从而达到个人和集体利益的融合。

3. 公共行政与社群

公共行政维护宪法体系、培养公民精神、促进公民参与、实现最广泛的公共利益、促进社会变革的作用都是通过建立社群来实现的,而公共行政机构因为具有专业上的优势和法律授权的特殊地位,是最有可能成为社群核心的机构。在这一点上,黑堡学派继承了反联邦主义的精神。联邦主义通过利用人们自利的心理来达到约束别人的目的,控制力来自华盛顿的中央政府。而反联邦主义认为政府要贴近群众,对行为的约束是通过建立社群中人与人的联系来实现的,控制力存在于人的心中。因为社群中的人具有相同的理念,人们会出于对社群的认同,维持其中一员的身份而放弃自己的利益,这不是靠经济理性就能理解的。

4. 公共行政和公共利益

公共行政的最终目的是促进最广泛公共利益的实现。公共行政机关要鼓励公民和利益集团参与关于公共利益的讨论。这一过程需要注意四点:首先,不要屈服于短期的压力,要考虑长远利益;其次,不仅要鼓励利益直接相关群体的参与,也要鼓励不太相关群体的参与,甚至还要考虑没有出生的后代的利益;再次,不要一味顺应广大群众的要求,因为他们的要求不一定都符合长远的公共利益;最后,注意把对话引导到公共利益的高度,只用经济理论和利益交换的思维来进行对话是无法实现公共利益的,因为公共利益不是所有参与者个人偏好的结合,关于公共利益的对话需要鼓励人们接受个人利益的损失。

5. 公共行政人员的使命

黑堡学派赋予公共行政人员一种超越性使命。公共行政人员应该对人民的要求进行回应,但不能一味顺应。他们应该具有独立的意识、自我反思的精神,引导公民参与公共事务,促进社群的建立,培养公民解决公共事务的智慧,激发关于公共利益的讨论,维护宪法精神和依宪治国制度。万斯莱等认为,公共行政人员应该通过实践和自我反思来实现超越性使命。实践是批判性地、有意识地追求目标。自我反思则要对采取的行动深思熟虑,反复评估,并从经验中不断学习和改进。

四、基本评价

在20世纪50—60年代,有一种理念在公共行政学发展过程中产生过持久的影响,那就是认为公共部门的管理与私人部门的管理没有差别。人们期望从私人部门那里借用管理知识、概念、技能与工具来帮助公共部门发挥相同的管理能力。尼古拉斯·亨利曾称这一时期的范式为"公共行政学即管理学"(public administration as management)。然而,也有许多学者指出,企业管理与公共行政具有不同的意识形态,强调不同的价值。黑堡学派为政府进行辩护,主张积极有为的政府,并强调公共行政与企业管理之间的差异;它还致力于纠正多元民主的偏颇与建构公共行政的规范理论。这些不能不说是黑堡学派的重大历史贡献。

从黑堡学派与新公共行政学之间的关系来看,黑堡学派强调,行政价值的重塑与社会变迁的推动都需要"集体持有的价值、认知、态度以及行为等"的改变,而行政绩效的提升则需要行政人员与官僚体系的共同努力。"黑堡宣言"和新公共行政都彰显了行政人员是"主权受托者"的理念:行政人员必须秉持专业良知,善用职权与自由裁量权,以高尚的情操固守本职,追求政府治理体系及其过程中公共利益的最大化,并维护公平正义,践行"保护型行政"。"黑堡宣言"与新公共行政均强调社会公平、主动参与、正义、关怀弱势群体、行政人员为宪法精神之代表等。

尽管黑堡学派与新公共行政学派有着许多相同的理念,但两者也有明显的差异。一方面,与新公共行政学派不同的是,黑堡学派不是从个人的层面而是从结构层面或制度层面来促成社会的整体改变,黑堡学派也自诩为"新制度主义"

学派。另一方面,黑堡学派重新提出了"公共利益"的概念。① 黑堡学派重建了公共行政合法治理角色,反对市场至上的理念。在他们的认知中,宪法首先取代合理性(管理主义)成为公共行政的基本精神,市场至上变得无的放矢;然后民主方式赋予公共行政实现合法治理的途径。黑堡学派希望重建公共行政的治理角色,在此过程中公共行政的治理角色发生了重要转变。

第二节 公共选择学派

一、学派简述

英国经济学家邓肯·布莱克被尊为"公共选择理论之父",他于1948年发表的《论集体决策原理》一文为公共选择理论奠定了基础。他在1958年出版的《委员会和选举理论》被认为是公共选择理论的代表作。该著作第一次从决策角度对政府行为进行研究,对委员会的投票、选举等行为及一系列问题进行了深入的探讨,通过系统的分析和研究最终构造出了投票选举的基本理论框架。

公共选择理论的领袖人物当推美国著名经济学家詹姆斯·布坎南。布坎南是从20世纪50年代开始从事公共选择理论研究的,他发表的第一篇专门研究公共选择的文章是《社会选择、民主政治与自由市场》。布坎南与戈登·塔洛克合著的《同意的计算——立宪民主的逻辑基础》被认为是公共选择理论的经典著作。布坎南因在公共选择理论方面的建树,尤其是其提出并论证了经济学和政治决策理论的契约与宪法基础,而获得1986年度诺贝尔经济学奖。

詹姆斯·布坎南

著名经济学家肯尼斯·阿罗对公共选择理论的建立和发展也做出了重要贡献。他提出的"阿罗不可能定理",是他在《社会选择与个人价值》中运用数学计算的方式,通过严密的逻辑分析和推理比较精确地推导出的一项结论,即"在公

---

① 谭功荣:《西方公共行政学思想与流派》,北京大学出版社2008年版,第221—222页。

肯尼斯·阿罗

认的理性条件下,从个人的偏好次序推导出社会总体的偏好次序是不可能的"①。该理论曾在学术界和社会上引起了很大的反响。

1965年,在布坎南与塔洛克等经济学家的主导下成立了公共选择学会,创立了公共选择学派。公共选择学派是以经济学方法研究非市场决策问题的一个重要学派,其最重要的理论基础是:担任政府公职的人是理性的、自私的人;从人的自利性推论出政府不一定能纠正市场失灵,政府的干预反而可能导致市场失灵进一步恶化。公共选择学派认为,经济市场中的主体是消费者和厂商,政治市场中的主体是政治家、政客、选民和利益集团,他们的行为目标是无差别的,区别在于:经济市场交易的是私人物品,而政治市场交易的是公共物品;前者注重效用和利润的最大化,后者注重公共物品利益和政治支持的最大化。因此,布坎南等人认为人类社会由两个市场组成,一个是经济市场,一个是政治市场,市场中的主体都是带有自利性的。

二、学说背景

公共选择理论发源于20世纪50年代,它是在特定社会历史条件下理论和现实的需要中产生和发展起来的。第二次世界大战以后,凯恩斯经济学的盛行,导致巨额的政府赤字及持续的通货膨胀,从理论上打破了市场神话,使得人们认为国家应当更多地担负起弥补市场机制的缺陷、优化配置社会资源的责任。然而,由于西方各国不断加强政府干预的力量,政府职能增加、规模不断扩大、资源严重浪费,政府干预经济的缺陷日趋明显,而凯恩斯主义经济学无法完美地解决赤字和通胀问题。公共选择理论正是在这种背景下应运而生。

公共选择理论提出"政府失灵"以及政府行为分析时的"经济人"假说,并以此来反对国家干预经济,提倡新自由主义。这一时期,经济学的研究方法发生了

---

① 〔美〕肯尼思·J.阿罗:《社会选择与个人价值》(第三版),丁建峰译,格致出版社、上海三联书店、上海人民出版社2020年版,第20页。

重大变革。以马歇尔为代表的一大批经济学家将数学工具引入经济学,然而使用数学工具研究经济在带来便利的同时,也使经济学家过分注重指标分析和模型建立。于是,一些不满经济学现状的学者主张恢复古典经济学以"经济人"假设为前提、以分析"交易过程"为核心的分析方法,并将这种方法论延伸到对政治市场的分析之中。布坎南的公共选择理论所提倡的分析方法便是其中的代表之一。在赴意大利研修期间,布坎南接触了许多有关流行于19世纪末20世纪初的意大利公共财政学派的学术资料。在意大利公共财政学派经济思想的影响下,他抛弃了"国家是一个慈善君主"的浪漫看法,对政治活动特别是政府行为的认识发生了根本性的变化,从政府的崇拜者变为政府的批判者,并最终得出了"政府失灵"的结论。这正是公共选择学派最响亮、最有代表性的论点,公共选择学派的核心思想就在于此。[1]

三、理论内容

公共选择学者致力于揭示政府干预和福利经济学的缺陷与局限。他们提出这样两个问题:第一,什么东西能保证国家做出的决策确实符合集体偏好?第二,即便这些决策是最好的,最符合公共利益的,有什么可以保证政府行动的结果符合立法者的意愿呢?就这两个问题而言,公共选择的根本目的不是调查市场的缺陷,并以此说明政府干预的正当性,而是通过研究政府决策行为,尽可能减少政府缺陷以达到政治领域的和谐,弥补市场运转的不足。

(一)方法论基础

(1)个人主义方法论。个人主义方法论认为,个体是组成群体的基本单位,群体由不同的个体组成,集体行为由个体行为集合而成,一切社会现象的动因都应从个体的角度去寻找,个体才是分析社会现象的基础。在公共选择问题的研究中,无论总体结果产生的过程与结构有多复杂,个体都是最终的选择者、决策者与实施者。如果在研究中只是着眼于整体构成,就会在解释个体动机和偏好

---

[1] 本部分内容主要参考吴早:《诺贝尔经济学奖得主布坎南及其公共选择理论》,《高等函授学报(哲学社会科学版)》2006年第19期,第39页;张健:《布坎南与公共选择理论》,《经济科学》1991年第2期,第70页。

在决策过程中发挥的作用与影响这一问题时出现困难。因此,公共选择首先是个体的选择。"公共选择理论中基本的分析单位是选择者、行动者和行为人,而不是诸如政党、政权或者国家一类的组织性单位"①,不假设集体(社会群体或小集体)会协同一致。

(2) 经济人假定。西方经济学家把人看成是理性且自私的个体,认为个体的本性都是追求利益的最大化。公共选择理论沿用经济学家的假定,将这一理论从经济领域扩展到政治领域,即假设在经济市场上的个体是典型的经济人,由于受利己主义的影响,追求个人利益的最大化。而在政治市场上,政府官员和政治家是高尚的利他主义者,能够为社会和公众利益的最大化而放弃自身利益。这在逻辑上是矛盾的。所以,政治、经济市场都会出现掠夺、欺骗等各种丑陋行为,不应当相信承担政治角色的人会为了"公共利益"而行动,因为撇开了私人利益的考量,所谓公共利益只是虚妄。

(3) 交易政治。交易政治类似于经济市场上的商品交易模式。公共选择理论通过交换模式来分析政治过程,认为政治过程是一种类似市场机制中的物品交换的过程。不同的是,市场机制中的交换对象是个人产品的归属,而在政治过程中交换的是条约、制度、规定等公共产品,供给者由生产者变为政治家和政府官员,而需求者则由消费者变为选民和纳税人。政治与公共政策制定不是作为一个整体来运作,而是一个由各色理性人(如选民、总统、议员、利益集团、官僚等)进行交易与竞争、摩擦与妥协的政治市场。政治市场就是一个过程,大家为了各自的目的参与这个过程,最终得到的不是某个人所控制的最优结果,而是一个多方博弈后的次优局面。这种结果可能是均衡的,也可能是失衡的。社会变革实际是个演化的过程,不是单独的个人所能控制的。

(二) 主要理论

公共选择理论研究了代议制民主制经济理论、政党理论、利益集团理论及寻租理论等问题,深入探讨了代议制政治制度运转的逻辑及其缺陷。在对直接民主和间接民主进行研究后,公共选择学派得出的结论是:市场失灵并不能说明任

---

① 〔美〕肯尼思·J. 阿罗:《社会选择与个人价值》(第三版),丁建峰译,格致出版社、上海三联书店、上海人民出版社 2020 年版,第 107—132 页。

何政府干预都是正当的。

(1)投票理论。投票规则通常包括一致同意与多数同意规则,但无论哪种规则之下的政府决策都可能产生偏差,导致无胜出者的悖论循环,难以实现社会福利最大化。阿罗不可能定理也指出,不存在一种能够把个人对 N 种备选方案的偏好次序转换成社会偏好次序,并且准确表达社会成员的各种各样的个人偏好的社会选择机制。但在有些情况下,简单多数投票规则能够产生明确的结果,这和人们的偏好结构有关,即人的偏好结构存在单峰和多峰的差别。

(2)利益集团理论。所谓利益集团又称压力集团,就是"那些具有某种共同的目的,试图对公共政策施加影响的个人所组成的有组织的实体"①。利益集团的成员可以是普通公民、非营利组织、公共部门组织,也可以是寻利的厂商。不同的利益集团在规模、资源、权利和政治倾向等方面存在着明显的差别。

以奥尔森为代表的学者对上述观点提出质疑。他在 1965 年出版的《集体行动的逻辑》一书中指出,有理性、寻求自身利益的个人不会采取行动来实现他们共同的或集团的利益,因为集团利益的公共物品性质会导致集团成员普遍的"搭便车"行为。所以,奥尔森认为集团规模的大小与个人行为和集团行动的效果密切相关,小集团的行动比大集团更有效。另外,由于一个集团通常只代表整个社会中的一小部分成员的利益,所以,"各种社会组织采取集体行动的目标几乎无一例外地都是争取重新分配财富,而不是为了增加总的产出——换句话说,他们都是'分利集团'"②。因此,各利益集团都会在各自的势力基础上展开分利竞争,通过各种"院外活动"影响政府官员决策,从而为本集团争取最大利益。

(3)寻租理论。1967 年塔洛克的论文《关于税、垄断和偷窃的福利成本》被看成是研究寻租理论最早的文献,但"寻租"的概念是美国学者安·克鲁格在《寻租的政治经济学》一文中提出的,克鲁格在文中集中讨论了政府对经济活动的数量限制可能会导致的社会福利的损失。布坎南对于"寻租"的定义是从区别寻租与寻利开始的。在市场经济中,人们通过竞争来寻利,这种寻利对于他人是有好处的;但是在特定的制度背景中,人们通过竞争来寻租,这种寻租活动对他人没

---

① 谢明编著:《公共政策导论》(第四版),中国人民大学出版社 2015 年版,第 56 页。
② 〔美〕曼瑟·奥尔森:《集体行动的逻辑:公共物品与集团理论》,陈郁、郭宇峰、李崇新译,格致出版社、上海人民出版社 2018 年版,第 6 页。

有好处。经济租金在市场经济中是一个动态的剩余,它有助于企业家进行创新活动,因为任何新的利润都是通过创新活动获得的,企业家要获得利润就必须创新。但是这种剩余是动态的,会在市场竞争中消失。寻租意义上的租金则不是动态的,不会在竞争中消失,因为不存在竞争。这实际上也说明了寻租产生的制度条件。公共选择理论关于寻租的研究成果很丰富,其大多数文献都贯串了两个基本中心思想:一是寻租基本是通过政治活动进行的;二是限制寻租的基本方法是限制政府。

(4)政府失灵理论。所谓政府失灵是指在市场经济条件下,政府由于自身的局限性和外部监督约束的乏力,在干预经济运行和社会生活过程中产生了与其目的相背离的结果。具体来说,政府失灵表现为公共政策失误、公共物品低效率供给、政府规模膨胀但行政效率低下、政府官员进行寻租活动等。既然公共选择学派认为政治家和政府官员并不是大公无私的"政治人",而是追求自身利益最大化的"经济人",个人是集体行为的出发点,个体行为的集合或累加构成集体行为,那么政府行为和政策目标在很大程度上就会受到政治家和官员动机的支配。政府也是追求自身利益最大化的经济人,也会存在政府失灵的现象。

布坎南认为政府失灵的根源在于政府的内部性、垄断性、扩张性,这些特征导致了公共品供给的"双低效"。第一,政府的内部性。政府部门及官员自利性的经济人行为,使其在公共决策过程中偏向于满足个人利益而非公共利益,背离了公共利益代理人的角色,增加了政府失灵发生的可能性。第二,政府的垄断性。公共品自身的非排他性、非竞争性特性,使政府在公共品供给中居于主导地位,这种主导地位容易导致政府垄断公共品供给。而由于政府垄断公共品供给,公共品供给缺乏竞争,政府就没有了提高公共品供给的效率和效益的压力,所以极可能出现政府失灵。第三,政府的扩张性。运用公共选择理论分析政府扩张行为可以发现,政府存在规模的扩张和权力的扩张两种趋势。由于政府机构的扩张有极强的动力支撑,所以政府规模会不断扩大,其扩张程度会逐渐加强。政府权力的扩张程度较为严重,其主要表现为横向权力的扩张和纵向权力的扩张。

(5)官僚理论。唐斯 1957 年出版了具有里程碑意义的《民主的经济理论》,1967 年出版了《官僚制内幕》。他以经济人假设为前提,构建了一个比较系统完整的官僚行动逻辑理论,认为官僚化的官员,如同社会中的其他代理人一样,很大程度上被自我利益所驱动。唐斯把官僚划分为权力攀登者、保守者、倡导者、狂热者和政治家五种类型,根据动机又将他们分为"完全自私的官员"和"混合动机的官员"两类。唐斯认为政府的理性有两个含义:第一,在选举中取得胜利;第二,为争取当选获得最大化的政治支持。政府的理性行动受到三个基本条件的制约,即民主的政治结构、不同程度的不确定性以及选民。

(三) 政府失灵的表现及其矫正

以布坎南为代表的公共选择学派对政府失灵的原因和表现进行了深刻的分析,在他们看来,政府失灵主要表现在以下几个方面:

(1) 公共决策的失误。公共决策失误的原因是多方面的:由于现有的决策体制(直接民主制、代议民主制)或决策方式(投票规则)有缺陷,最优化政策或理想化政策难以通过;选民或政治家决策信息的不完全性以及投票人的"短视效应"导致一些成本巨大的、从长远看弊大于利的政策制定和实施。

(2) 政府部门的自我扩张。政府部门谋求内部私利而非公共利益,即"内部效应"。这种内部效应被认为是政府失败的一个重要原因。政府部门的自利动机会导致政府扩张,而政府扩张又会导致社会资源的浪费与配置失效,经济效益降低,社会福利减少。

(3) 官僚机构效率低下。其原因为:一是官僚机构垄断了公共物品的供给,缺乏竞争;二是政府官员追求规模最大化即目标最大化,而非利润最大化,这是其与企业不同的地方;三是对政府官员缺乏监督。作为监督者的公民和被监督者的官员地位不对等。

(4) 寻租腐败。所谓寻租,就是用较低的贿赂成本获取较高的收益或超额利润,官员们可以通过政府管制、关税、进出口配额的分发以及政府在采购等方面的独特优势进行寻租。许多公共选择学者认为,政府官员在寻租过程中未必是被动的,很多情况下是主动者。

对政府失灵的纠正主要从以下几方面进行:

(1) 进行体制改革。布坎南认为,人在设计政治制度及确定宪法中的若干检查和控制条款时,其所有行为除了追求私人利益外,别无其他目的。这种原则不仅适用于普通人,而且适用于政府中的官员,因为官员与普通人一样是自私的,所以在公共领域亦存在搭便车、寻租、贿赂等情况。自由制度特别要警惕的就是权力不受约束的情况,解决这个问题的最好办法就是"以权力约束权力"。

(2)引入内部竞争机制。打破垄断是提高效率的途径。打破公共品生产的垄断,建立竞争机制,就可以消除政府行为的无效率。例如,可以设置两个或两个以上的机构来提供相同的公共品或服务,使这些机构之间展开竞争从而促使其提升效率,如城市供水就可以采取这样的竞争机制。

(3)约束政府的税收和支出。公共选择学派对政府机构膨胀、效率低下、寻租腐败等政治困境的原因及对策进行了深入的探讨和分析。他们认为在经济人的假设下,政府官员是理性自利的。而政府活动的支出来自税收,就必须要对政府的行为加以约束,以保证纳税人的钱能被合理地使用。所以,通过建立监督体制使政府支出行为规范化是减少政府失灵的好办法。

四、基本评价

20世纪50年代以凯恩斯主义为代表的国家干预主义经济思潮以"市场失灵"论证了国家干预的必要性,否定了传统的自由放任主义经济学说。作为新自由主义重要代表人物的布坎南,以"政府失灵"否定了国家干预的合理性。如果说货币学派主要是否定了凯恩斯主义财政政策的作用,供应学派主要是否定了凯恩斯主义需求政策的作用,那么布坎南则是从根本上否定了国家干预的必要性和有效性,从根基上动摇了凯恩斯主义,布坎南也因此被视为美国经济学中最彻底的反政府主义者。从20世纪60年代的默默无闻到80年代后的一鸣惊人,公共选择学派在美国政界和理论界的影响日益增长。

随着公共选择理论的发展,也有一些学者对其加以质疑。首先,公共选择理论过分依赖"经济人"假设,忽视了人性的其他特征,片面地认为人的一切行为都趋利避害,只谋求自身利益最大化,无限制地把"经济人"假设运用于政治领域,掩盖了当代资本主义国家的阶级实质,更没有把政府失灵与资本主义的生产关系以及资本主义社会的基本矛盾联系起来考察。其次,公共选择理论过于强调人的理性行为。美国经济学家西蒙认为:"人的理性能力是有限的,不可能对所有可能的选择做出精确的利益计算。人在做决策时,采取的是由局部到整体的方法,这时要求集体选择达到个体都无法达到的理性是不可能的。而且,在政治活动中人们对自己的行为结果承担的责任,并不总是直接的,而且往往不是很确定,因此,人们在政治活动中的理性行为就更为弱化。"①但无论怎样,公共选择学派从经济学的视角分析政府的行为,无疑成为政府行为研究的一大创新点。

第三节 新公共管理理论

一、理论简述

美国建国初期,杰斐逊等自由主义政治家主张用宪法限制政府权力,注重人民主权、自由平等和保障公民权利,这一思想倾向为公共行政的立宪主义范式奠定了思想基础。而在与杰斐逊的争论中,汉密尔顿等人提出集权型公共行政思想,主张贵族对政府的垄断,建立强有力的政府,强化总统权力,这一思想则成为管理主义的源流。可以说,公共行政的百年发展史始终贯穿着这两种范式的争论。

20世纪70年代末80年代初,一场声势浩大的行政改革浪潮在世界范围内掀起,并在20世纪80年代末和90年代初引发了发达国家和发展中国家的公共部门管理改革,许多学者称之为"管理主义""新公共管理运动""以市场为基础的公共行政""后官僚制典范"或"企业型政府"。到90年代后期,人们越来越倾向于使用"新公共管理"的概念。该思潮的代表人物有:戴维·奥斯本(David Osborne)、特德·盖布勒(Ted Gaebler)、克里斯托弗·胡德(Christopher Hood)、简·莱恩(Jane-Erik Lane)、欧文·休斯(Owen E. Hughes)等。其中,戴维·奥斯本与特德·盖布勒最具代表性。

这场政府改革运动,不同程度地解决了发达国家面临的财政危机和信任危机,提升了政府运作能力,回应了在全球化中保持国际竞争力的内在要求。此外,"新公共管理运动"不仅为西方国家,也为发展中国家提供了当代公共部门管理的新模式。这场运动为人们带来

戴维·奥斯本

---

① 部分内容参考张健:《布坎南与公共选择理论》,《经济科学》1991年第2期,第70页。

特德·盖布勒

了崭新的理念和创新的实践,把新制度主义经济学、公共选择理论乃至管理科学和政策研究,还有社会学、政治学等学科的一些重要概念、理论、原理和技术、方法等引入公共管理,为人类管理文明的历史涂了一笔重彩。

二、学说背景

20 世纪后半叶,整个西方世界进入了后工业时代,与传统的工业社会相比较,信息化和全球化成为这一时代的主要特征。信息和知识的传递不受地域因素的影响和制约,地理空间障碍的削弱也使得资本、劳动力、技术、商品等在各个国家之间的自由流动成为可能。这样的发展背景必然要求政府要适应国际形势,对传统的官僚制行政模式进行变革,这就是新公共管理运动产生的直接动因。这一时期,传统官僚制行政模式面临一系列危机,主要有:(1)政府财政危机。政府的职能不断扩张,随之而来的是政府规模包括政府机构、政府雇员、政府开支的急剧膨胀。(2)政府治理危机。与私营部门存在激烈的竞争相比,政府部门在提供公共产品和公共服务方面具有垄断性,缺乏提高效率的压力,官僚主义作风盛行且服务意识不足。(3)政府信任危机。政府管理失效导致民众对政府管理社会公共事务的能力逐渐失去信心。① 因此,提高政府提供公共福利的能力,使公民重拾对政府行政的信心,成为政府改革的动力之一。

三、理论内容

新公共管理理论对传统公共行政学理论进行了深入的反思和批判。秉持新公共管理观点的学者认为:传统社会由于信息传递低效,社会进步速度缓慢,需要稳定的行政结构来提升行政效率;但现代社会信息传递迅速,行政组织所面对的环境快速变化,在这样的情况下,强调稳定和非人格化的科层组织理论已不能支持高效行政,需要转变为更扁平化且富有弹性的行政模式。

具体来说,新公共管理理论倡导政府从以下三个方面进行变革:

---

① 周志忍主编:《当代国外行政改革比较研究》,国家行政学院出版社 1999 年版,第 14 页。

（1）民营化。在新公共管理理论的语境中，政府效率低下、浪费资源，拘泥于繁文缛节，官僚主义氛围浓厚。因此，应将政府的作用限制在最低程度，并让私人部门提供公共服务。例如，萨瓦斯认为，政府可以借助外包、特许经营、拨款补助、代金券、志愿者服务、自我服务、市场等方式完成任务，而不必亲力亲为。

（2）政府再造。新公共管理理论认为，传统的政府组织结构和组织形式已经不适应快速发展的现代社会，因而应效仿企业组织，形成具有快速响应能力和高效的行政流程，即进行政府再造。所谓政府再造，即强调进行组织与管理革新：在结构上建构"精简政府"，在功能上重塑"政府授能"，在管理方面引进"企业型"体制，在服务方面实施"分权化"与"授能化"，在改变与民间团体关系上则推动"民营化"。

（3）企业家政府。在倡导新公共管理的学者看来，镶嵌于科层制大厦的公务员往往是不思进取、唯唯诺诺的，只会僵化地完成固定的工作，不会主动寻求突破和改善。因此，他们倡导用企业家精神来改革政府。代表性的学者是奥斯本和盖布勒，在《改革政府：企业家精神如何改革公共部门》一书中，他们倡导培育政府的企业家精神与企业型官僚。

以奥斯本、盖布勒为代表的新公共管理学派产生，并指导着西方发达资本主义国家的政府改革，他们倡议将私营企业管理中的一整套原理技术和方法应用于公共部门管理，提出先进的管理思想和理论正在超越公共部门和私人部门的界限，成为适用于公私领域的管理哲学。奥斯本、盖布勒将"新公共管理"看作单一的模式概念，并指出"新公共管理"模式包含以下十大基本原则或基本内容①：

（1）起催化作用的政府：掌舵而不是划桨。

（2）社区拥有的政府：授权而不是服务。

（3）竞争性政府：把竞争机制引入服务提供。

（4）有使命的政府：改变按章办事的组织。

（5）讲究效果的政府：按效果而不是按投入拨款。

（6）受顾客驱使的政府：满足顾客的需要，而不是官僚政治的需要。

---

① 〔美〕戴维·奥斯本、特德·盖布勒：《改革政府：企业家精神如何改革公共部门》，周敦仁译，上海译文出版社 2021 年版，第 21 页。

(7) 有事业心的政府:有收益而不浪费。

(8) 有预见能力的政府:预防而不是治疗。

(9) 分权的政府:从等级制到参与和协作。

(10) 以市场为导向的政府:通过市场力量进行变革。

他们倡导应用企业家精神去改造政府,并且把企业经营管理的一些成功方法移植到政府中,使政府这类公共组织能像私人企业一样,提高效率。其中最重要的一点就是以顾客为中心,即强调服务提供者应对他们的顾客负责,在提供服务的过程中不断进行革新,寻求减少成本和增进质量的方法,聆听顾客的呼声,把资源放在顾客手里让他们挑选。

新公共管理完全改变了传统模式下政府与公众之间的关系,政府不再是发号施令的权威官僚机构,而是以人为本的公共服务提供者,政府公共行政不再是"管治行政"而是"服务行政"。公民是享受公共服务的"顾客";政府以顾客需求为导向,尊重顾客权利,坚持服务取向。新公共管理主张政府在公共行政中只制定政策而不执行政策,把管理和具体操作分开。

新公共管理强调政府管理应广泛引入市场竞争机制,让更多的私营部门参与公共服务的提供,提高服务供给的质量和效率,节约成本。它还强调实行严明的绩效目标控制,确定组织、个人的具体目标,并根据绩效目标对完成情况进行测量和评估。新公共管理根据交易成本理论,重视管理活动的产出和结果,关注公共部门直接提供服务的效率和质量,主张对外界情况的变化以及不同的利益需求做出主动、灵活、低成本、富有成效的反应。新公共管理提倡政府广泛采用私营部门成功的管理手段和经验,如重视人力资源管理、强调成本—效率分析、进行全面质量管理、强调降低成本、提高效率等。

新公共管理主张放弃"价值中立"(value-neutrality)的原则,正视行政所具有的浓厚的政治色彩,认为不应将政策制定和行政管理截然分开。它强调公务员与政治家之间存在着密切的互动和渗透关系,主张对部分高级公务员实行政治任命,让他们参与政策的制定过程,并承担相应的责任,以保持他们的政治敏感性。新公共管理认为正视行政机构和公务员的政治功能,不仅能使公务员尽职尽责地执行政策,还能使他们以主动的精神设计公共政策,使政策更加有效地发挥其社会功能。

最后,新公共管理认为"政府必须以收费来筹款,通过创造新的收入来源以保证未来的收入"。不仅如此,政府还必须转变价值观,尽可能使政府公共管理者转变为企业家,学会通过花钱来省钱、为获得回报而投资。与此同时,新公共管理认为,传统公共行政只注重提供服务而不注重预防危机,结果当问题变成危机时,再花大量的金钱、精力去善后。新公共管理认为社会更需要预防,即解决问题而不是提供服务,应该致力于创建有事业心和有预见的政府。为此,政府应该把更多的精力放在预防上。有预见的政府会做两件事情:(1)使用少量钱预防而不是花大量钱治疗;(2)在做出重要决定时,尽一切可能考虑到未来。

四、基本评价

新公共管理理论在西方的出现并不是偶然的。首先,20世纪70年代由石油危机引发的经济衰退、西方各国高额的财政赤字、福利国家的不堪重负以及一系列新的政治、经济问题,成为引发政府改革的直接原因;其次,经济全球化对政府的公共管理提出的更高要求,是西方政府改革的重要推动力;再次,自二战以后,政府职能的不断扩张和政府规模的膨胀,使得西方各国政府普遍臃肿,效率低下;最后,新技术革命的发展要求西方各国对政府组织做出适应信息时代的变革与调整。这些因素共同促成西方各国公共行政管理的改革浪潮,西方国家普遍进入新公共管理时代。

新公共管理对传统官僚制行政模式进行了有力的校正,在一定程度上实现了市场和官僚制的平衡,反映了西方公共行政发展的趋势和方向,对指导西方资本主义国家重塑政府具有重要意义。首先,它重新调整了政府的职能及其与社会、市场之间的关系,注重实际工作绩效,把满足公众的需要及公共利益的实现摆在最重要的位置,并通过以效率为中心的工具理性来实现公共利益。其次,它将企业管理方法,如目标管理、绩效评估、全面质量管理、人力资源管理、成本核算等引入公共行政领域,促进了政府工作效率和工作质量的提高。最后,它还强调放松管制和分权,从而提高了政府行政人员的积极性、灵活性和创造性,以及提高了公共服务的效率和质量。

但新公共管理理论也遭到一些批评。批评者认为,新公共管理理论过度依赖市场机制,崇尚企业家精神,政策企业家个人的短视行为和冒险精神为经济社会的剧烈波动埋下了祸根。同时,虽然其高度重视公众服务,但并没有将公民的主人翁地位外在地表达出来,事实上公民在这方面有强烈的心理需求,而且将政府与公民的关系表述为企业与顾客的关系是不合逻辑的。批评者还认为该理论过分强调政府在经济社会发展中的作用,没有充分认识并发挥公民和非政府组织的积极性、主动性和创造性。总之,新公共管理理论在一定时期是政府完善管理、提高效率的最佳模式,一定程度上缓解了政府各方面的财政、社会压力,为政府形象的重塑做出了突出的贡献。

第四节 无缝隙政府理论

一、人物简述

拉塞尔·林登

拉塞尔·林登(Russell M. Linden),美国知名管理学家,哲学博士,拉塞尔·林登协会创始人和负责人,弗吉尼亚大学政府管理学院规划项目的指导者,联邦行政学院的高级成员,曾任教于弗吉尼亚大学、马里兰大学、联邦行政学院。林登的教学和研究兴趣包括自我管理团队、过程再造、团队建设及变革的实施,以及公务员、民选官员和被任命者之间的关系。代表性著作有:《从幻想到现实:成功的政府改革者的策略》《无缝隙政府:公共部门再造指南》《无缝隙政府工作手册:组织变革实践指南》《跨疆界工作》《跨疆界领导》等。

二、学说背景

20世纪90年代是美国公共部门静悄悄地发生革命的时代。顾客社会的兴起和新技术的发展在推动私营部门组织变革的同时,也促进了政府和其他公共部门的再造。私营部门的商业流程再造被运用于公共部门,于是,官僚机构再造成为一种新型组织形式。打破部门、层级以及职能的边界,提供一种以公众需求为导向、精细化、个性化、全方位覆盖的公共服务,是公共管理实践一直在探讨并试图解决的问题。官僚制组织的集权和专业化的运作方式在带来效率的同时,也带来了很多问题,例如层级过多、职能交叉重叠、部门分割和管理的破碎化,以及由此导致的公共服务质量的下降;部门、层级和职能之间的壁垒带来的协调困难和管理运作不畅。

在工业化时期,商业与政府组织是基于亚当·斯密所著《国富论》中的分工原则设计组织的。政府组织逐渐发展成大规模、层级节制以及非人性化的官僚机构。[①] 组织不需要考虑民众的需求,民众主动去适应组织,整个过程是一种单向的给予与接受,两者之间几乎没有互动。但是,20世纪60年代以后,这种一成不变的官僚体制不再能够适应社会的发展与变迁,变得规模臃肿、行动迟缓、组织僵化、效率低下。科学技术的飞速发展、世界格局的急剧变化、社会生活的日新月异等都成为政府公共部门组织实施改革的推动力。

三、理论内容

林登在"无界限组织"的基础上创造了"无缝隙组织"的概念,他认为"无缝隙"比"无界限"更能表现这种新型组织的本质。无缝隙组织是指可以用流动的、灵活的、完整的、透明的、连贯的词语来形容的组织。[②] 它以一种整体的而不是各不相干的方式提供服务,无论是对职员还是对最终使用者而言,它传递的都是持续一致的信息。无缝隙政府正是以这种无缝隙组织为基本单位,它以满足顾客无缝隙的需要为目标,围绕结果进行运作,高效高质地提供品种繁多的、用户导向的和个性化的公共产品与服务。无缝隙政府扬弃了官僚机构中陈旧、呆板、僵化、迟缓、高高在上等弊端,取而代之的是具有高度的适应性、灵活性、透明性、渗透性的组织。

(一)顾客导向

顾客导向的政府是一种"自下而上"的政府,公民的需求反映给政府,政府由

---

① 〔美〕拉塞尔·林登:《无缝隙政府:公共部门再造指南》(中文修订版),汪大海等译,中国人民大学出版社2013年版,译者序,第1页。

② 同上书,译者序,第4页。

此实施相应的行动。政府关注的焦点是顾客的需要,以顾客满意度作为政府运行效果的最重要考量标准。因此,顾客导向的政府将顾客需求作为一种十分重要的信息,它们汇集顾客相关信息,依据这些信息改进行政机关的产品和服务。政府如何在行政过程中贯彻落实"顾客导向"呢？具体做法包括:(1)努力提升公共产品和公共服务的价值。公共产品和服务的价值不是取决于它所含劳动(价值)的多少或技术含量的高低,而是取决于它们的使用价值。(2)以无缝隙方式追求零顾客成本。尽量避免如官僚主义、层次繁多、相互推诿、手续烦琐等问题出现。(3)加强政府与公众之间的沟通交流。建立灵活的顾客意见处理机制和顾客回应系统,加强顾客与政府之间的交流与沟通,最大限度地使顾客满意。①

（二）竞争导向

以无缝隙政府再造政府部门机能,不仅仅是简单的机构精简和人员重组的问题,还需要改变官僚体制的独占性,并在更多的层面上对政府进行大规模的变革。在市场经济的大背景下,政府应以竞争为导向,引进公共服务的市场竞争机制,转变政府是"不可替代的实体"这一根深蒂固的观念,改变对公共服务的垄断甚至独占的做法,允许和鼓励民间参与和提供公共服务,使公共机构与民营机构之间、公共机构与公共机构之间、民营机构与民营机构之间展开竞争,提供更加有效的公共服务。

（三）结果导向

无缝隙政府以结果为导向,强调积极的目标、具体的结果与产出,强调工作的实际结果、预算和绩效并重。在决定采取什么样的手段之前,必须务实地制定可考核的、可实现的目标。当要达成的目标明确后,处于同一工作进程中的人员围绕目标推进工作,消除传统的组织结构中按职能划分部门以及过于强化部门之间的领域和界限这样的弊端。建立扁平化的组织结构,面向整个过程和整体利益,让每一个工作人员都直接面对顾客,并要求工作人员按照预定的时间表完成阶段性的目标,控制自己的工作进度,形成以结果为导向的管理体制。

---

① 〔美〕拉塞尔·林登:《无缝隙政府:公共部门再造指南》(中文修订版),汪大海等译,中国人民大学出版社2013年版,译者序,第4页。

（四）领导者的参与

无缝隙政府理论所倡导的过程再造与其他革新的区别之一是,它不但需要高层领导的支持,而且还需要高层领导的积极参与。组织的领导层必须理解过程再造的全部含义并参与每一个具体步骤。因为,过程再造不是把现存的组织结构作为给定的基础,而是要求"从一张白纸"起步。最终,过程再造将给许多人的生活带来变化——它围绕过程而不是部门和职能来进行机构重组,将迫使绝大多数职员扮演新的角色并承担新的职责。再造所带来的分裂与可感知的威胁是巨大的,所以再造所遇到的阻力也是巨大的。

（五）强调服务方式的变革

无缝隙政府一切以顾客为中心和导向,强调为顾客提供面对面服务,即政府中的工作人员直接与最终用户接触,尽力为顾客提供各种方便,使顾客成本最小化,提高顾客的满意度。在公共产品与服务的提供不能很好地满足顾客的特定需求时,为了保障公共产品与服务的质量,需要顾客积极参与。比如,在美国,社区警察与居民合作把附近的公园从毒品商贩手里接管过来。在这里,顾客的角色并不只是公共产品和服务的购买者和使用者,还是公共产品与服务的生产协作者。

（六）强调责任机制

这种新的责任机制具体表现在两个方面:一方面,在公共部门内部,以集体责任取代个人责任。无缝隙的工作过程可能会使某些工作无法明确界定个人责任。这就要求政府部门拥有团队精神,围绕同一工作过程,每个团队成员有共同的目标,并共同承担责任。另一方面,在民选官员与行政机构之间也有了新的责任机制。无缝隙政府围绕结果进行组织,所以要求改变民选官员在行使监督职能时微观管理的角色,实行民选官员与行政机构之间的"弹性责任"制。

（七）打破标准化的操作流程

官僚制最明显的一个特征就是具体的工作和规程被标准化,这些标准化的程式在法理型组织中至关重要,因为它能够使组织坚持非人格化的理性操守。官僚制组织为了保持其稳定性,鼓励公共部门的成员按照一些标准的、一成不变的规程去操作。而无缝隙政府理论则打破了这种标准化的工作流程模式。它认为:标准化操作规程对复杂性迥异的事件实行相同的操作程序,大大降低了工作的效率与质量。无缝隙政府理论提出给政府成员更多的自主权,以快速、便利和高品质的产品与服务满足顾客的需求。

(八)塑造组织文化

无缝隙政府理论所提倡的组织是一种自我管理的工作团队。在自我管理的团队中,角色分工是模糊的。这种工作团队要获得成功需要有极具向心力的组织文化,用强而有力的价值观、信念激发组织成员的积极性、主动性、创造性和合作精神。否则,没有明确的工作任务和明确的责任界定,很容易产生相互推诿、推卸责任的官僚作风。然而,优秀的组织文化的形成并非一朝即成,它需要长期的积淀,政府再造时能否突破传统组织文化的束缚,进而塑造一种极具团队精神的组织文化将成为政府再造成败的关键因素。

四、基本评价

无缝隙政府是以满足顾客的无缝隙需要为目标的组织变革,是政府整合所有的部门、人员和其他资源,以单一的界面为公众提供优质高效的信息和服务,使政府的每一项资源投入、人员活动、公共产品或服务等的提供,都能够符合顾客的需求。市场竞争机制的引入、顾客至上理念的深化、结果导向等原则的采用改变了公民被动的服从地位,公民变成了顾客,这就要求公共管理者有更明确的责任心,听取公民的意见,满足公民的要求,提供回应性的服务。[①] 无缝隙政府的目的是突破传统的部门界限和功能分割的局面,为政府再造提供一种面向未来的公共机构自我改革模式,为顾客提供无缝隙产品和服务。

但是,无缝隙政府理论作为政府改革的工具,与任何工具一样,依然存在缺陷。政府流程再造的无序与混乱使无缝隙政府受到了批判。政府流程再造是对政府部门的优化重组,而实现政府在组织结构及其运行过程中的"无缝隙",就必须寻求一种新的思维方式和一套不同的组织原则。无缝隙的组织形式是政府流程再造的目标之一,而非全部目标。流程再造涉及流程各环节行政资源的重新调配,一个流程的变化可能会引起另一个流程的变化,从而影响部门中利益相关

---

① 陈振明:《评西方的"新公共管理"范式》,《中国社会科学文摘》2000年第6期,第73页。

者的权利与资源配置。部门利益的存在导致了再造障碍,政府部门较多的规制与不充分的权力下放也制约了政府流程再造的空间。

第五节 第二次明诺布鲁克会议

一、会议简述

1988年9月4日至7日,在雪城大学马克斯韦尔学院、堪萨斯大学和亚克龙大学的资助和弗雷德里克森的倡导下,第二次明诺布鲁克会议在雪城大学的明诺布鲁克会议中心召开。这次会议主要邀请了第一次明诺布鲁克会议的参会者,还邀请了近二十年来在公共行政领域做出了巨大贡献的专家、学者。会议召集了来自各个专业学科领域的68位学者,他们深受"公共"的影响,而且经历了越战的骚乱、城市的反叛。会议的形式主要是对论文进行讨论。论文被指定的评论人员提前阅读并在会上评论,评论之后参会人员再接着讨论。会议主要围绕政府机构、民主、领导力、道德和组织理论展开。

此次会议共收录25篇论文,部分会议论文、论文摘要及评论登载于《公共行政评论》1989年第49卷第2期"第二次明诺布鲁克会议:公共行政的变动年代"特刊中,分为几个较大的议题:(1)美国立宪传统与行政体制;(2)行政领导与管理;(3)行政体制的组织与管理;(4)公共行政的公共理论;(5)公共行政教育与未来发展。

二、会议背景

20世纪60年代中期到70年代初,一些社会危机给政府留下了难以磨灭的影响,导致公共行政领域出现了新管理主义取向。20世纪70年代末80年代初,一场"重塑政府""再造公共部门"的"新公共管理运动"浪潮在世界范围内掀起。新公共管理主张通过民营化等形式,把公共服务的生产和提供交由市场和社会力量来承担,这也引导着随之而来的明诺布鲁克会议朝着新公共管理所期望的方向发展:引导政府为实现公共利益这一崇高目标服务,主张社会正义和社会公平,主张改革的、入世的、与实际过程相关的公共行政学,主张构建新型的政府组织形态,主张突出政府行政管理的"公共"性质,主张民主行政,并以此作为新公共行政的"学术识别系统"。

以弗雷德里克森为代表的新公共行政学派的价值回归观点将社会公平提高到公共行政追求的首要价值目标,倡导民主行政,增强了公务员的自省伦理道德意识等。公共行政应回归到以自身价值为主体的地位,并形成以社会公平为核心,民主、责任、效率并存的价值体系。新公共行政学使政府开始重视与外部环境的关系,开始面对实际问题,重新正视政府服务对象的地位和需求,同时它要求把公众的需求作为行政体系运转的轴心,从而赋予政府功能新的定位并影响了政府职能的履行方式,为第二届明诺布鲁克会议的召开奠定了基础。

三、会议内容

就会议的主题而言,与第一次明诺布鲁克会议不同的是,第二次明诺布鲁克会议除再次强调伦理、社会公平、人际关系、公共行政与民主政治的调和等领域的相关问题外,更扩展至领导、科技政策、经济或市场逻辑等,而且对实证主义在社会科学与政策科学领域的应用较具开放性。这次会议的主要关切在以下几方面:

(一)致力于寻找公共行政的宪法基础并确立其合法性

在民主体制中,公民的优先义务是知晓、信仰并实践宪法价值,但是这一重要的公民义务始终处于被忽视的境地。从公民人文主义的立场出发,公共行政应该发挥引领作用,公共行政人员应该鼓励公民自治、杜绝腐败行为,并成为公民的楷模,公共服务的合法性要根植于美国宪法。参会人员认为过去公共服务领域发生的重大变化与第一次明诺布鲁克会议中提出的对新公共行政的展望是一致的,公共行政领域中公共服务更具社会代表性,建立代议制官僚已经成为重要的政策目标。

(二)对主流组织理论的反思,强调回归公共管理变量

会议认为,在过去的40年里,主流组织理论忽略道德话语应该归咎于西蒙,西蒙倡导的事实—价值二分法的逻辑实证主义认识论占据了主导地位。会议主张恢复公共管理变量,关注具体的公共政策问题,并致力于改进公共服务;要观

察一个组织中不同层次成员的行为,将其与组织的正式特征系统地联系起来,寻找组织活动与真实结果之间的联系;强调深入行政生活,以求真正发现"管理"与"结果"之间的联系。

(三) 关注公共行政的公共性问题

参会者分别从公共哲学、官僚责任、官僚理想与民主理想的调和以及直面公共行政的新现实问题等角度,阐述了公共行政的公共性,反对以政府代替或挤压公共性。有人认为官僚责任是民主与官僚的"公约数",强调将官僚责任置于最小意义上的民主政府、宪法和民主过程中,从而澄清官僚的道德责任、政治和制度义务。还有人认为官僚理想和民主理想都是公共行政精神的本质要素,公共行政必须让两者之间达到有效的和合理的平衡。

(四) 关注大学教育

大多数学者强调大学在公共行政中扮演的重要角色。当时,大学与许多产业部门形成了紧密联系,大学也常常被视为政府机构的智囊。与会者提议,需要改变公共政策分析和教育附庸政治的局面,建立独立的和可持续的公共政策研究和教育机构。特别是公共行政教育不仅要致力于培养具有公共精神和政策分析能力的人才,而且应具有包容性,成为连接理论与实践的桥梁。

四、会议影响

第二次明诺布鲁克会议之后,《公共行政评论》于1989年以《第二次明诺布鲁克会议:公共行政的变迁纪元》为专题刊登了会议的观点。概括而言,其理论观点主要集中在五个方面:(1)主张社会正义和社会公平;(2)主张改革的、入世的、与实际过程相关的公共行政学;(3)主张构建新型的政府组织形态;(4)主张突出政府行政管理的"公共"性质;(5)主张"民主行政"。会议的理论主张,尤其是关于价值观、道德观和关注现实政策的主张,一直是当代公共行政学的中心议题之一。

第二次明诺布鲁克会议的影响可以从两方面来看:一是勾勒了公共行政领域所面临的挑战;二是呈现出精确性(Rigor)、相关性(Relevance)和共鸣(Resonance)的"3R"特征,特别是共鸣得到了完美体现。通过共鸣,政策分析师能够更加自觉地将经验和理论联系起来,识别行政行为的方式和意义。明诺布鲁克会议是公共行政学历史上一个非常重要的事件,它承载了这一领域中的许多人希望拥有不同理论观点和研究取向的学者能够作为一个整体去追求某种共同社会价值的理想。但在不同学者围绕这一事件展开的历史叙述中,我们看到的是这一领域内部日益走向分化和对立的现实。第二次明诺布鲁克会议上出现的某些主题在某些方面也反映了公共行政学作为一个学术领域的一些变化,例如公共行政教育无论是学位授予次数还是学生数目都有了明显的增加。这次会议则可以被视为主流学术界重新定义明诺布鲁克传统的努力,但这种努力也不断遭遇理论家团体的反抗。明诺布鲁克会议究竟是主流学术界的传统还是理论家团体的传统,这仍然是一个不断引起争议的问题。[①]

[①] 张乾友:《重新发现明诺布鲁克会议》,《理论与改革》2018 年第 5 期,第 142—152 页。

第六章
公共行政学的发展时期(1990至今)

到20世纪八九十年代,西方公共行政学已经走过了一个世纪的历程。作为一门学科,尽管人们对它仍缺乏一个公认、明确的概念界定和理论体系,但其地位已经在持续的争论和探索中得到了巩固。在新的发展阶段,如何重新定义公共行政、重塑政府以及突破管理困境等新挑战对公共行政的发展提出了新的要求。登哈特在对新公共行政理论进行反思和批判的基础上提出的新公共服务理论、罗森布鲁姆针对公共环境和管理实践的日益复杂而创造性地提出的多元行政理论、希克斯提出的整体性治理理论、穆尔的公共价值管理理论以及奥斯本的新公共治理理论等都是对公共行政学的深化与拓展。

第一节 新公共服务理论

一、人物简述

罗伯特·B.登哈特(Robert B. Denhardt,1942—),美国著名行政学家,美国亚利桑那州立大学终身荣誉教授,领导学和伦理学林肯讲席教授,公共事务学院院长,特拉华大学客座教授。1942年出生于美国肯塔基州,1968年在肯塔基大学获公共行政博士学位。珍妮

罗伯特·B.登哈特

珍妮特·V.登哈特

特·V. 登哈特(Janet V. Denhardt, 1942—　　)，罗伯特·B. 登哈特的妻子，美国亚利桑那州立大学公共事务学院教授，她的教学和研究兴趣主要集中在组织理论、组织行为以及领导领域。

作为国际著名的公共行政学家，罗伯特·登哈特曾任美国公共行政学会会长，还是美国公共行政学会全国公共服务运动组织的创始人和第一任主席（该学会在促进卓越公共服务方面居于美国领先地位）。2004 年获得美国公共行政学会德怀特·沃尔多奖。登哈特夫妇的共同代表作是《新公共服务：服务，而不是掌舵》。

二、学说背景

20 世纪七八十年代，整个世界都受到了信息技术革命的影响。同时，政府所要处理的各种公共事务及政府运作的行政环境更加多变、繁杂。这对政府的行政管理工作提出了更高的要求，使得各国迫切地需要展开政府重塑运动。与传统行政学相比，新公共管理反映了知识经济时代对政府管理的新要求，企业管理中的理念与方法成为西方国家政府改革的指导思想。随着新公共管理成为一种标准模式，一些令人深思的问题出现：我们如何思考公共行政官员的角色和该职业的本质特征？我们如何及为什么去做我们该做的事情？新公共服务看到当今政府不再是处于控制地位的掌舵者，政府的主要职责不是掌舵，而是服务，政府与市场应该共同寻找解决问题的途径。

新公共管理理论提倡市场化、民营化和分权化改革，不仅忽视了规范性价值，而且造成公共服务的碎片化等一系列问题，所以政府改革需要新的理论作为指导，突破困境。在顾客关系层面上，德利昂和登哈特认为，"无论从一般人对政府和公共服务的看法，还是从民主的公民权利理论来讲，顾客关系的局限性都是显而易见的"[①]。从这个意义上说，新公共管理在价值层面上会导致公平、平等、公正、正义等民主价值的弱化，从而与民主行政的基本理念相悖，这就导致了公共行政的合法性危机。正如登哈特夫妇在批判新公共管理理论忽视民主价值、

---

① Linda Deleon, Robert B. Denhardt, "The Political Theory of Reinvention," *Public Administration Review*, Vol. 60, No. 2, 2000, pp. 89-97.

公民权等因素时讲到的:"在被新公共管理理论家奉为圣经的奥斯本和盖布勒的《重塑政府》那本书中,如果你去查阅它的索引,你将不会找到诸如'公民'和'公民资格'这样的概念。"① 因此,以登哈特为主要代表的学者正是基于对新公共管理的反思,并针对其存在的缺陷而提出了"新公共服务"的范式。

三、理论内容

(一) 为公民服务,而不是为顾客服务

新公共服务理论认为,公共利益催生了关于价值共享的对话,它不是个体私利的集合。因此,公务员不是对"顾客"或"消费者"的需求做出反应,而是要与市民之间建构一种协作信任关系②;政府与公民的关系不同于企业与顾客的关系,政府服务的对象是全体公民。顾客的需求有先后之分,利益有长期和短期之别,而对于公民,政府要以公平和公正为原则为他们提供服务,没有先后之分。政府要关注的是全体公民的公共利益,而公共利益产生于不同价值观念的对话中,故政府必须要努力与公民建立信任与合作关系,倾听公民的呼声。在现实社会生活中,公民绝对不等于顾客,公民是"所有者和主人"。

(二) 追求公共利益而非单纯的绩效

公共利益不是公民个体利益的叠加或集合,而是管理者和公民共同的利益与共同的责任,它是目标而不是目标的副产品。"当公民能够根据公共利益去行动时,社会的广泛利益才能从一个个独立的、孤立的存在中脱离出来,并转变成一种美德和完整的存在,向社会奉献的过程最终使个人变得完整。"③ 公务员必须改变过去单纯的绩效观,必须致力于建立集体的、共享的公共利益观念。而要创造共享利益和共同责任,政府就应该致力于为公众营造一个无拘无束、真诚的对话环境,使公民能够清楚地表达共同的利益以及价值观念,使公共利益居于主导地位,并鼓励公民为了公共利益采取一致行动。这样,他们就可以理解各自的利

---

① Robert B. Denhardt, Janet V. Denhardt, "The New Public Service: Putting Democracy First," *National Civil Review*, Vol. 90, No. 4, 2001, p. 391.
② 顾丽梅:《新公共服务理论及其对我国公共服务改革之启示》,《南京社会科学》2005 年第 1 期,第 38 页。
③ 〔美〕罗伯特·B. 登哈特:《公共组织理论》,扶松茂、丁力译,中国人民大学出版社 2003 年版,第 200 页。

益,具备更长远、更广博的社区和公共利益观念。

(三) 公民权和公共服务比企业家精神更重要

登哈特认为,行政官员不是公共机构和项目的所有者,政府的所有者是公民。行政官员不仅要分享权力,而且必须将其在治理过程中的角色重新定位为负责任的参与者,而非企业家。企业家注重的是最大限度地提高生产率和增加企业利润,而行政官员绝对不能采取这样的行为和思维方式。行政官员有责任通过担当公共资源的管理者、公共组织的监督者、公民权利和民主对话的促进者、社区参与的推动者以及基层领导者等角色来为公民服务。

(四) 思考要具有战略性,行动要具有民主性

正如怀特所说:"从市民社会这一术语的大多数用法来看,其主要思想是,它是处于国家和家庭之间的大众组织,独立于国家,享有相对于国家的自主性,它由众多旨在保护和促进自身利益或价值的社会成员自愿结合而成。"[①]登哈特认为,为了实现市民社会的共同利益,要规定角色和责任并且要为实现预期目标而确定具体的行动步骤。这一计划不仅是要确立一种远见,而且是要让相关各方参与到朝着预期方向发展的政策方案的执行过程中。在此,人们应逐渐认识到:政府是开放的并且是可以接近的;政府是有回应力的;政府存在的目的就在于满足民众需要。[②]

(五) 承认责任并不简单

新公共服务重新将公务员的角色界定为公共利益的引导者、服务员,而不是企业家。公务员应该关注的不只是市场,他们还应该关注宪法法律、社区价值、政治规范、职业标准以及公民利益。[③] 在登哈特看来,无论是传统行政学理论还是新公共管理理论,都倾向于将责任问题简单化。之前的理论模型并未反映当今公共服务的现实:责任问题极为复杂,公务员已经受到并且应该受到包括公共利益、宪法法律、媒体、职业标准、社区价值观念和价值标准、环境因素、民主规

---

① Gordon White, "Civil Society, Democratization and Development," *Democratization*, Vol. 1, No. 3, 1994, pp. 375-390.
② 〔美〕珍妮特·V. 登哈特、罗伯特·B. 登哈特:《新公共服务:服务,而不是掌舵》,丁煌译,中国人民大学出版社 2016 年版,第 6 页。
③ 同上书,第 99 页。

范、公民需要在内的各种制度和标准等复杂因素的综合影响,而且他们应该对这些制度和标准等负责。

(六)服务而不是掌舵

新公共服务理论强调政府的职能是服务,而非掌舵。公务员应利用基于共同价值的领导来帮助公民,明确表达和满足他们的共同利益需求,而不是试图控制或掌控社会新的发展方向。① 登哈特夫妇认为,当前许多公务员都更加关注"掌舵",即"他们更加关注成为一个更倾向于日益私有化的新政府的企业家",但政府的工作重点应该是服务。行政人员应该意识到,公共项目和公共资源并不属于他们自己,作为负责任的参与者,他们应更多地扮演调解、协调甚至裁决的角色。② 登哈特认为:"当我们急于掌舵时,也许我们正在淡忘谁拥有这艘船。"③

(七)重视人,而不只是重视生产率

登哈特在探讨管理和组织时十分强调"通过人来进行管理"的重要性。公务员的工作不仅极为复杂,而且面临着巨大的挑战。在他看来,公务员既不像传统行政学理论所认为的那样只是需要一种官僚职业的雇员,也不像新公共管理理论所主张的那样只是市场的参与者,他们的动机和报酬远不止是薪水或保障的问题,他们希望与别人的生活有所区别。④

(八)公民参与

公民参与是现代民主政治的基本要求,即公民参与是现代民主政治的本质、民主行政的核心内容、政府治理的必要条件和新公共服务的价值诉求。⑤ 政府的存在就是要确保一定的程序和公民权利,从而使公民能够根据自身利益做出选择。在这种模式下,公民个人会更积极地参与治理过程,越来越多地要求恢复一

---

① 〔美〕珍妮特·V.登哈特、罗伯特·B.登哈特:《新公共服务:服务,而不是掌舵》,丁煌译,中国人民大学出版社2016年版,第103页。
② 王丽莉、田凯:《新公共服务:对新公共管理的批判与超越》,《中国人民大学学报》2004年第5期,第104页。
③ 〔美〕珍妮特·V.登哈特、罗伯特·B.登哈特:《新公共服务:服务,而不是掌舵》,丁煌译,中国人民大学出版社2016年版,第21页。
④ 同上书,第118—119页。
⑤ 同上书,第128页。

种基于公民利益而非自身利益的公民权,即管理政府。① 因此,登哈特夫妇认为,拓展公民参与的渠道,搭建公民参与的平台,建立政府与公民健康积极的合作关系,是现代民主政治必不可少的一部分。那么,应当如何构建公民参与的有效途径呢?登哈特夫妇认为,公民的参与途径主要包括:利用公民调查;通过小组共享信息;利用互联网和社会媒体;审议与对话;服务供给与绩效测量;利用艺术;参加邻里组织与业主协会;创造参与性组织或协作性组织。②

四、基本评价

新公共服务理论相对于新公共管理理论的优越性主要在于它把公共利益的民主价值、公民权和服务重新看作公共管理的规范性基础和卓越的价值观,纠正了新公共管理单一的经济学基础中对人性的假设;把人视为具有美德的公民,抛弃了新公共管理追求"3E"的单一价值取向;把公平、正义和民主等价值看作公共管理的重要价值取向,纠正了仅把服务对象当作顾客的倾向。新公共服务的贡献还在于它扮演了一个道德的训诫者的角色:当公共机构和公共官员在追逐效率时或在改革中偏离改革初衷太远时,新公共服务把他们重新拉回主干道。新公共服务虽然从理论上提出了一套公共行政的模式,但这套模式太过理想化和抽象,而且新公共服务的理论家也没有提供将这套模式付诸实践的途径。

总体而言,新公共服务是对新公共管理的创新和补充。正如登哈特教授所言:"即使在一种思想占据支配地位的时期里,其他思想也不会完全被忽略。然而在民主社会里,当我们思考治理制度时,对民主价值的关注应该是极为重要的。效率和生产力等价值观不应该丧失,但应当被置于民主、社区和公共利益这一更广泛的框架体系之中。在这个框架中,其他有价值的技术和价值观(比如传统公共行政理论或新公共管理理论的核心思想)都可能粉墨登场。随着时间的流逝,这个争论肯定还会持续若干年。但新公共服务理论提供了一个令人振奋

---

① 曾保根:《价值取向、理论基础、制度安排与研究方法——新公共服务与新公共管理的四维辨析》,《上海行政学院学报》2010 年第 2 期,第 29 页。
② 〔美〕珍妮特·V. 登哈特、罗伯特·B. 登哈特:《新公共服务:服务,而不是掌舵》,丁煌译,中国人民大学出版社 2016 年版,第 129—134 页。

的观点,围绕这个观点,我们可以展望公共服务的前景。未来的公共服务将以公民对话协商和公共利益为基础,并与后两者充分结合。"①

第二节 多元公共行政理论

一、人物简述

戴维·哈里·罗森布鲁姆(David Harry Rosenbloom),美国著名行政学家,美国国家行政科学研究院院士,美国华盛顿特区美利坚大学公共事务学院公共管理杰出教授。罗森布鲁姆先后荣获美国公共事务与公共行政学院联合会和美国公共行政学会杰出研究奖、美国公共行政学会查尔斯·H.莱文纪念奖、美洲大学公共事务学院杰出学者奖、美国公共行政学会德怀特·沃尔多奖、美国政治学会约翰·高斯奖。

戴维·哈里·罗森布鲁姆

迄今为止,罗森布鲁姆发表了 150 多篇(部)关于公共行政、法律、行政理论与行政史、官僚政治以及公共人事问题等方面的论著,其中《建设以立法为中心的公共行政:1946 年至 1999 年的国会与行政国家》一书于 2001 年获得美国国家公共行政科学院颁发的"路易斯·布朗劳公共行政杰出文献奖"。其代表作《公共行政学:管理、政治和法律的途径》一书也被翻译成十多种语言,用于公共行政教育。

二、学说背景

公共行政学理论的发展具有异质性,为罗森布鲁姆提出的三种研究视角奠定了理论基础。(1)第一种视角是运用范式的概念,他将公共行政学分为政治与行政两分法范式、行政学原则的范式、作为管理学的行政学范式、作为政治学的行政学范式、作为行政学的行政学范式。(2)第二种视角是将其划分为传统时

---

① 〔美〕珍妮特·V.登哈特、罗伯特·B.登哈特:《新公共服务:服务,而不是掌舵》,丁煌译,中国人民大学出版社 2016 年版,第 549—559 页。

期、行为科学时期、系统科学时期、现代时期。(3)第三种视角是将其分为行政学范式、新公共行政学范式、公共管理学范式。然而,无论如何划分,我们都能发现的一个显著特征是,行政学紧紧跟随管理学,它们在效率、经济、组织等范畴方面的关注点是一样的。新公共管理理论更加注重引用私营部门和工商管理学的理念和方法,以市场化和自由化为取向,不再将政治价值作为最高价值。

多元公共行政观产生的直接原因是公共行政环境的变化、行政管理的日益复杂化。正如罗森布鲁姆所说,公共行政的环境是极为复杂的,对于公共行政单一途径的研究不能让我们全面地认识公共行政。① 在传统公共行政时期,政府在社会管理中占据主导地位,管理环境相对单一,以牺牲人的积极性来换取行政管理的效率。公共管理时期,官僚体制的弊端显现,尤其是效率低下,政府仅仅以效率和经济为价值取向,已经不能适应环境的变化,调整自身权利关系和管理方式势在必行。但是,公共管理也有其自身的缺陷,它过分追求利益、市场化,而忽视民众的利益。

三、理论内容

罗森布鲁姆认为,公共行政是"运用管理、政治以及法律的理论和过程来实现立法、行政以及司法部门的指令,为整个社会或者社会的局部提供所需的管制与服务功能"②。之所以对公共行政进行界定,是因为罗森布鲁姆认为,公共行政是一种抽象且易变动的研究范畴,有必要厘清它的范围。根据罗森布鲁姆的描述,公共行政的研究有三条相对分明的途径,即管理途径、政治途径和法律途径,而管理途径又分为两派,即传统管理途径和新公共管理途径。

(一) 管理途径下的公共行政

1. 传统管理途径

公共行政传统的管理途径可追溯至19世纪美国文官制度的改革者,他们将此途径作为组织公共服务的方式。在改革者看来,文官制度改革应当将政府事

---

① 〔美〕戴维·H. 罗森布鲁姆、罗伯特·S. 克拉夫丘克、德博拉·戈德曼·罗森布鲁姆:《公共行政学:管理、政治和法律的途径(第五版)》,张成福等译,中国人民大学出版社 2002 年版,第 27 页。

② 同上书,第 5—6 页。

务中具有商业性质的部门以一种完全企业化的模式运作。为了实现企业化的经营,政府就得"非政治化"。

(1) 组织结构。传统管理途径主张公共组织的结构应采取"官僚制模式"。当代读者对于这一观点可能会感到惊愕,因为今日的"官僚政治"常常是无效率的同义词。但不可否认的是,这类组织架构的基本设计原则确实是以最小的投入达到最大的产出。官僚组织的另一个特色是依照各种正式层级建构组织,如此每一员工的作用与责任便可以清晰界定。同时,员工的职位也根据科学原则加以分类并组织成理性的体系。人员的甄选以完成工作的能力,即以功绩为基础,其他因素如政治面貌、种族、性别等的影响均予以排除。

(2) 对"个人"的观点。组织内部的每一个人员均被视为机器中的一颗螺丝钉,没有任何自主控制权可言。这样一来,一切"非理性"情感都不会对人员的工作绩效产生干扰。用韦伯的观点阐述就是:"非人格化"(dehumanization)是官僚组织的"特殊德性"。

(3) 认知途径。传统管理途径强调通过科学方法来发展知识。公共行政科学化的理念最早是由威尔逊提出来的;后来怀特注意到公共行政正在由一门艺术转化成一门科学;古利克与厄威克更强调应将公共行政发展为一套科学理论。时至今日,发展行政科学仍是美国公共行政学科发展的主流价值之一。在实务上,将公共行政视为科学的观点促使人们努力发展关于行政行为的"通则化"(generalization)的理论。

(4) 预算。传统管理途径对效率、经济、效能、科学的承诺和追求导致此途径支持建立理性的预算体系。"成本效能"是制定预算时考虑的重点。在此途径下,不同政府功能以及不同层级的财源分配,主要取决于成本和收益。

(5) 决策。传统管理途径主张理性决策,即在行政决策过程中,行政官员在广泛地考虑各种可能的备选方案后,选出最符合成本效能要求的方案。由于注重各种专业知识的运用,此途径不重视公众的广泛参与。

2. 新公共管理途径

(1) 组织结构。新公共管理途径主张组织结构应整合组织内部各项行动,使各分工单位均能像企业服务顾客那样服务公民,所以"效能"与"回应"就变得极为重要。同时,组织也应尽量将权力授予各分工单位,使之成为服务供应中心。这样，整个组织结构将趋向扁平化，且各分工单位也具有更多的自主性。

(2) 对"个人"的观点。新公共管理将个人视为"顾客"。早在1936年，便有行政学者提出："顾客满意标准在政府运作过程中的应用应当与在企业中的应用一样广泛……如果行政官员能够像企业管理者那样始终关注最终结果，即顾客满意度，那么行政运作亟须改革以改善服务就不言自明了。"①

(3) 认知途径。新公共管理途径基于"务实"的角度来决定何者当为或何者不当为。因此，其大量借用公共政策中"公共选择"这个概念。公共选择将公民视为政府的顾客，并认为若政府能如市场中的企业那样以竞争的方式提供公共产品或服务，则在顾客的选择空间扩大的同时，行政效率也可大大提升。公共选择亦主张，除非民间无力提供特定公共产品或服务，否则政府不应介入或加以管制。在个人需求的满足、技术开发的效率和以经济的方式运作方面，市场的表现优于政府。

(4) 预算。新公共管理关于预算的观点集中于公共服务的生产、管制以及影响等层面，而不大关心人员或设备投入等层面的问题，甚至于在可行的范围内，主张政府机关应自行创造财源或彼此分享资源，所采取的手段是"使用者付费"的方式；提倡基于分权化的原则让各分工单位弹性运作并掌控预算。

(5) 决策。新公共管理途径的决策是建立在回应顾客、制定绩效指标以及进行成本效能分析等基础之上的。一般而言，它主张决策应采取分散化的原则。然而，有关组织使命和采纳企业机制解决问题的决策仍然须由组织领导做出，组织领导通常会广泛听取意见。

(二) 政治途径下的公共行政

该途径源于对美国罗斯福新政及第二次世界大战期间公共行政脱离政治的批判。如行政学者保罗·阿普尔比(Paul Appleby)认为，公共行政是"一种政治过程"。其他学者也纷纷呼吁重视公务员的政治参与问题，强调从经验观察的角度建立理论。若把公共行政视作一种政治过程，政治途径所强调的价值体系必然与传统途径不同，如效率观在本途径中便受到极大的质疑。

---

① Laurence Lynn, Jr., *Public Management as Art, Science, and Profession*, N. J.: Chatham House, 1996, p. 82.

(1) 组织结构。基于代表性(representativeness)、政治回应(responsiveness)与责任(accountability)等价值,公共行政的政治途径对于组织结构的看法也与管理途径的观点不同,政治途径强调公共行政中的政治多元主义。在此观点下,政府组织就如同一个微型社会,反映着现实多元社会中不同的价值、力量,甚至冲突。那种同质的、没有摩擦的组织结构是一种危险的幻想。也就是说,在政治力量占据行政组织主导地位的情况下,项目、权威、使命、机关的多元、重叠本来就是政府运作的常态。

(2) 对"个人"的观点。政治途径的公共行政倾向于将个人聚合成为一个广泛的社会、经济和政治团体。政治途径的公共行政处理人的问题时,并不采取非人格化处理的方式,或是将人视为可以改变或控制的个案,或者视为顾客。相反地,该途径认为,由于每一个人均属于特定团体,故个人问题也就等同于团体的问题,而团体的利益也就等于个人的利益,一旦聚合成为团体,个体便被视为公共政策的目标团体或者利益相关者。

(3) 认知途径。政治途径视科学为发展知识的恰当途径。对政治问题进行讨论和辩论也被政治途径视为发展知识和挖掘真相的方法。由此可知,公共行政服务公共利益的最佳方式应是大众通过组成团体的方式,以集体力量来表达共同的意见与利益。

(4) 预算。政治途径认为,预算同样是一个政治问题而非事务性的运作或静态的文件。而正式的预算分配计划更代表政治系统对于各种价值顺序的正式偏好,而非仅止于成本效能分析或对顾客满意的考虑。预算本身是不同团体竞逐公共资金的结果。这种竞争的结果会随着时间的推移而改变,它与不同群体、政治人物的力量变化及公众政治观点的变化相联系。

(5) 决策。政治途径支持渐进决策理念,其假设前提是政府决策过程中存在政治多元主义、有限理性问题,且行政人员可用的时间与资源亦常受到高度限制。因此,在面对一般性的政策目标时,公务员仅能采取有限的对策。另外,此种观点下决策主要取决于政治力量的博弈,而不是根据成本效能分析或科学分析的结果。

(三) 法律途径下的公共行政

法律途径将公共行政视为在特定情境中应用法律与施行法律的活动。其兴起的源头主要有三个:第一是行政法。它主要是指管制一般行政过程的一套法律和法规。第二是公共行政"司法化"的发展。这主要是指将行政运作程序视为与司法运作程序一样,其目的在于保障公民的合法权益不受侵害。第三是宪法。宪法除了对公民相对于行政机关的程序性权利、隐私权、平等权、基本人权以及公民自由等进行了界定,还对公务员处理涉及公民个人福利、公共雇佣关系时应当遵循的正当程序做出了规定。

(1) 组织结构。从公共行政的"司法化"倾向可以看出,法律途径的公共行政所偏好的结构是抗辩程序。所谓抗辩程序指对立双方经由提出事实程序来证明本身立场的正确性,而此过程必须是在无偏私的仲裁者(如法官或陪审团)前完成,尤其是仲裁者需要对双方的陈述进行衡量并最终决定哪一方的证据有充分的说服力。在很大程度上,这种模式与其他途径的价值完全不同:它把服务顾客变成一种法律程序;它阻碍了管理途径和政治途径所提倡的效率、经济、效能和代表性、回应性、政治责任的实现。其目的在于防止公民受到违宪、非法的行政行为的侵害,最大限度地保护公民权利。然而,由于它是如此地迟缓且耗费资源,所以出现了代替性争议解决途径,如协商和仲裁。

(2) 对"个人"的观点。由于法律途径强调正当法律程序、实质权利、公平等价值,故个人在本途径中被看成是在特定环境中,具有独立人格的个体。抗辩程序亦使个人能够向政府决策者解释其思想、动机和发生的事实。同样,政府决策者所做出的各项决定,亦应广泛考虑不同个人的权益与特质。此外,判断个人的平等对待、受保护等权利是否受到侵害不仅要看政府的行政行为,也要看具体执行的行政官员的意图和目的。法律途径重视个人,并不表示其排斥团体或组织等其他组织形式,如集体诉讼。

(3) 认知途径。法律途径主张司法审判是发展知识的最佳方法。所谓"事实",只有在抗辩过程中通过不同资料的展现才能得以理清。虽然法律途径并不拒绝科学原则,但其对科学主义采用通则化的方式对待人类问题感到担忧。司法裁决的方法通常是归纳的方法,它是在对具体案例资料的掌握和分析的基础上发展具有普遍意义的法律原则。

(4) 预算。在预算问题上,法律途径重视宪法的完整性和各项立宪权利。

例如,基于对庞大的政府财政赤字及债务的政治考虑,美国国会与总统多次提出预算改革方案。联邦最高法院却推翻了其中的一些方案,其依据是这些方案赋予总检察长过大的行政权力。而在其他案例中,联邦法院也常判定各州应采取必要的行动(如医疗照护),以确保民众的积极权利不受侵害。

(5)决策。司法裁决过程通常是渐进的。每一个新案都是根据判例产生的可以适用的法律原则来进行审判的,即使该案例并无前例可循,法院仍然可以寻找历史案例中能比照适用的情境。对于法律途径而言,决策可以说是在一种较窄的框架下做出的,或者说是对不同事实权衡后的裁定。这种特征使法院能够在应用判例的概念与方法的同时,对其过去的决定进行某种修正,而这种决策方式既保证了司法原则的稳定性,又能够推动决策质量的提高。

(四)"三种途径"之间的关系

通过上述分析,我们可以看出,公共行政是一个极为复杂的领域,这些研究途径之间时而相互冲突,时而又彼此互补,但相互冲突更显著。这些冲突能传递更多信息,引发更多思考,也是整合三种途径需要解决的关键问题。三种研究途径的根本冲突在于价值诉求的差异,这些差异导致其在组织、人事、决策等各个领域中的不同。

(1)管理途径与政治途径的冲突。管理途径强调效率价值的重要前提是政治与行政两分,进而提出了实现3E的最大化,包括节省资源等要求;而政治途径强调的是政治对于行政的统摄,效率变成了不足取的价值,甚至可以牺牲效率、资源来追求民主,即使耗费大量的时间与资源,也要提高民众的政治参与率。

(2)管理途径与法律途径的冲突。法律途径的核心价值是权利至上,个体的权利是不能以任何理由被侵害或剥夺的,而管理途径所主张的成本效能观点不再受到重视。法律途径重视公共机构员工和求职者个体的权利和自由,认为公正平等的程序是必要的,这就摒弃了传统管理途径对官僚体制层级控制与指挥的依赖;公务员不能为达到效率目标而破坏行政程序,以确保权力未被滥用。

(3)政治途径与法律途径的冲突。政治途径关注政府项目如何影响个人及其他社会团体,而法律途径认为此种分类本身就值得怀疑,因为它会威胁或侵犯宪法对人民权利的保护;法律途径要求把公共部门的运作变成法律程序,目的在于最大限度地保护个人权利,但是如果遵循法律途径的要求,则会妨碍政治途径所要求的代表性、回应性价值的实现。

四、基本评价

罗森布鲁姆根据美国三权分立政治体制创造性地将公共行政学功能性地划分为管理、政治与法律三大途径,从整体性的视角对公共行政进行了科学的界定,摆脱了过去单一化的视角,为我们提供了一种新的视角,开阔了行政学研究的视野,弥补了单一视角研究造成的缺失,具有深刻的理论意义和实践指导价值。更可贵的是,罗森布鲁姆在将公共行政学的政治、管理与法律途径置于并列地位的同时,也看到了三种途径的冲突与紧张关系,并强调对公共行政中的三种途径进行有效整合。

罗森布鲁姆多元行政观重视宪法价值,重视法治、法律的研究途径,为我国法制化建设、政府依法行政等方面提供了有益借鉴。但在学习的同时,我们也应该看到美国公共行政与我国公共行政的差异,合理地借鉴适合中国国情的理论与方法,具体问题具体分析,这样才能推进中国公共行政理论与实践的发展。而且我们不能局限于罗森布鲁姆所提到的三种途径,还应结合中国特殊的国情,中国共产党的领导地位,中国人的思维习惯、社会心理、文化背景等,从多方位、多角度研究中国的公共行政。

第三节 整体性治理理论

一、人物简述

佩里·希克斯[①](Perri 6),剑桥大学社会学、政治科学和哲学博士,英国诺丁

---

① 佩里·希克斯的原名是戴维·阿什沃斯(David Ashworth)。他改名字的原因是:他被学术文章中引用的"6p"的想法逗乐了,尽管他当时不是一名学者。参见 https://funnynamesblog.com/2013/10/14/perri-6-and-getting-by-with-a-little-help-from-your-friends/,2022 年 3 月 24 日访问。

汉特伦特大学公共管理教授,曾在诺丁汉特伦特大学、伯明翰大学、伦敦国王学院、斯特拉思克莱德大学和巴斯大学任过职。代表性著作有《整体性政府》(1997)、《整体治理:政府改革的新议程》(2002)、《现代化的悖论:公共政策改革的意外结果》(2010)、《方法原理:社会科学研究设计》(2012)等。

二、学说背景

20 世纪 80 年代前后,随着西方社会逐步进入后工业化时代以及社会生活秩序发生深刻变迁,传统的官僚

佩里·希克斯

制及新公共管理模式的弊端逐渐显现。传统的官僚制过度强调行政机关层级节制,导致政府职能四分五裂,各部门各自为政,公共服务供给分裂,无法满足公民整体性需求;而新公共管理市场化、民营化的一系列主张,着眼于短期成本—效益分析,忽视了公平、公正等价值,导致"机构裂化",难以创造整体与长久的效益。通过"制度化、经常化和有效地'跨界'合作以解决复杂而棘手的公共问题,增进公共价值"的新型公共管理理论呼之欲出。

20 世纪 90 年代后期,在多中心治理理论的影响下,希克斯和帕特里克·邓利维(Patrick Dunleavy)提出了一种有可能成为 21 世纪关于政府治理的重大创新理论——整体性治理理论(Holistic Governance)。所谓整体性治理,就是以公民需求为治理导向,以信息技术为治理手段,对治理层级、功能、公私部门关系及信息系统等碎片化问题进行有机协调与整合,不断从分散走向集中,从部分走向整体,从破碎走向整合,为公民提供无缝隙的整体型服务的政府治理图式。整体性治理理论诞生之后很快盛行于西方并日益受到我国理论界和实务界的广泛重视。

在实践中,英国新工党政府实行的"协同政府",与之前连续执政 18 年之久的保守党政府的碎片化政策形成鲜明的对比。此外,新工党对"第三条道路"理论情有独钟。在"第三条道路"的影响下,以新工党为首的英国政府所推行的整体性治理,既主张继续借鉴企业竞争文化与市场机制来实现公共服务提供机制的高效性,也提倡通过协商、协调、整合与合作的方式来实现社会平等、公正等民

主价值。[①] 鉴于这样的时代背景,英国行政学者希克斯在长期观察本国行政改革的基础上,于1997年出版了《整体性政府》一书,首次提出了"整体性政府"的概念,要求政府从整体性的角度管理公共事务,这在政府和学术界引起了强烈的反响和热烈的讨论,标志着整体性治理理论的正式创立。

三、理论内容

以协调和整合为基础的政府整体运作是整体性治理关注的核心内容。希克斯认为,政府整合的程度越高,组织机构的凝聚力就越大,部门间的连接也就越紧密,就越可以减少各自为政和重复浪费的现象。[②] 整体性治理包括网络化治理、协同治理、跨部门协作、扁平化管理等,虽然每个词的含义有所区别,但是它们的共同之处在于均强调制度化,强调整合与协调,主张"跨界"合作以实现并增进共同价值。

(一) 参与主体的多元

传统公共服务的供给是以政府为中心的,政府是公共服务的绝对主体。整体性治理理念在这一点上区别于传统管理观念,它是建立在政府内部各机构之间、政府与外部公私部门之间为了解决公众最关心的问题而合作的前提假设基础上的。整体性治理注重发挥市场和社会力量的辅助功能,减轻政府公共服务支出负担,提高服务质量和效率。值得注意的是,整体性治理仍然强调政府在整合资源过程中的主导地位:政府担负着拓展公共服务参与空间、协调公共服务供给机构、管理服务过程和控制服务结果的主要责任。

(二) 协调是整体性治理的核心

分工和专业化是官僚制的特色,这必然伴生协调需求,因而协调是公共行政研究的主题之一。整体性治理还是以官僚制为基础,佩里·希克斯在论及整体性治理时也是以官僚制为背景的,这与新公共管理要打破官僚制的努力是不同的。[③] 整体性治理所要求的协调机制既包括协调行动者之间的利益关系,也包括

---

① 曾维和:《西方"整体政府"改革:理论、实践及启示》,《公共管理学报》2008年第4期,第62页。
② 竺乾威:《从新公共管理到整体性治理》,《中国行政管理》2008年第10期,第52页。
③ 同上。

协调行动者与整个合作网络的关系。在整体性治理的网络结构中,协调机制致力于缓解冲突,通过共同目标的塑造与强化,来增强整体性治理中网络结构的凝聚力,最终达到协同效应。

(三) 整合是整体性治理的基础

在整体性治理的语境中,整合是指通过为公众提供满足其需要的、无缝隙的公共服务,达至整体性治理的最高水平。整体性治理着力于政府机构内部和不同部门之间的功能整合,力图将政府横向的部门结构和纵向的层级结构有机整合起来,以治理层级的整合为高、治理功能的整合为宽、公私部门的整合为长,构成整体性治理的长方体。任何一个复杂而棘手的公共问题都可以在这个长方体中找到位置,即任何一个复杂而棘手的公共问题都必须被置于多种时空、多种方式、多方参与的情境中才能获得比较有效的解决方案。

(四) 信任是整体性治理的关键

整体性治理内生的网络治理结构是多个组织相互依赖的结构,组织之间没有上下级的隶属关系,行动者和组织之间建立的信任是整体性治理所需的一种关键性要素。佩里·希克斯认为,在取得和保持信任上需要考虑以下几个方面:(1)与其他机构对话以及考虑其他机构的运作;(2)产生既具有合法性还了解和掌握组织信息资源和沟通渠道的"新领导人和英雄",以应对新的管理观点和能力与组织现有知识基础和能力之间的张力;(3)跨边界的运作在无法确定安全系数的情况下蕴含了风险,管理者需要容忍不确定性;(4)没有控制的管理;(5)建立承诺;(6)采用分散的团队、分散的结构以及激励机制来推行一些基层官员和职业人员较少抵制的整体性运作方法;(7)在专业、职位和薪酬方面采用一些非正式的方法来鼓励从事跨边界工作的人;(8)岗前培训和专业培训。

(五) 网络化服务是平台

随着信息技术的发展,电子化政府已经成为政府发展的必然趋势,政府间信息共享、互联互通平台已成为整体性治理的重要标志。政府的电子化改革要在网络技术的基础上进行三种类型的整合,即不同政府层级的整合、不同机关单位的整合以及不同政府网站的整合,最终形成单一入口的政府网站。

（六）一站式服务提供

一站式服务提供，包括一站式商店（在一个地方提供多种行政服务）、一站式窗户（与特定的顾客进行面对面的交流）以及网络整合的服务。对政府机构来说，一站式服务在于把一些分散的服务功能集中起来，以便解决一些重复的问题。政府采用一站式服务模式确保项目小组注重整个过程，而不是人为地去划分现存机构的边界。

（七）组织形式的创新

整体性治理模式下的组织在强调官僚制组织结构的基础上，以协同为组织形态的特征，以结果为组织目标的导向，以整合为组织运作的核心，在组织形式上更加注重整体利益，主张围绕特定目标协调和整合组织结构。结合我国政府治理实践，整体性治理就是既要克服政府机构内部的部门主义、视野狭隘和各自为政的弊病，提高对涉及不同公共部门、不同行政层级和政策范围的复杂问题的应对能力，又要调整与社会和市场的横向关系，以政府为纽带，发挥其战略协作的作用，构建政府与市场和社会通力合作、协调运转以及政府间关系整合的政府组织形式。

四、基本评价

正如希克斯所言，"整体性治理并不是一个新的概念，它实际上就是指如何通过协调与合作来实现组织的目标"①。从希克斯的话中可以得出，整体性治理特别着力于政府组织体系运作的整合性和协调性。换言之，整体性治理的核心问题就是整合与协调，根本目的是使政府更有效地向公众提供公共服务，满足人们的生活需求。相反，它很少提及新公共管理引发的有关公平的价值危机。由此可见，整体性治理并不是对新公共管理运动的超越，而是对公共服务碎片化的一种修正与调整。但不可否认的是，整体性治理在一定程度上涉及责任、合法性、权力关系以及信任等价值问题，本质上是对新公共管理理论弊端的一种回应。从这个角度看，整体性治理的公共性价值取向是明显的，在一

---

① Perri 6, et al., *Towards Holistic Governance: The New Agenda in Government Reform*, New York: Palgrave, Basingstoke, 2002, p. 82.

定程度上具有了新公共行政理论、民主行政理论以及新公共服务理论的价值理性追求。

第四节 公共价值管理理论

一、人物简述

马克·H.穆尔(Mark H. Moore),哈佛大学肯尼迪政府学院教授,豪瑟非营利组织中心主任,公共价值管理的主要贡献者之一,研究领域包括公共管理和领导、市民社会与社区动员、刑事司法政策和管理。穆尔于1995年出版了《创造公共价值:政府战略管理》一书,率先提出了"公共价值管理"的概念。马克·H.穆尔是公共管理领域的高产作家。在他首次提出"创造公共价值"后,学术界掀起了公共价值研究的热潮。那么,公共价值是什么?谁来创造公共价值?创造公共价值的途径或过程又是什么?对于这三个问题,穆尔在《创造公共价值:政府战略管理》和《重新认识公共价值》中进行了系统的回答和论述。①

马克·H.穆尔

二、学说背景

20世纪90年代后期,新公共管理理论式微,政府改革急需新的理论作为指导,公共管理逐步由新公共管理阶段转入后新公共管理阶段,由单一转向多元、简单转向复杂、竞争转向合作、科层转向网络。从时代发展角度来看,统治时代、管理时代已然成为过去,治理的新时代已经到来。其中,公共价值作为核心的概念工具成长为西方公共行政学领域的重要关键词。

穆尔认为,政府的首要任务不是确保政府组织的延续,而是作为创造者,根据环境的变化和其对公共价值的理解,改变组织职能和行为,创造新的价值。政

---

① 徐国冲、翟文康:《公共价值是如何被创造出来的?——兼评〈创造公共价值:政府战略管理〉与 *Recognizing Public Value*》,《公共行政评论》2017年第4期,第179页。

府管理的最终目的就是为社会创造公共价值。继穆尔之后,公共价值的概念开始在公共行政学领域被广泛应用与拓展。

新公共管理的危机再一次为人们敲响警钟:政府治理不仅需要管理工具层面上的优化,人们也必须关照政府治理的价值导向;公共行政理论不能在表面上简单地批判政治与行政二分之后就只专注对于管理等事实问题的探究,而是应该把政治与行政、事实与价值有机整合起来。20世纪90年代以后,在全球化、社会变迁和财政危机等复杂因素的驱动下,各国开始寻找新的公共事务解决之道。在这一探索过程中,治理理论开始受到关注,并演变为英国、新西兰等国家的治理实践。

治理理论之所以发展得如此迅速,是因为它在一定程度上回应了当代许多现实问题,包括全球变暖等气候问题和环保问题。但是,治理理论虽提出了许多公共事务解决之道,却没有一个简洁有力的概念表达其核心诉求,以与传统公共行政的"效率"、新公共服务的"公平"以及新公共管理的"绩效"相区别。如果治理理论要继续巩固其优势地位,就必须解决这一问题。在这一需求之下,学界对公共价值(public value)的讨论越来越热烈。

三、理论内容

公共价值管理的基本主张是:

(一) 关注集体偏好

集体偏好(collective references)是公共价值管理范式中非常重要的概念,这一概念特别反映了公共价值管理范式与新公共管理范式的不同关注点。新公共管理范式认为,个人偏好可以叠加,叠加的个人偏好代表了公民对政府的要求。公共价值管理范式认为,政府是对公民的集体偏好进行回应,而不仅仅是对"顾客"进行回应;公共价值的创造依赖基于政治协商的、集体性的偏好表达。公共价值管理范式也认为公民可以被看作股东,关注自身的收益如何在公共管理体系中兑现。

(二) 重视政治的作用

在与服务供应商的交易中,私人部门把注意力集中在效率、质量、安全和可靠性上,而公共价值管理者会将上述因素与问责、集体偏好等因素相结合,政治是贯穿整个管理过程的重要元素。公共价值管理理论认为,在政府管理过程中,政治是一种有效的协调机制。首先,它使人们能够在市场利己主义之外,进行合作并做出决策;其次,政治决策是灵活的,从而可以更好地应对一些不确定、不明晰和意外的变化;最后,政治能够超越利益分配,创建一种利于公共价值的分配方法,在这一方法中不同利益将被集中起来完成共同目的。此外,政治还可以通过改变人们的偏好和创造一个具有合作精神的环境,来影响合作的基础。

(三) 推行网络治理

与传统公共行政和新公共管理不同,公共价值管理范式将其实践建立在对话和交流体系之上,表现出网络治理的特征。先进的信息化技术为网络治理提供了硬件上的可能性,比如信息公开机制、电子政务、数字化治理手段和数字民主等。为了构建成功的关系,网络中的不同行动者必须通力协作,中央、州、地方政府和社区要延伸出自身边界,与更多的个人、机构、利益相关者接触。与网络治理相对应的是网络化服务供给机制。在公共价值管理范式下,政府并非公共价值唯一的生产者,企业、非营利组织和公民团体都可能在其中扮演重要的角色。

(四) 重新定位民主与效率的关系

公共价值管理重新审视了民主与效率的关系,认为民主和效率是事实上的伙伴关系,无论是分配还是技术上的效率都需要民主的输入,民主嵌入整个公共价值管理过程。公共管理者的一个重要任务就是使公众参与到关于他们偏好的讨论中来,并对备选项目进行商议。公共价值管理将公共事务作为一个系统看待,公共事务涉及的所有人员都是这个系统中的"股东",应共同思考如何提高公共服务质量及创造公共价值。通过这种方式,公共价值管理理论重新定位了民主与效率的关系,并为提高施政质量提供了一个新视角。

(五) 全面应对效率、责任与公平问题

首先是效率。传统公共行政范式主要是分解复杂任务、要求工作人员遵守程序;新公共管理严格设定组织期望达到的绩效任务;而公共价值管理范式则主张通过持续的检查保证行为符合目标。其次是责任。传统公共行政诉诸竞争性选举；在新公共管理理论设计中，政治家确立公共目标，公共管理者负责目标的实现，政治的表达和执行似乎泾渭分明；公共价值管理理论则强调通过可沟通的目标对责任进行设定与监督。最后是公平。传统公共行政在应对公平的挑战时，主张通过同等对待相似案例以实现公平；新公共管理理论为使用者提供可获得公平服务的规则框架；公共价值管理理论则是通过发展个人能力实现权利与责任的公平。对来自效率、责任和公平等挑战的回应，在很大程度上反映出了公共价值管理范式中的管理哲学。

（六）对价值困境的超越

公共价值管理理论不再把其理论基础建立在公共选择的理性人假设之上，而是更多地汲取了社群主义的理念，反对新公共管理将公共利益建立在市场领域的个人选择之上。公共价值管理理论认为公共管理者识别与发现公共价值的过程就是公共管理者同公民尤其是利益相关者共同参与、相互对话、达成共识的过程。这一过程有利于公众提升参与、对话等积极主动维护公平正义的行为的能力。由此而言，公共价值作为公共价值管理理论的核心目标，其在价值指向上所具有的包容性有力地回应了新公共管理面临的价值困境。

（七）对工具困境的超越

公共价值管理理论主张一种后竞争式的政府，强调围绕创造公共价值实现治理机构与资源的整合。公共性或公共服务精神并非为政府部门所独有，非政府组织同样具有公共服务精神。政府、非营利组织、公民团体都可以成为公共价值生产过程的参与者。公共服务体系应该以公众的偏好为依据，构建一种由多元主体以多种方式如契约等联结而成的灵活组合，进而建立开放灵活的公共服务供给机制。

四、基本评价

公共价值管理理论超越了传统公共行政理论和新公共管理理论，因为它不仅关注经济效率和短期产出，而且还能引导和兼顾中长期结果和服务、合法性、责任、信任等。通过梳理传统公共行政、新公共管理与公共价值管理的差异，我们不难发现：公共价值管理作为一种公共行政研究新途径，必将改善公共行政的理论与实践状况;公共价值管理作为一种不同于传统公共行政、新公共管理的新范式,必将成为未来公共管理的主导范式;公共价值管理作为一种超越传统公共行政、新公共管理的新理论,必将以其创新之处指导未来的公共管理改革实践。

公共价值管理理论围绕公共价值重新明确了后新公共管理时代公共行政的应然目标与实现路径,具体回答了"什么是公共价值"和"如何创造公共价值"两个关键问题。公共价值管理理论主张:公共价值关注的是集体偏好,创造公共价值的路径选择应该基于"实用主义"。为此,公共价值管理理论重新阐释了后公共管理时代的政府角色,对于公共管理者提出了新要求。公共价值管理理论主张重新定位政治与行政的关系,认为行政过程是政治过程的关键环节;还认为创造公共价值不是单纯提供公共服务的过程,这一过程所嵌入的公众参与、民主协商等要素也推动了民主政治发展。这些理论主张使得公共价值管理显现出区别于新公共管理的优势,实现了对新公共管理理论的超越。

第五节　第三次明诺布鲁克会议

一、会议简述

面对理论界与实践的冲击,新公共管理潮流何去何从、公共行政的未来在何方成了必须解决的问题。为了解决这些问题,同时为了延续前两次明诺布鲁克会议的传统,2008年9月,在沃尔多最初的明诺布鲁克精神的引导下,学者们试图评估公共行政、公共管理和公共服务是否能够更好地对一些重要的问题做出回应。这些问题包括:(1)公共行政学研究发展至今,其领域与1968年、1988年的有何差异？2008年后的研究领域重点是什么？(2)以市场为导向的新公共管理运动开展已有30年,能否对其做一个兼具理论性与实证性的总结？(3)由众多学科整合而成的公共行政学,离建立学科自身的核心理论基础即公共性、公共利益是否越来越近？(4)民主与官僚制之间的对立关系是否已解决或有所改善？(5)网络治理以及合作治理及其所产生的新观念是如何改变人们对于公共行政、公共管理以及公共服务的观点的？是否应该改变教育规划？(6)全球化议题如何影响着发达国家以及发展中国家和转型国家在面临公共行政、公共管理、公共服务的理论与实务时的对策?

二、会议背景

21世纪初相继发生了"9·11"恐怖袭击事件、阿富汗战争和伊拉克战争等事件,这些都不利于整个人类社会向稳定、繁荣、和谐的方向发展。前两次明诺布鲁克会议关注的重点是公平与效率的争论及公共行政的公共性问题,而第三次明诺布鲁克会议的召开需要为破解全球议题做出努力。2007年下半年,美国的金融危机席卷全球,并且逐渐演化成实体经济危机,导致各个国家社会经济衰退。从2008年第三次明诺布鲁克会议开始,公共行政领域的青年学者们没有把研究的视角局限于美国或者是西方发达国家,而是更多地关心整个世界范围内的公共行政及其应对方案。

公共行政学作为一个专业的学术领域,一直处在不断的发展过程中,并开始走向科学、理性和实证主义。公共行政学已经从政治学的一个子学科发展成为一门集社会学、人类学、历史学等学科为一体的综合性交叉学科,它具有庞大的理论支撑。在行政学120多年发展过程中出现的各种不同学派的争鸣,仅仅是在不同时期管理主题变动下研究潮流的变迁。在新的管理主题下,一种新的行政学研究潮流正在酝酿。[①] 此次明诺布鲁克会议提出了走向开放的公共行政学术共同体,把公共行政学者、实践者同学生和其他有共同兴趣的人士联系起来,通过更加广泛的参与、及时有效的沟通,为促进公共行政学的学术发展提供了一个平台。

三、会议内容

2008年秋,在美国的锡拉丘兹大学召开了第三次明诺布鲁克会议,这次会议的大主题为"全球公共行政、公共管理和公共服务的未来"。公共行政领域有名望的老学者和富于创新精神的新学者聚集一堂,探讨该领域已经发展到了哪里,

---

① 尚虎平:《行将勃兴的"治理绩效管理"潮流——基于第三次明诺布鲁克会议的预测》,《公共管理学报》2010年第1期,第108页。

将要到哪里去,以及应该去哪里。[①]

(一)公共行政全球化

全球化在公共行政领域引发了一场革命,比较公共行政方面的研究不断增加,公共政策跨越了国界,国际性治理组织不断增加。在全球化、信息技术和远程通信快速发展的大背景下,超越国界的相互联系、相互依赖和协作性公共管理开始兴起。全球化背景下国际社会相互依赖的一个例子就是国际性组织处理地区性或者全球性的问题增多,像环境政策、财政危机、灾难管理、国家安全、恐怖主义、移民与外贸等,公共行政学者对此类问题的关注度日益增加。全球化的公共管理呼唤跨学科协作,不同学科理论、知识和方法的整合越来越重要。

(二)协作化公共管理和网络化治理

"协作"一词在第三次明诺布鲁克会议上被广泛使用,出现的频率仅次于"全球化"。协作是指共同行动为达成共同的目标而在多部门和多个参与者之间跨界合作。协作是基于互惠的价值理念,不是单纯的合作。协作性公共管理是促进多组织间更好地分工组合以解决单个部门不能解决的问题的过程。有六种原因能够解释协作性公共管理在实践和文献上日益增多这一现象:第一,许多公共性的挑战超出了单个组织的应对能力,需要新的途径来应对公共问题;第二,合同外包在数量和金额上都在增加,外包是在授予合同的公共机构与完成合同任务的组织之间一种协作的努力;第三,管制环境的变化刺激了联邦政府和州政府展开协作、合作和信息交换;第四,提高公共财政资助项目的效率是鼓励公务员找到提供更好公共服务的新方式;第五,科技帮助政府机构和官僚以彼此协作和整合的方式分享信息,以形成更大范围的协作性治理;第六,公民个人开始寻找别的途径参与治理,这导致了解决问题和决策的新的协作方式。[②] 总之,网络化治理、协作性管理、合同管理以及信息分享等方面的研究方兴未艾,公共组织部门之间的协作增加,网络化结构成为政府治理的重要形式。

---

① 孙珠峰、胡伟:《后新公共行政时代的来临——第三次明诺布鲁克会议述评》,《学术月刊》2014年第2期,第93页。

② 同上书,第95页。

(三) 信息技术的影响和开放的公共行政学术研究

互联网信息技术引发了革命性的变革。在公共行政领域进行全球性的学术对话在之前看来是不可想象的事情,但新的交互式的互联网科技使之成为现实。在网络上进行全球性的和关联性的公共行政学术对话是对传统形式的学术对话的有效补充。新信息技术将开启公共行政学问的新时代。与会者呼吁"开放的公共行政学术研究",他们认为互动式的网络平台将会大大促进行政学知识开放化的发展。专业学识开放化除了传统的方式,还包括在网上自由地参与互动,进行各种信息的交流,也包括在研究过程中与从政者有更多直接接触的机会。开放公共行政学术研究是一种以开发、参与和互动等方式构建知识的过程,参与的学者能促进集体学习,使公共行政知识更理论化,更有利于解释公共问题,以及明确公众的偏好与推进政策创新。①

(四) 融合立宪民主与管理,追求公共之善

管理主义和立宪主义的张力再次成为明诺布鲁克会议上的热点之一。相关文献表明,管理主义和立宪主义之间的矛盾日益增加,尽管西方公共行政学的演进在两种价值观念间徘徊,但是将二者融合的探讨却从未停止。参会者认为传统的民主价值需要再次融入公共行政,实现优势互补。法律和管理的途径的关系为:第一,法律可以被用来指导和促进,而不是限制和阻碍行政行为。第二,政策执行反映了法律中被"奉若神明"的民主价值,而不是接受到目前为止热衷于管理主义并抛弃民主价值的不完善的公共管理。第三,公共管理能塑造公共行政的法律基础,法律和管理的整合将大大加速。法律和管理以某种相互矛盾的方式追求公共之善,它们之间的张力会持续到学者们找到更加有效的整合方法。第四,参会者一致认同,市场为基础的效率、效益和以法律为基础的价值如公平和透明等,是未来公共行政发展的必然趋势。参会者最基本的意图是在有效率地、有效益地提供公共服务的同时,捍卫民主。②

---

① Charles M. Schweik, et al., "Toward Open Public Administration Scholarship," *Journal of Public Administration Research and Theory*, Vol. 21, Suppl. 1, 2011, p. 185.

② Robert K. Christensen, Holly T. Goerdel, Sean Nicholson-Crotty, "Management, Law, and the Pursuit of the Public Good in Public Administration," *Journal of Public Administration Research and Theory*, Vol. 21, Suppl. 1, 2011, pp. 125–140.

(五) 重视非任务性价值和情绪性工作

与会者还讨论了公共行政中应该包容的非任务性价值。非任务性价值是指组织或者项目主要关注的价值,这些价值包括正当程序、公正、诚信和透明等。公共行政的研究还缺乏对于公共服务技能的全面理解,有效的公共服务需要做好情绪性和认知性工作。公共部门的情绪性工作主要是应对创伤和伤亡,需要与社会中处于人生低谷的贫困的、脆弱的困难群体展开良性互动。公共组织提供的服务也需要包含关心和情感的因素。微笑式服务等一些私人企业中的关键要素在公共部门同样重要,以顾客为中心的服务需要关爱和情感等软性要素。行政工作最大的挑战不在于使工作更加富有效率,而是使工作更人性化。① 这在一定程度上体现了"人本关怀"或者"以人为本"的价值观念。

(六) 重视社会公平

自第一次明诺布鲁克会议以来,社会公平问题就引起了人们的关注,成为一个重要的话题。在第三次明诺布鲁克会议上,学者们提出了社会公平的概念参数,认为社会公平的最终目标不应是理解公共组织和公共服务中的社会公平,而应是有意识地尝试改进关于社会公平的政策和实践。"未来的社会公平研究不应局限于报告族群之间的不平等,而应致力于如何补救待定的导致社会、政治和法律冲突的不平等。"② 弗雷德里克森呼吁:"如果政治学是关于多数决定规则,那么公共行政就应该关注少数人和穷人的利益。我们需要花费很长时间捍卫这一主张。现在是社会公平言出必行的时候了。"③ 公共行政学要关注公共利益的实现,更要关注少数族群和弱势群体的利益。

四、会议影响

1968 年的第一次明诺布鲁克会议在社会剧变的背景下建立了公共行政的新

---

① Susan Gooden, Shannon Portillo, "Advancing Social Equity in the Minnowbrook Tradition," *Journal of Public Administration Research and Theory*, Vol. 21, 2011, pp. 72-73.

② Ibid., 2011, pp. 61-76.

③ H. George Frederickson, "The State of Social Equity in American Public Administration," *National Civic Review*, Vol. 94, Iss. 4, 2005, pp. 31-38.

导向,第二次会议向实用主义哲学回归,第三次会议承袭了明诺布鲁克的传统,即新公共行政运动。虽然会议议程安排的某些方面有所改进,如新老学者分开更有利于年轻学者迸发出新锐思想的火花,但是此次会议仍然遭遇了诸多抱怨和批评。一些与会者抱怨会议的议程过于僵化、结构化、简化和程序化,如持不同意见的人没有时间反驳;议题没有形成辩论,每个主题都是在彬彬有礼的气氛中进行讨论的。一些被认为思想先进、颇具锋芒的年轻学者本应该以批判的眼光挑战危机时代的范式,但是他们错过了可能是一生中仅有的一次机会。他们普遍感受到学术界的压力,这种压力来自在"正确"的期刊使用"正确"的方法发表"正确"的观点。明诺布鲁克传统的本意是用学术论坛的方式,碰撞激发新理念,但事实上,会议带有明显的排外性和精英主义色彩,也就固化了公共行政的现状。

虽然如此,此次会议的参会者依然达成了若干共识。第一,新公共行政与新公共管理两个学派相融合。第二次会议的提法是调和公共行政和民主政治,而这次会议的提法是追求法律与管理的融合。第二,在全球化时代,应该以全球化的视角研究重大议题。第三,重新认识比较研究。学界应该多做一些多个国家或地区之间的比较研究,注重发展中国家的研究。第四,始终重视社会公平,深信民主精神是公共行政的基石。第五,开放公共行政领域的专业学术知识,利用最新的科技,尤其是互联网技术,为学者之间的联系和促进学术知识的开放共享提供便利。第六,公共行政学者与实践者之间增强联系。学者要腾出时间与从政者分享知识,重视理论与现实的关联性,重视理论的实用性以及理论的指导价值。第七,强调学科的"公共性",鼓励跨学科的研究方法,鼓励使用有生命力的复合型的研究方法。第八,第三次明诺布鲁克会议的集体成果公开发表。[①] 此外,会议产生了大量学术文献,对公共行政学科之后的发展具有一定的参考和借鉴作用,甚至可能被用于指导实践。

---

① 孙珠峰、胡伟:《后新公共行政时代的来临——第三次明诺布鲁克会议述评》,《学术月刊》2014年第2期,第98—100页。

第六节　新公共治理理论

一、人物简述

斯蒂芬·奥斯本（Stephen P. Osborne），爱丁堡大学商学院国际公共管理专业教授，意大利米兰博科尼大学客座教授、商学院副院长、商学院公共服务研究中心主任。他创立了《公共管理评论》期刊并担任主编，同时也是国际公共管理研究学会的创始人与前任会长，是国际公共管理学界的领先学者。

奥斯本在公共管理、公共政策、公共服务创新等领域进行了卓越的研究，是新公共治理理论的主要代表之一。他出版了大量专著和论文，其中代表作有《新公共治理？——公共治理理论和实践方面的新观点》（2010）。

斯蒂芬·奥斯本

二、学说背景

虽然公共行政和新公共管理两个范式在一定程度上为政府体制的构建做出了突出的贡献，但是在新时代，它们也不可避免地存在许多问题。就公共行政而言，它过度重视内部政治权威系统和等级结构，不关注外部环境的变化，而其内部的公共资源又远远不能满足公民的需求。就新公共管理而言，它宣称私人部门的管理技术远胜于公共部门，并且假定将这些技术应用于公共服务提供会自动导致公共服务效率及效益的提高。奥斯本认为："在21世纪，公共行政和新公共管理都无法掌控公共服务的设计、提供及管理方面的复杂性。鉴于对这两种范式的批评，是时候提出这样的问题：当前我们是否迫切需要对公共政策实施和公共服务提供有一个更为深刻和全面的理解？而且这种理解将超越成效不大的'行政相对管理'的二分法。"[①]于是，奥斯本在理论与实践方面开始探索新公共

---

① 〔美〕斯蒂芬·奥斯本：《新公共治理？——公共治理理论和实践方面的新观点》，包国宪、赵晓军等译，科学出版社2016年版，导论，第5页。

治理是否有潜力或者能够成为前两者的替代模式。

世纪之交,在互联网技术的推动下,以互联网为基础的社会网络结构逐渐构建起来。在公共行政领域,弗雷德里克森认为,公共行政正朝向"合作理论、网络理论、治理理论、制度建构和维持理论"发展。公共部门网络理论是关于"相互依赖的结构"的学说,公共部门网络有正式和非正式的联动机制,包括交换和互惠关系,公共利益、共享信念和专业展望的联系。① 政府官员除了懂得使用科层制和权威外,还必须管理复杂的网络结构,更多地依赖人际关系和组织间关系过程,有效利用信息技术和绩效管理技能,并增加管理过程的透明性。② 相比传统科层组织,由于网络结构更注重自我管理,其成员来自不同的组织文化,且自愿性质较强,所以管理者在网络结构下的管理方式迥异,他们的决策过程从方案通过到付诸实施都有很大差异。

三、理论内容

在《新公共治理?》一书中,奥斯本指出新公共治理还是一种正在发展中的理论或模式。他致力于把新公共治理作为一个公共政策执行和公共服务管理的概念建立起来,形成一个整合的知识体系。

(一) 新公共治理"新"在哪里?

在奥斯本使用"新公共治理"一词之前,"治理"一词已经在公共管理学界和政府部门流行。罗伯特·罗兹认为,在当代,治理不再是管理的同义语。管理通常被看作一种活动,一种过程,一种管理社会的体系和方法,它一般与传统的官僚制相关,有一致的规则,官僚承担管理的责任。而学界较为认同的治理是指"确立一些治理方式,其特征在于公私部门之间,以及公私部门内部边界的模糊。治理的实质是强调治理的机制,这些机制不再依赖政府的权力或强制,而是多元

---

① H. George Frederickson, "The Repositioning of American Public Administration," *Political Science and Politics*, Vol. 32, No. 4, 1999, pp. 702–705.

② Donald F. Kettl, *The Transformation of Governance: Public Administration for Twenty-First Century America*, Baltimore: Johns Hopkins University Press, 2002, p. 125.

治理的互动及行动者之间的互相影响"①。但这样的定义又留下很多存疑之处，比如，多元互动的基础是什么，产生治理的背景是什么，为什么治理会在尤其是20世纪90年代中期后开始流行，治理的主要落脚点在哪里，是全方位的还是集中在某些方面的，等等。

新公共治理思想来源于五个方面：(1)社会—政治治理，主要涉及社会中的机构关系，政府在公共政策方面不再具有优先的地位，必须依赖其他社会行为主体。(2)公共政策治理，主要涉及政策精英与网络如何互动来产生公共政策和进行治理，这一理念充分肯定各种利益相关者在政策网络中的利益及其政策诉求。(3)行政治理，主要涉及有效地运用公共行政及对其重新定位以解决当代国家的问题，将其作为有关公共政策实施和公共服务提供的实践的一般代名词。(4)合同治理，主要涉及对提供公共服务过程中的合约关系的治理，特别与公共服务提供中的合同关系的治理有关。(5)网络治理，主要涉及治理网络在得到或者没有得到政府支持的情况下，如何有效发挥其公共服务提供方面的效能，与"自我组织的跨组织网络"如何与政府一起或独自提供公共服务有关。② 新公共治理既是21世纪公共政策执行和公共服务提供日益增长的复杂性、多元性和破碎性的产物，也是对它的回应。我们可以看到，奥斯本的新公共治理与公共行政和新公共管理有关，但却超越了后二者。

奥斯本认为，新公共治理的"新"主要体现在：从理论基础看，公共行政建立在政治科学和公共政策理论基础之上，新公共管理建立在公共选择理论和管理理论基础之上，而新公共治理以制度和网络理论为基础。从系统的观点来看，公共行政以封闭系统为特点，新公共管理以开放理性的系统为特点，而新公共治理则以开放自然的系统为特点。相较于前两者，新公共治理更加关注组织间的关系，强调公共服务组织与环境的交互影响。尽管新公共管理也强调系统的开放，重视市场和社会资源的使用，但是相比较而言，新公共管理依然聚焦于内部的效率，而不是外部关系的协调和平衡。从资源分配机制来看，公共行政以等级

---

① Gerry Stoker, "Governance as Theory: Five Propositions," *International Social Science Journal*, Vol. 50, No. 155, 1998, pp. 17-28.
② 顾建光：《论当代公共管理三大范式及其转换》，《华中科技大学学报(社会科学版)》2012年第5期，第11—12页。

制为核心,分配机制、竞争机制、价格机制和契约关系的多样组合是新公共管理的核心机制,而新公共治理则更强调信任和关系契约。从价值基础来看,相较于公共行政与新公共管理,新公共治理下权威主体的多元化、多元价值共存成为常态。①

(二) 新公共治理的理论架构

1. 公共服务主导

奥斯本的核心概念是服务理论,他提出了一种他称之为"公共服务主导"的方法。这一理论首先来自对传统的公共管理理论的批评。在他看来,现有的公共管理理论有两个方面的问题:一是现有的理论关注生产方的经验,忽略了公共服务是"服务"这一现实。在当今公共服务提供日益破碎化以及日益在组织间运作的情况下,还要单纯强调公共事务组织内的管理已经变得不可能。这两方面必须被整合到一个更大的、强调组织之间关系治理或跨部门治理以及强调公共服务提供系统效能的范式中,而这一范式的框架就是新公共治理。

2. 采用服务主导的方法

服务主导的方法可以从以下四个方面改变人们对公共管理任务的理解,并解决一些管理问题。一是战略取向。它指的是通过知识以及员工的外部环境信息的共享来产生共同的价值和行为的组织能力(通常被称为"无形资产")。二是公共服务市场化。新公共治理主张关系经营,认为可持续的竞争优势日益要求合作而不是敌对竞争,这样的一种合作关系对于企业来说是一种宝贵的资源,它的核心是信任。公共服务主导的市场经营方法对于将公共服务的战略转化为具体的"服务承诺",或对于形成使用者对服务的期望以及扩大人员在提供过程中的作用是至关重要的。它能在公共服务的提供中让服务组织和使用者之间形成一个培育信任的框架。三是共同生产。服务主导的方法认为共同生产是服务提供过程的一个核心要素。公共服务的共同生产是这种服务的不可分割的一部分。四是运作管理。需要考虑组织内部服务的运作管理与外部服务提供之间的

---

① 〔美〕斯蒂芬·奥斯本:《新公共治理?——公共治理理论和实践方面的新观点》,包国宪、赵晓军等译,科学出版社2016年版,第viii页。

互动;没有服务主导的方法,公共服务内的运作管理只会提高公共服务的效率而不会提高服务的有效性。①

四、基本评价

奥斯本将涉及公共行政领域的范式划分为公共行政、新公共管理以及新公共治理三种范式。新公共治理理论是一种倡导把新公共服务、民主行政、公民参与、市场化运用融合即效率与价值融合起来的范式。它并没有对以往的两种范式采取一概否定的态度,而是力图在综合两者特点的基础上进行超越,即公共管理不仅是一个管理的过程,也是一个政治的过程,公共政策的制定和执行以及公共服务的提供都包含了这两个方面的因素。换句话说,公共管理活动要考虑工具理性和价值理性的统一,而不是割裂,要建构一个超越两者的新的管理模式和理论。此外,"服务主导"的方法包括一些可操作的内容,尽管这一新的模式和理论的建构还有待进一步的完善。② 事实上,奥斯本自己也看到了该理论的不足和需要改进的地方,例如:公共服务提供中运用服务主导的方法会碰到一些实际的阻力,因为各主体价值取向不一;共同生产需要得到外部的支持;服务主导的方法与数字治理联手,这可能会对信任等问题提出挑战;更重要的是,这一方法的优缺点还需要实证研究来加以检验。毫无疑问,治理重塑了政府机构和行政运行过程,它已经成为管理中的一种实践,已成为或即将成为学科中的一个中心概念。

第七节　后现代公共行政理论

一、代表人物

著名行政伦理学家特里·库珀认为,"现代"与"后现代"是从社会文化角度考察行政角色的两个"重要概念"。要讨论后现代主义,首先必须从现代性说起,因为后现代主义正是因为对现代性的不满与反叛而走上历史舞台的。"现代性"

---

① 竺乾威:《新公共治理:新的治理模式?》,《中国行政管理》2016 年第 7 期,第 136—137 页。
② 同上,第 138 页。

是充满着批判与解构的尝试。学者们对于现代性概念的界定不仅是丰富多彩的,还交织着争论、对立和冲突。

首先是安东尼·吉登斯,他从社会学的角度,将现代性看作现代社会或工业文明的缩略语,是包括从世界观(对人与世界的关系的态度)、经济制度(工业生产与市场经济)到政治制度(民族国家和民主)的一套架构。他着眼于"从制度层面来理解现代性",因此他的现代性概念主要指称在后封建的欧洲所建立的,并在20世纪日益成为具有世界历史性影响的行为制度与模式。

尤尔根·哈贝马斯从哲学的角度把现代性视为一项"未完成的设计",是一套源于理性的价值系统与社会模式设计。它旨在用新的模式和标准来取代中世纪已经分崩离析的模式和标准,建构一种新的社会知识和时代,其中个人"自由"构成现代性的时代特征,"主体性"原则构成现代性的自我确证的原则。

米歇尔·福柯同样从哲学的角度出发,不过他将现代性理解为"一种态度",而不是一个历史时期,即不是一个时间概念,现代性从根本上意味着一种批判的精神。

最后是查尔斯·J. 福克斯和休·T. 米勒。福克斯和米勒合著的《后现代公共行政:话语指向》一书被称为美国后现代公共行政理论里程碑式的著作。这部著作在对美国现代和后现代公共行政的现状和理论进行批评性反思的基础上,通过吸收西方现代哲学尤其是现象学与现代物理学的基本概念,以话语理论为立足点,对后现代状况下公共行政的问题逐一进行了分析,并提出要以开发性的对话模式来激发公众的参与意识,以确保公共行政的有效实施。

二、理论背景

后现代公共行政思潮是在当代国际社会"后现代性"话语出现跨领域使用的背景下形成的。自20世纪60年代以来,人类社会进入后工业社会阶段,以效率为目标、以官僚制为典型组织形式的传统公共行政,在回应充满高度不确定性与高度复杂性的后工业社会现实时,从理论到实务都日益显得捉襟见肘。"后现代性"作为一种脱胎于"现代性"的思想与行为方式,其精神实质如去中心化、多元主义、不确定性、微小叙事、消解权力的中心主义等诸多观念已经被广泛接受,正在逐渐渗入社会生活的各个领域,并且对公共行政管理的实践产生了深远的影响。这种影响促使后现代公共行政管理理论主要朝向三个方向转变:新公共管理理论、政府治理理论以及后现代公共行政理论。后现代公共行政理论主要解决的是公共产品需求的个性化响应问题。

戴维·法默尔的《公共行政的语言——官僚制、现代性和后现代性》标志着后现代公共行政语言理论的形成;《杀死国王——后传统治理与官僚制》建构了后现代治理理论总体性框架,其中,"想象的游戏"的认识论、"寻求的正义"的方法论和"艺术的实践"的实践论,从理论层面为我国重塑公共行政理论提供了深刻的启迪。[1] 后现代公共行政理论验证了公共行政的话语转型这一理路。作为一种全新的公共行政模式,后现代公共行政已与既往的治理模式挥手道别,进而将话语理论作为新的理论基础和参考依据。公共行政的话语理论运用规范研究、理性批判、隐喻表达和公共精神等原则,更是凸显了话语理论的导向功能。[2]

三、理论观点

随着对现代性概念的深入解读与对现代性理念的进一步实践,我们逐渐发现,随现代性而来的虚无主义成为一个无法逾越的障碍。对现代性的不满与现代性的发展如影随形,这些不满被贴上了一个统一的标签——后现代主义。现代性的自我确证性在面临"存在"与"虚无"的追问时显然无计可施。同时,随着罗素等人的分析哲学以及随之而来的哲学语言学转向的开始,再加上解构主义领袖德里达的推波助澜,"后现代"这个概念自然而然开始登上历史舞台。正如"现代性"一样,"后现代性"也是一个令人困惑、众说纷纭、有着多重含义的概念。

关于后现代思潮的起因以及"后现代"的性质,大致可以归结为以下几种解释:一是社会动因说,它将后现代思潮的兴起归因于它的社会政治背景,认为一种全新的社会秩序应该被确立;二是后工业化或信息社会说,它将信息社会及其知识状态作为观察问题的一个基本视角;三是消费社会说,它认为后现代社会表

---

[1] 宋锦洲:《废除官僚制:后现代公共行政理论述评》,《公共行政评论》2013年第3期,第127—149页。

[2] 何永松:《公共行政的话语转型:缘起、原则和途径》,《行政论坛》2015年第5期,第18—22页。

现为消费文化盛行和"消费社会"的兴趣;四是文化反叛说,代表人物是美国社会学家丹尼尔·贝尔,它从价值体系、宗教和文化的角度来反思现代主义;五是叙事危机说,它以"叙事危机"作为切入点来展开对后现代的阐述,以"语言游戏"的范式来解决后现代思想的核心问题,将追求差异性、多元化作为后现代的游戏规则。

后现代理论在公共行政领域的跨学科繁殖产生了后现代公共行政的概念,这个概念的核心仍然是对现代性的反思、对意义的解构、对主体中心主义的消解。奠定后现代公共行政管理理论基石的,正是法默尔所著的《公共行政的语言——官僚制、现代性与后现代性》。该书指出,在现代主义的视角中,公共行政被建构为一种科学、技术、企业或者阐释;而在后现代主义的视角中,对想象、解构、非地域化和他在性的强调为变革官僚制以及公共行政的世界提供了契机,在这里,所有的意义都遭到解构,所有的边界都被瓦解,行政为反行政所取代。

福克斯和米勒合著的《后现代公共行政》则使该理论具有了实践性和可操作性。他们指出,就符号的层面而言,所谓的"现实"不过是社会的、历史的符号建构的产物,在后现代状况下,符号的能指与所指的脱节导致了"超现实"的出现,后现代文化最典型的特征就是高雅文化或大文化的日趋没落和亚文化的日益强劲,后现代意识的碎片化和关注超现实的媒体形象的新部落主义使得任何形式的管理都变得困难,因此,需要找到一种新的框架:一方面,它能承受后现代的状况;另一方面,它能提出与民主理想一致的主张。这就是后现代公共行政的话语理论。

四、基本评价

从后现代公共行政理论的角度来看,官僚制在历史中是以决定论的、有意识地控制的术语被定义的,随后,这些被软化为控制和理性的术语又逐渐让位于满意、统计意义、趋势等术语,决定论的或韦伯式的官僚制是一个受控的封闭系统模型。这显然与当代开放、多元的社会政治生活环境极不协调。

在此,有两点尤其重要:首先,为了避免陷入后现代话语的无政府主义状态,我们必须对话语意义的真实性或者说真实话语的条件做出严格的限定。其次,为了避免陷入官僚制民主模式的独白性言说,我们期望在话语中看到的是意义之战,是争辩、论证、反驳,而不是和谐的异口同声。参与对话的双方应该是一种结构性的关系,他们之间既是平等的,同时又是对抗的、相互斗争的。因而从理论上来说,它所设想的是一个所有人都参与的民主前景。从实践的方面而言,它强调了自主参与的重要性,只有那些积极投身于公共事务的人才能通过其有意义的、切合情境的话语对公共政策的制定和实施产生影响,才能切实地通过承担真实参与的责任来加强民主。

下 编

基于学科比较的公共行政学

第七章

行政学与政治学

　　行政学与政治学之间有着千丝万缕的联系,二者相互作用,共同服务于人类社会的进步与国家的繁荣稳定。本章将行政学与政治学两个学科进行比较,以期发现二者的异同。首先,行政学与政治学所对应的主体分别为政府与政党;行政学对应有效性,政治学对应合法性。政府有效性对于推动经济发展、实现政治民主和促进社会和谐等具有极其重要的价值。离开了政府有效性,政府的价值便无从谈起。国家治理和政府行政必须致力于合法性提升,从而增强治理的权威性。其次,就目标定位来说,行政学的目标是提高管理效率,政治学的目标是增进社会公平。围绕有效性与合法性的基本关系,行政学的焦点是管理主义取向的,即探讨通过管理方式的创新来提高管理效率;政治学的焦点是立宪主义取向,即利用宪法和法律来探讨公民的基本权利,防止政府权力的滥用。本章还将讨论政府如何通过路径优化来实现其有效性,政党如何通过路径优化来实现其合法性。

第一节　关系与定位

　　一直以来,政府和政党在国家建设中发挥着主导作用,政府常常通过提高管理效率来实现有效性,政党基于增进社会公平的目标来实现合法性,因此追求政府的有效性和政党的合法性是符合治理需求的。本节以有效性与合法性为基础,思考政府怎样提高管理效率,政党如何增进社会公平。

一、主体关系

(一) 行政学:政府有效性

政治与行政二分后,最关键的问题在于提高政府的行政运行效率。所谓政府有效性是指政府正确地承担和有效地履行其职能的状况以及政府对社会发展的总体功能。学者们从不同角度分析了政府有效性的内涵。有学者从政府行为效果的角度来认识政府有效性,认为政府有效性就是指政府行为能够实现期望的结果。[1] 也有学者从政府行为与社会经济发展之间的关系来认识政府有效性,认为政府有效性直接与政府能力、效率和效果相关联,是政府的政策预期(主观)与政策结果(客观)相统一的过程。[2]

政府有效性问题来源于对政府有效性与社会经济发展之间关系的认识。一方面,在国与国之间经济发展反差现象的背后,政府的有效性是潜在的决定因素;另一方面,鉴于客观世界的多变性、复杂性及多样性,即使过去有着良好记录的有效政府,亦不能肯定现在乃至以后可以继续保持其有效性。[3] 实际上,有效性问题体现在政府工作的诸多方面,且对政府有效性的评价直接与政府能力挂钩,二者相互影响、相互促进。政府能力的提升会刺激政府的有效性建设,从而使政府有效性得到提升;反过来,政府有效性的提升会反映出政府能力的增强,同时刺激政府能力的进一步提升。

为什么有效性问题如此重要?首先,政府工作的有效性问题最开始是在工业革命时期得到人们的广泛关注。当迅速发展的工业与政府工作的低效率不相匹配时,如果不提高政府工作效率就会阻碍社会进步,所以政府职能的有效发挥以及社会的进步等都与政府工作的有效性息息相关。其次,政府工作的有效性有利于维持市场公平与社会稳定。因为若仅靠市场自身调节难免会出现垄断、倾销等不公平竞争现象,而政府有效性正好可以及时对各种危害市场稳定的现象进行干预,恢复市场的稳定。此外,政治民主的实现需要依靠政府的有效性。

---

[1] 楚德江:《中国社会变革进程中的政府有效性论纲》,《社会科学杂志》2010年第1期,第11—20页。
[2] 陈文申:《政府有效性:理论涵义与现实途径》,《北京行政学院学报》2000年第3期,第8—10页。
[3] 楚德江:《政府有效性:社会发展的动力源泉》,《行政论坛》2010年第5期,第24—27页。

人民群众是历史的创造者,而政府的有效性保证了人民群众"创造历史"的权力,使人民可以参与到政治生活中,进而实现民主决策;而且,越民主的政府通常越高效,越有效的政府通常也更民主。

(二)政治学:政党合法性

合法性的最初含义是指合法的国王或女王有权即位是由于他们的"合法"出身。中世纪以来,该术语的内涵扩大了,不再只是指"统治的合法权力",而且指"统治的心理权力"①。合法性问题关注的主体由统治者本身转移到了广大民众身上,公民对政党的忠诚度越高,那么该政党的合法性就越强。用哈贝马斯的话说就是"任何一种政治系统,如果它不抓住合法性,那么,它就不可能永远地保持住群众对它所持有的忠诚心"②。在韦伯看来,"合法性"存在于一切"支配—服从"的关系中,由支配者统治的"正当性"以及服从者对统治的"认同"两个方面组成。正所谓"得民心者得天下",只有抓住民心,人民才会承认政党执政的合法性,才会进一步相信并支持政府。所以,在实现政党合法性的进程中,公民的信任对于政党有着至关重要的影响力。

在追求政党合法性的进程中,需要注意诸多因素。其一,政党合法性的建设有赖公民的监督与支持。因为不论公民喜欢与否,决策者的"输出"都会对公民的生产生活产生一定程度的影响。若公民的需求得不到保障,他们就会对国家政治或政党持冷漠态度,进而阻碍政党合法性的实现。例如,近几年的美国大选中投票的人越来越少。政治冷漠对政党执政是巨大的威胁,因为它会损耗政党合法性。其二,政党合法性体现在各个环节。对于任何一个执政党来说,执政党的合法性不仅指执政党本身权力来源的合法性,还涉及在执政过程中执政行为、价值体系、制度结构的合法性。③ 政党总是和整个国家制度以及自身执政体系融为一体的,执政党自身执政体系合法性的增强对增进执政合法性无疑具有积极的意义。政党只有根植于社会生活,与公共领域建立实效性联系,才可能拥有民意、获得民心,进而得到人民的支持。

---

① 〔美〕迈克尔·G.罗斯金等:《政治学与生活》(第12版),林震等译,中国人民大学出版社2014年版,第8页。
② 王彬霞:《关于执政党合法性问题的思考》,《学术论坛》2010年第9期,第56—61页。
③ 王慧:《西方政党执政合法性理论研究与启示》,《探索》2012年第5期,第40—43页。

二、目标定位

(一) 政府行政的目标是提高管理效率

效率是管理的灵魂。管理效率是伴随科学管理的产生而提出的,是运用投入产出分析工具研究管理状况的一种科学方法。在科学管理时期,泰勒认为工人的劳动应该存在一种"最佳"工作方式。为了找到这种方式,他在车间进行了著名的"搬运生铁"和"使用铁锹"等实验,对工人的动作逐一进行了分析,最后找到了最具工作效率的方式。尽管泰勒本身关注的是工厂管理而非政府管理,但他追求效率的思想属于组织管理的范畴,适应了当时社会行政专业化的需求。正是在科学管理运动兴起之后,人们开始重视政府行政效率问题;科学管理的支持者更是认为,政府部门同样需要对人员进行分工,通过计划做决策,对人、财、物、时间进行最优配置。①

政府行政有效性包含对政府成本、运行效率和政府产出等方面的考虑,还包括对政府与市场、政府与社会的关系的考察。这涉及政府与市场、社会组织等各自职能的合理划分,更体现在政府对市场功能和社会功能的促进与保障作用以及政府与市场、社会之间的有效合作上。② 政府行政有效性的实现在一定程度上有赖于政府管理效率的提高,管理效率的提高不仅是行政有效性的体现,还是公共服务供给效率和质量的保障,更是社会发展的动力源泉。提高政府管理效率有赖于绩效评估机制的建立、健全和完善。绩效评估是提高各个部门绩效的动力机制,它有助于实现和落实政府责任,有利于提高政府的工作效率与质量,促使政府为公众提供更好的服务。同时,绩效评估有利于公职人员自身的发展,因为完善的评估机制和合理的奖惩方法会激发他们的工作积极性,进而提升整体工作效率以及政府的形象与声誉。

但要注意的是,政府部门在社会公共事务的管理过程中容易出现"角色错位""身份缺位""职能越位"等现象。而要想实现高效的运作,政府必须明确自己的职能并充分发挥自己的作用,不能出现管理"真空""缺位"及"越位"等情

---

① 何艳玲:《公共行政学史》,中国人民大学出版社2018年版,第44页。
② 楚德江:《中国社会变革进程中的政府有效性论纲》,《社会科学杂志》2010年第1期,第12页。

况;同时,积极完善绩效评估体系与方法,对政府各个部门进行全方位考核,激发工作人员的活力、祛除政府行政组织的惰性,充分发挥绩效评估提升政府管理效率的"指挥棒"和"助推器"作用;倡导治理主体的多元性和过程的互动性,不断推进行政管理体制改革,增强政府管理的响应性和精准性。①

(二) 政党执政的目标是增进社会公平

公平正义,就是社会各方面的利益关系得到妥善协调,人民内部矛盾和其他社会矛盾得到正确处理。社会公平,体现的是人与人之间一种平等的社会关系,包括生存公平、产权公平和发展公平。社会公平是马克思主义价值观的重要组成部分。马克思主义公平观从历史唯物主义和辩证唯物主义出发,站在最广大人民群众的根本利益上考虑问题,对社会公平建设起到了极大的推动作用。社会公平是人类追求美好生活的永恒话题,实现社会公平是人类社会的根本目的。一个国家实现社会公平的过程也是维持政党合法性的进程,社会公平指数越高,其犯罪率、失业率、吸毒率往往越低,社会更加稳定,经济发展也会更加健康和有活力。

制度建设是追求社会公平的关键。邓小平同志曾经说过,"制度好可以使坏人无法任意横行,制度不好可以使好人无法充分做好事,甚至会走向反面"②。对于任何组织和社会而言,好的制度,能让坏人干不了坏事;不好的制度,会让好人无路可走,只能变坏。我们没必要非得讨论人性本善还是本恶,合理的组织制度必然是授权与监督同时存在的,既相信人的能力,又怀疑人的本性。用制度来激发"天使",还要用制度来威慑"恶魔"。

这里有几个鲜活的例子。第一个例子是:德国人有个习惯,走在前面的人喜欢帮别人扶门,有人说德国民众天生素质就高,其实也不尽然。真正的原因是联邦德国成立后,政府制定了一套规则,其中就有法条规定,关门时不小心把别人撞伤就得无条件赔偿,还得帮人医治。随着时间的推移,这些基于软和硬的制度就将一种规定变成了习惯,这个社会就变得文明起来了。第二个例子是:二战期间,美国空军降落伞的合格率为99.9%,这就意味着从概率上来说,每一千个跳伞

---

① 陈振明等:《公共管理学》(第二版),中国人民大学出版社2017年版,第59页。
② 《邓小平文选》(第二卷),人民出版社1994年版,第333页。

的士兵中会有一个因为降落伞不合格而丧命。军方要求厂家必须让合格率达到100%。厂家负责人说他们竭尽全力了,99.9%已是极限,除非出现奇迹。军方(有人说是巴顿将军)就改变了检查制度,每次交货前从降落伞中随机挑出几个,让厂家负责人亲自跳伞检测。从此,奇迹出现了,降落伞的合格率达到了百分之百。

一个成熟的治理体系必然是尊重和倾听民众心声的,而适度的政治互动可以使决策更加科学民主,更有利于社会公平的实现。但现实中,公民对于政治活动的热情不高,对政治生活的参与度也不够,公民参与在政治互动环节的缺失,导致政党的运行空有其"形",这就不利于政党定位的实现。因此,对政治互动的重视是实现社会公平的另一关键因素。

第二节 焦点与路径

管理主义取向一直是美国公共行政研究的主流解释和正统标准。[①] 行政学的研究最终聚焦于管理主义取向,主要是通过政府工作效率的提高、合作网络的构建以及政府改革创新来体现的。而政治学的焦点是立宪主义取向,本节将基于历史必然、权利和权力的关系来阐述。最后本节会探讨政府如何优化路径来实现管理效率的提高,体现政府的有效性;政党如何围绕焦点来增进社会公平,从而体现政党执政的合法性。

一、行动焦点

(一) 行政学:管理主义

在自然界中,大象、狮子等动物具有群居天性,同伴之间互帮互助、共同获取食物和领地,并在这个过程中自动区分出领导者与被领导者。人类社会同样如此。在原始社会中人们谋求生存时,能力更强的人会被自动归为"阿尔法男"(指在群体中游刃有余、一切尽在掌握之中的"老大型"男性),担任人类社会早期的

[①] 杨宏山:《宪政主义、管理主义与政策主义——公共行政研究的几种不同理论范式》,《国家行政学院学报》2004年第1期,第33—37页。

角色管理者,以带领同伴获得更好的生活。这一过程形塑了最早期的管理。

古人对"管理"的理解有着高超的智慧。"管,原意为细长而中空之物,其四周被堵塞,中央可通达;使之闭塞为堵,使之通行为疏;表示有堵有疏、疏通结合之义。理,本义为顺玉之纹而剖析;代表事物的道理、发展的规律,包含合理、顺理的意思。因此,管理意为合理地疏与堵的思维与行为。"①近代以来,管理被赋予了更多的意义,管理主义者开始探索如何提高管理的效率。例如,"科学管理之父"泰勒认为:"管理就是确切地知道你要别人干什么,并使他用最好的方法去干。"②法约尔的一般管理理论认为,"管理就是通过计划、组织、控制、激励和领导等环节来协调人力、物力和财力资源,以期更好地达到组织目标的过程"③。基于对管理含义的理解,我们不难发现,管理主义关注的是如何建立更加完善的机制来提高管理效率。

管理主义对公共行政的发展产生了深刻的影响,可以说,自公共行政诞生之日起,管理主义就作为其伴生物影响着公共行政的发展。④ 如古利克所说:"行政科学中,无论是公或私,基本的善都是效率。"⑤政府行政管理效率不能仅靠政府,还需要创建合作网络来管理公共事务。合作网络治理最典型的例子就是合同外包。管理主义取向还有利于推动政府改革创新。政府为了提高管理效率、节省开支,往往会采取精简政府机构、削减公共服务人员以及压缩公共人事开支等方式。这样一来,政府的管理层级会减少,上下级之间的联系会更加紧密,政府间信息的传递速度更快,且失真度也较低,政府工作效率自然提升。

(二) 政治学:依宪治国

英国有着悠久的立宪主义思想,可谓立宪主义的母国。坎贝尔认为,英国的

---

① 罗煊:《从"管理"到"治理":执政理念的战略转型》,《吉首大学学报(社会科学版)》2014 年第 2 期,第 4—7 页。
② 〔美〕弗雷德里克·泰勒:《科学管理原理》,黄榛译,北京理工大学出版社 2012 年版,第 16—17 页。
③ 〔法〕H. 法约尔:《工业管理与一般管理》,周安华等译,中国社会科学出版社 1998 年版,第 51—135 页。
④ 霍春龙、邬碧雪:《治理取向还是管理取向?——中国公共政策绩效研究的进路与趋势》,《上海行政学院学报》2015 年第 4 期,第 33—38 页。
⑤ Luther Gulick, "Science, Values, and Public Administration," in Luther Gulick and I. Urwick, eds., *Papers on the Science of Administration*, New York: Institute of Public Adminstration, 1937, p. 22.

立宪主义根源于盎格鲁-撒克逊时代。杰斐逊作为美国民主立宪的先驱者,从保障公民基本权利的角度出发,主张用宪法来限制政府的权力,实现权力的分立与制衡,从而达到维护个人自由的终极目标。杰斐逊的观点为美国立宪主义奠定了基石。在立宪主义思想和邦联制度的影响下,美国颁布 1787 年宪法,三权分立的框架也得以形成。

在宽泛的意义上,依宪治国指的是一系列价值与期望,反映着人民希望通过建立制约政府权力的内外机制来保护自由的愿望。"立宪主义"实际上是指对政治权利的行使施加限制的一种政治制度,体现了人类对自由和权利的思考。① 路易斯·亨金认为,依宪治国有三个层面的含义:一是依宪治国意味着政府的成立必须遵循宪法,也就是说,政治权力的获得是受宪法约束的;二是依宪治国还意味着一种有限政府,即自由主义者所主张的自由式的最小政府;三是依宪治国意味着政治权力的分立,这主要是为了防止政治权力的集中和专制的危险。另外,依宪治国还要求一个独立的司法机关行使司法权,以保证政府不偏离宪法法规。②

政治学聚焦立宪主义是社会发展的必然结果。近代立宪制度是资产阶级革命的产物。如前所述,历史上的英国很早就存在立宪观念。1215 年通过的《自由大宪章》就是英国民众追求权利的产物,也是现代西方立宪主义的源头。现代以来,西方国家的人权保护是与西方立宪发展交织在一起的。③ 立宪主义的第一个核心内容是对国家权力进行约束,避免国家权力掌握在少数人的手中。第二个核心内容是对人权的保障。宪法和法律的存在有效地保障了公民的人身自由和参与政治生活的权利,并使得公民享有言论自由、政治自由、宗教自由等权利。④

立宪主义取向对法律的完善具有指导作用,宪法的制定需要符合立宪主义精神。立宪不简单等同于宪法,立宪是宪法的灵魂,宪法是立宪的体现,立宪主义对于权力的限制以及对人权的追求促使宪法与法律不断完善。立宪主义对权

---

① 盛洪:《天道与神意:宪政主义的形而上起源比较》,《学术界》2014 年第 2 期,第 28—44 页。
② 〔美〕路易斯·亨金:《宪政、民主、对外事务》,邓正来译,生活·读书·新知三联书店 1996 年版,第 11 页。
③ 刘旺洪、陆海波:《西方宪政与人权保障:本质与启示》,《世界经济与政治论坛》2016 年第 6 期,第 20—32 页。
④ 张晓玲:《人权与宪政的关系问题》,《中共中央党校学报》2004 年第 4 期,第 37—42 页。

力的限制和对人权的保证也是为了实现社会公平,这与政党追求的目标不谋而合,而对社会公平的追求又是维护政党合法性的关键因素。可见,立宪主义的取向不仅与政党的目标吻合,其实现进程还维护了政党的合法性地位。

二、优化路径

管理主义取向的行政学最根本的目标就是提高政府管理效率,继而实现政府的有效性;立宪主义取向的政治学则致力于实现社会公平,进而维持政党的合法性。效率与公平很重要,政府的有效性与政党的合法性也同样重要。那么,通过怎样的途径才能实现效率和公平呢?下面将从科学决策、有力执行及精准评估三个方面阐述提高管理效率的具体举措;从选举民主、法理分权和切实问责三个方面阐述实现社会公平的有效方式。

(一)科学决策、有力执行、精准评估

第一,科学决策即决策科学化。行政决策应当遵循行政管理的客观规律,严格按照科学决策程序、决策原则和决策方法进行。按照决策理论,科学决策的原则是让懂得管理的人来管理。早在1973年,管理者角色学派代表人物明茨伯格就提出了管理者需要扮演三种角色,即人际角色、信息角色和决策角色。管理者对于政府管理十分重要,好的管理者可以增强团队的运作效率,让每一个人都充分发挥潜能。例如,运用调查、倾听、试验等方法和一系列民主参与决策制度如公告制度、听证制度、专家咨询制度、项目评估制度等,为社会公众提供意愿表达的合法途径,最大限度地避免不公正、不合理的公共决策,合理地引导公众树立探究科学真理的精神,将提升效率和生产力的思想置于民主、社区和公共利益这一更广泛的框架体系之中,进而实现民主参与决策的科学化和社会化。

第二,有力执行是强调执行的效率及效果,包括理解力、组织协调力、公共资源利用力、创造力、应变力和依法行政的能力。首先,管理者根据每个部门工作性质的不同,适当放宽或者收紧权力,将权力和责任明确落实到具体部门或具体的人员身上,避免出现推诿扯皮现象。其次,管理者要进行管理方式的创新。例如,数字管理就为政府管理公共事务提供了新方法。大数据在收集大量信息的基础上,可以帮助政府对社会公共卫生服务、教育和养老需求等问题进行科学诊断,进而提高其执行力。提高行政执行力还需要一个素质高、能力强、廉洁勤政的领导班子。

第三,精准评估强调的是政府绩效评估的精准化、高效化。对政府绩效进行管理与评估被认为是提高行政执行力的重要手段,更是提升管理效率的重要举措。首先,政府部门的管理既需要完善管理过程,即寻找人员管理和工作效率提高的方法,也需要注重对工作结果的绩效考核,将结果管理与过程管理有机结合起来,合理运用奖励和惩罚机制。其次,实现公共利益是绩效评估甚至绩效管理的根本目的。检验政府好坏的标准应当是公共利益的总和,应以公众参与度、服务满意度为评估的主要维度,构建以公民为主的绩效评价管理体系,让公共管理组织的绩效优劣主要由服务对象来评判。

(二) 选举民主、法理分权、切实问责

第一,选举民主。自1949年中华人民共和国成立以来,我国的选举民主从无到有,从不完善到逐渐完善,努力从未止步。1953年2月11日,中央人民政府委员会第22次会议通过了新中国第一部选举法——《中华人民共和国全国人民代表大会及地方各级人民代表大会选举法》;1979年7月1日第五届全国人大二次会议通过的《中华人民共和国全国人民代表大会和地方各级人民代表大会选举法》成为新中国的第二部选举法,迄今该选举法一共经历了7次修正。该法在2010年3月14日的第五次修正,使我国的选举民主取得了重大进步,拓展了选举民主的深度和广度[1],保证了"一人一票""同票同权""当选机会平等"的原则;同时为保障依法选举,加大了"贿选"查处力度;另外,为充分保护选民表达自由,该法规定选举时应当设有秘密写票处。[2]

第二,法理分权。首先,通过法理分权来实现社会公平,遵从宪法是根本。如前所述,立宪不等同于宪法,但宪法是依宪治国的重要保障,因为宪法是国家的根本大法,集中反映了各种政治力量的实际对比关系,是人们工作生活的根本依据。其次,明确制度建设是关键。历史已经证明,传统型和魅力型的政治合法性已逐渐消逝,国家需要通过宪法建立起完善的制度体系。最后,公平文化是保

---

[1] 严海兵:《中国人大代表选举程序制度化的指标与测量》,《中山大学学报(社会科学版)》2016年第1期,第146—156页。

[2] 吴雨欣:《选举民主问题国内研究现状述评》,《行政论坛》2011年第2期,第21—24页。

障。社会公平意识是与本民族关于社会公平的优秀文化息息相关的,通过不断挖掘本民族的优秀文化,让其不断焕发生机进而激活深植于人们内心的公平意识。通过这三方面的努力可以从法理上为提高政府行政能力和政党执政能力开辟空间。

第三,切实问责。世界银行指出:"行政问责是一个具有前瞻性的过程。通过它,政府官员要就其行政决策、行政行为和行政结果进行解释,就其正确性进行辩护,并据此接受失责的惩罚。"[1]基于政府绩效问责角度,不断完善行政问责机制是必然趋势。具体可以采取如下措施:其一,拓展政府绩效评估主体范围,促进问责主体明确化,实现"有责必问"。即积极拓展政府绩效评估主体的多元性,建立以人大、上级政府组织的领导为基础,以社会公众的积极参与为主导的健全的政府绩效多元治理机制。其二,确立政府绩效评估指标,促进问责内容具体化,使"问而有题"。其三,建立以绩效为导向的激励机制,使"责而有道"。政府行政问责管理是一项系统工程。基于绩效问责机制建立健全行政问责制,应将政府绩效问责主体的多元化、程序的规范化和内容的明确化以及问责激励机制的制度化作为其核心问题,唯有如此,才能不断完善我国的行政问责制,实现切实问责,保证政府高效行政。

---

[1] 世界银行专家组:《公共部门的社会问责:理念探讨及模式分析》,宋涛译,中国人民大学出版社2007年版,第13页。

第八章
行政学与经济学

　　行政学与经济学是众多学科中地位突出的两个学科,在行政学的发展史中,相关研究者往往将两个学科进行比较,认为经济学的发展给予行政学诸多启示。两个学科都重视理性,因为理性是指导生活判断的客观标准,而理性也来源于丰富的生活实践,并同时注入学科发展过程。对于行政学来讲,政府是主体;对于经济学来讲,市场是主体。政府坚持的是行政理性,追求福利最大化;市场坚持的是经济理性,追求利润最大化。二者的关系定位和目标取向不同,但又在各自的发展中追求平衡互动与包容合作。在实践中,政府主要通过提供公共物品和公共服务的途径来实现福利最大化的目标;而市场主要通过生产私人物品的途径来追求利润最大化。值得我们深思的是:政府提供公共物品和市场生产私人物品的优势各自是什么?它们又是怎样来实现自己的目标的呢?政府提供公共物品和市场生产私人物品的过程与机制并非十全十美,二者都会出现失灵的情况。那么,为什么会产生失灵?失灵的特征有哪些?要怎样应对?下面本章将对此予以探讨。

第一节　关系与定位

　　政府和市场在资源配置中分别具有不同的作用:政府主要发挥的是宏观调控的作用,在关键时刻就是"定海神针";而市场对资源配置起决定性作用,在很多时候是"锦上添花"。二者相互统一、相互作用,你中有我,我中有你,不可分割。

一、主体关系

(一) 行政学:行政理性

行政理性是指行政主体在价值判断、事实认知、目标规划、工具选择等方面进行合理权衡、理智取舍、客观分析、冷静思考的行为能力与行为模式,是价值理性与工具理性的统一,是建构理性与进化理性的统一,是主体理性与主体间理性的统一。行政理性的结构是以行政理念理性为观念内核,以行政制度理性为中间层次,以行政行为理性为外在表现而有机连接组成。行政理性是行政主体批判行政现实的本质力量、反思行政思维的基本尺度、认识行政环境的思维能力、建构行政生活的能动力量。[1] 行政理性作为行政主体在公共行政的过程中对国家和社会进行整合的理智能力和道德能力,作为与现代性密切相关的一种人类理性,是在不断的"纠错"中发展起来的。行政理性推动了公共行政领域的进步,然而公共行政对技术理性的迷恋和对价值理性的忽视,最终导致了"行政之恶"。行政理性与"行政之恶"意味着公共行政人员始终需要一种能够识别"行政之恶"的伪装并拒绝与之同谋的公共伦理。从行政理性的功能来看,行政理性起着引导、规范和约束的作用,对于提高行政主体的治理能力也有着重要的影响。[2]

行政理念作为行政理性的内核,指导行政理性的发展方向;而制度作为载体,对行政行为进行规范和制约。行政理性来源于有限理性,行政理性的有限性表现为:一是决策信息的不完全性(不对称性);二是决策信息的使用和解释过程受到不同价值观的影响。行政理性的弊端一般表现为官僚理性:一是人治色彩浓厚,重感情轻理性导致行政活动很难摆脱人的主观因素影响;二是政府规章程序烦琐,机构臃肿,权力过分集中,行政体制僵化。未来行政理性体系的演变趋势是:统治性向合法性转换,通过政治性优化整合治理格局;公共性以国家社会嵌合为基础、以构建美好社会为价值归宿;技术性进入社会工程管理阶段,取代传统政治工程和管理工程;形式理性保持制度的弹性和创造力,以公共责任为本

---

[1] 颜佳华、苏曦凌:《行政理性论》,《湘潭大学学报(哲学社会科学版)》2010年第5期,第41页。
[2] 左高山:《论公共领域中的行政理性及其限度》,《马克思主义与现实》2011年第6期,第66页。

位,建构社会公共秩序,治理方式由科层治理向网络化治理发展。①

(二) 经济学:经济理性

经济理性是指在有限的资源条件下追求效率,即追求收益大于成本,或曰以最小的投入获取最大的产出。② 经济理性趋向于一种完全理性,在恰当的环境中,经济理性的行为者能在个人行为规范和市场组织约束的条件下完成目标。经济理性与行政理性的区别源自追求目标的不同,经济理性追求的是市场资源的合理分配,而行政理性追求的是福利体系的完善。经济理性只是反映了人类在经济生活中运用理性的一个侧面。经济理性坚持以科学理论和定量分析方法来解决最优决策方案的选择问题,是一种科学、严谨、缜密的思维方式,力求更客观、更准确地认识客观世界、遵循客观规律以及思考解决问题。经济理性认为决策要符合客观规律,以事实为合理依据,运用效率最大化的方式方法,而不考虑人的主观情感,更加注重结果而不是过程。也就是说,经济理性是一种理性化的能力,主要表现为一种寻求确定性的原则,即在市场不确定的情况下,对任何选定行为的结果的可能变化做出正确评价,运用理性分析、理性行为模式来解释和预测市场实际行为。③

马克思主义经典理论指出,经济基础决定上层建筑,上层建筑反作用于经济基础。我们可以将其理解为经济与政治的关系,因为政治是国家意志的表达,行政是国家意志的执行,那么行政就是政治的代理者和执行方,经济的决策和运行都依托政府职能的发挥。行政理性指导下的政府治理本质上是要做到福利最大化,这是一种政治受托责任,不管什么国家,只有因发展程度不同而提供福利产品多寡的不同,而不可能不承担提供公共福利产品的责任。经济理性指导下的市场运行本质上是要做到利润最大化,因为市场不可能不去追逐利益,我们同样也不能抹杀市场的自由竞争特性对全球化和国际化进程的巨大促进作用。时至今日,经济理性已经被认为是一种制度化的理念,是衡量某种行为的价值尺度。

---

① 罗梁波:《行政理性场景的演变格局:传统、现实与未来》,《学术月刊》2019 年第 5 期,第 58—71 页。
② 唐钧:《社会政策:经济理性与人文关怀》,《社会政策研究》2016 年第 1 期,第 3 页。
③ 徐明圣、王晓枫:《经济主体"完全理性"与"有限理性"的历史纷争》,《重庆社会科学》2003 年第 2 期,第 50—54 页。

它就像一个公式或定理一样,指导人们正确地选择一种达到效率最大化的方式,最终达成整个集体内目标的一致性。不考虑客观因素的变化以及环境的复杂性,它已经成为指导经济投入和产出过程的利器。在理性的思想领域中,经济理性显然具有代表性,这样一种不受人们主观意识影响的客观思维模式也正体现了理性二字的真正内涵。一般而言,经济理性考虑的范畴相对较小,旨在以最低成本、最简手段促进社会经济发展,经济理性在追求利润最大化,为人们提供物质保障、经济保障、原则保障中的作用和地位显得特别突出。

行政理性更注重过程,经济理性更注重结果。行政理性追求的是以公共行为为基本属性的公共利益的实现,是价值理性与工具理性的统一;作为完全理性的代表,经济理性追求的是稀缺性资源的合理配置。政府、市场分别作为行政理性和经济理性的主体,其目标大相径庭,也可以说正是目标的不同,导致了两种理性思维的差异性。行政理性是一种灵活的思维模式,而经济理性则侧重对事物客观的认知和决策。正是人的信息加工和计算能力的局限性、决策信息的不完全性和不真实性,以及环境的复杂变换性等因素导致了行政理性具有有限性;而经济理性考虑的则是在不使用违规或违法手段的前提下,如何用最小的投入换取最大的报酬。政府旨在为人民提供更好的社会服务,所以将社会环境、社会关系、政策等都纳入了考虑范畴,而市场的终极目标是利润最大化,过程就显得不那么重要了。在现实中,既需要行政理性的主观考量,又需要经济理性的客观认知,这样方能最大限度地保证国家和民族共同体的正常运转。总体上来看,行政理性指导下的政府治理所承担的责任和履行的义务要比市场多得多,二者在本质上是一个平衡和协调的问题,而非有你无我或者你死我活的竞争关系。

二、目标定位

(一) 政府的目标:福利最大化

目前中国国家治理的目标是"让人民过上好日子",社会主要矛盾也转变为"人民日益增长的美好生活需要和不平衡不充分的发展之间的矛盾",这意味着中国已经摆脱了发展不足、经济落后、财力薄弱的状况,事实上跨入了中等收入国家行列,影响社会福利事业发展的社会、经济、政治、文化等国情要素均发生了深刻变化。

在教育方面,我国教育总体发展水平已进入世界中上行列。高等教育毛入学率从 2012 年的 30% 提高到 2021 年的 57.8%;截至 2021 年,各种形式的高等教育在学总规模 4430 万人,其中,普通本科招生 444.60 万人,高校毕业生规模 909 万,建成了世界最大的高等教育体系。在医疗方面,我国已经织起了世界上最大的基本医疗保障网,医疗基本公共服务在制度改革定型化和成熟化方面成效巨大。在交通方面,目前我国交通网络已经基本完善,沿海港口堵塞问题已经基本解决,我国地铁运营路线总长居世界首位,并掌握了从车身到零部件的全套生产技术。

(二) 市场的目标:利润最大化

市场经济中,人们都想要以最小的劳动消耗取得尽可能大的经济效益,因而也可以说市场经济是一种效益经济和效率经济。市场追求利润最大化,为经济社会的发展带来显著效益:(1)推动国家经济增长,完善国家产业结构体系;(2)创新驱动发展战略深入实施;(3)优化国家市场经济体制,促进城乡区域协调发展;(4)优化国际经济交流格局;(5)人民获得感不断提升,社会事业蓬勃发展。[1] 与此相对,市场盲目追求利润最大化的消极影响主要表现在以下几个方面:(1)竞争观念扭曲;(2)产品质量严重下滑;(3)道德观念缺失;(4)生态环境遭到破坏。[2] 在功能上,政府提供秩序保障,市场提供经济保障。现代市场经济中的政府功能主要表现在以下几个方面:第一,维护市场秩序;第二,提供公共物品;第三,调节市场分配;第四,调控宏观经济。[3] 在央地关系职责体系中,政府功能被表述为:宏观调控、市场监管、社会管理、公共服务和环境保护。中央政府更加侧重宏观调控,地方政府则聚焦于后四种。

市场机制对政府的反作用也很明显,主要表现为:第一,将信息简单化。在集中的政府计划机制下无法及时处理大量的信息和决策,极易导致决策失误;而市场是分散的,能够对迅速变化的环境及时做出反应,从而把复杂的决策问题彻底变为简单的决策问题,有利于决策的正确性。第二,降低政府工作成本。市场

---

[1] 丛亮:《前所未有的发展奇迹 经济史册的壮丽篇章——改革开放 40 年来我国经济社会发展成就》,《宏观经济管理》2018 年第 11 期,第 6—17 页。
[2] 白小明:《论企业在市场营销中的社会责任》,《消费导刊》2007 年第 5 期,第 28—29 页。
[3] 汪同三:《如何处理好政府与市场的关系》,《新金融》2016 年第 12 期,第 13—16 页。

机制把成本与收益直接联系起来,从而为降低费用、优化资源配置、提高商品和服务质量、推动技术创新提供了动力。第三,刺激政府效率提升。具有垄断性的政府官僚机构缺乏强烈的刺激为其服务对象提供令其满意的物品或服务,而通过市场竞争的方式向消费者提供的公共服务,则可以提高人们的满意程度并且有效地刺激政府内部工作机制的高效运转。

正是政府和市场的相互作用,使得政府和市场在社会运转过程中平衡稳定、共同发展。市场在政府失灵的状况下刺激政府做出适应发展的调整,政府在市场失效的情况下进行合理干预;如果没有两大主体的相互作用,那么不管对于政府还是市场而言,都是孤立存在的。分析政府和市场的关系其实就是对二者的综合考量:如何在最大程度上互补,避免各自的弊病,打破原有的局限性思维模式,才是政府和市场共同追求的。然须知,处理好政府和市场的关系并非易事,政府干预并不是解决市场缺陷的灵丹妙药,政府干预只是应对市场失灵的必要条件,而非充分条件。原因在于:一是市场运行有其自身的规律(政府管的越少越好),这个规律一旦被打破就会出现所谓的经济危机。实际上,政府很难去精准把握或者预测市场规律。二是政府干预市场的根本前提固然是市场的缺陷或失灵,但更重要的却是政府干预决策的科学化和手段的规范化。所以,如何保证政府干预的有效性是应对市场失灵的核心命题。

第二节 焦点与路径

当代国家,政府作用越来越成为人们关注的焦点,即政府如何提供公共物品。而市场如何生产私人物品,市场生产私人物品有什么优势,也被纳入考量范围。具有深刻变革意义的社会转型使得政府和市场不得不各自履行职能,承担责任。对于政府和市场来讲,初次分配解决的是效率问题,再次分配解决的是公平问题。市场激活资源、抓住商机,寻求利润最大化,带来一次分配的可靠结果;政府加大财政支出,促进公共物品提供的种类完善和质量保证,属于二次分配的科学配置。

一、行动焦点

(一) 行政学:政府提供公共物品

公共物品需要代表公共权力的政府来公平而无差别地向所有社会成员提供。政府提供公共物品具有两大明显优势:第一,政府提供公共物品能够大大节约交易费用,解决经济外部效应。公共物品具有非排他性和非竞争性,公共物品消费存在着不花钱而"搭便车"的可能,如果政府不加以干预、控制,最终的结果必然是公共物品短缺。第二,政府提供公共物品能够较好地解决公共物品消费中的公正性问题;公共部门提供医疗、卫生、教育和相关的社会服务有助于实现收入再分配,减少经济和人力资本意义上的贫困。相较于其他组织而言,政府更能做出全局性、全方位的思考,合理提供公共服务。贫困人口从私营部门购买教育和医疗等服务的能力有限,所以出于对特殊群体的照顾,政府特别向贫困人口提供这些基本的社会服务。

政府提供公共物品主要有两类基本方式:一是直接生产。政府直接生产主要是通过政府部门的服务和通过政府控制的国有企业和非企业机构来进行,如国防、社会治安服务、消防服务等。二是间接生产。政府间接生产指政府利用预算安排、政策安排或合约安排形成经济激励,引导私人企业和非营利部门参与公共物品的生产。例如通过其他部门辅助提供公共物品,如邮政服务、电力、铁路、中小学教育、图书馆、医院等。政府间接生产公共物品有劳动成本较低、经营管理较好等优点,而且政府可以通过向私人出售股份吸收私人资本和非营利部门资本的加入。这样,一方面减少了政府补贴支出,另一方面还可以改善治理结构,降低生产成本,从而提高公共物品的供给效率。

公共物品的供给方式是多样的。除了政府供给外,还可以采用市场供给,例如合同外包、特许经营、政府参股、经济资助、独立供给。也可以采用第三部门供给,如非营利组织供给、非政府组织供给、社区供给。还有混合供给:一是政府与市场合作供给,如合同外包、特许经营、政府参股、经济资助;二是政府与第三部门合作供给,如公共服务社区化、合同承包;三是市场与第三部门合作供给,如公益推广、共同主题营销、核发许可证。最后还有政府、市场、第三部门多元合作供给。

（二）经济学：市场提供私人物品

私人物品是指其性质上与公共产品和准公共产品不同的产品。一是具有排他性，即一个人享用了某种服务后就会减少其他人对这种服务的享用，甚至排除了其他人对该种服务的享用；二是按产品单位收费，谁享用谁付费，不享用不付费。市场作为私人产品的供给者，可通过企业生产私人产品，个人生产私人产品，还可能是公共团队生产私人产品。企业生产公共物品，如大公司生产我们日常生活中的手机、服饰、家具、生活用品等；个人生产私人物品，包括个体营业户、个体创业者等；公共团队提供私人产品，例如家庭医生。总而言之，私人产品的供给方式就是某个组织或个人通过生产私人产品来获取利益的方式。

市场提供私人物品有以下几个优势：第一，具有灵活性。市场能根据消费者个人情况对商品或服务做出适当的调整，包括数量、质量、类型等，也能根据消费者的反馈对自身做出改变，包括战略、政策、体系等，以满足消费者的需求。第二，具有开放性。市场有开放的体系和广泛的信息渠道，以资源配置为依归，能接纳更多的元素和更新颖的创意想法，从而实现不断改革，更好地满足个人的需求。第三，具有竞争性。各组织在提供私人物品的同时也能实现自身利润的增长，所以消费者对组织提供私人物品的满意程度决定了组织的生存与消失，使组织产生危机感，从而刺激组织不断为消费者提供优质产品和优良服务。由于网络经济的迅速发展，私人物品的生产和销售进入了一个崭新的阶段，传统的 B2B 生产消费模式已经难以支撑网络经济时代的电子商务经济。我国目前常见的电子商务模式包括以下几种。一是 B2C（Business to Customer）模式：供应商直接把商品卖给用户，例如当当、亚马逊。二是 C2C（Customer to Customer）模式：客户自己把东西放到网上去卖，是个人与个人之间的电子商务，例如淘宝、拍拍、易趣。三是 C2B（Customer to Business）模式：由客户发布自己想要什么东西，要求的价格是什么，然后由商家来决定是否接受客户的要约。

电子商务已经成为一种主要的营销方式，这正是市场所追求的以最小的投入获得最大的产出。消费者不再满足于被动地接受企业生产、销售的产品，对商品的质量、规格、样式、造型以至包装都会不断提出自己新的要求。市场生产的私人物品种类不断丰富，私人物品的交易方式也更简易、更直接，从生产商到消费者之间的中间环节被裁剪，中介的作用被削弱，生产成本也就少了很多，促进了市场生产私人物品的高效和高质。

政府是提供公共物品的主体,市场是提供私人物品的主体,它们的有效运转形成了社会资源配置、利益调节、角色建构的功能作用,以及民族国家的实体内容。同时,二者存在差异:(1)政府体系的相对封闭性与市场体系的开放性;(2)政府的公共利益取向和市场的私人利益取向;(3)政府的"规范"和市场的"自由"。社会是各部分之间相互整合的行动体系,政府和市场是系统中的主要功能结构,它们内部客观存在的资源依附关系决定了二者需以功能互补机制维持社会的有序运转。正如弗雷德曼所说:"市场和作为经济活动最重要调节器的政府之间的选择是最基本的经济选择,自主发挥作用的市场经济产生了经济和技术进步、资源的有效利用。"[①]

政府看到了市场竞争与契约的重要性,市场也承认了政府法规的不可或缺性,所以双方的这种利益矛盾作用机制是使政府与市场走向最佳协作模式的原因。政府对市场的影响主要通过强制性权力和操作性权力发挥效力,而市场对政府的作用主要靠功利性权利和人格性权利来实现。市场必须遵守政府制定的法律法规,政府也得接受市场在资源配置上的基础性作用。政府和企业由于社会分工、角色定位、资源结构不同,为实现其预定目标需要资源系统的支持,如经济资源系统、人力资源系统、信息资源系统、法治资源系统等。

二、优化路径

正如前文指出的,政府和市场是社会生活的两种基本组织形式。政府追求福利最大化,为人类的生活提供制度保障;市场追求利润最大化,为经济提供物质保障。然而,二者并非十全十美,都会出现失灵、失效的情况。那么,政府失灵和市场失灵分别具有哪些特征?为什么会出现失灵的现象?该怎样应对和防范?本部分将对此进行解释。

(一)沟通合作、健全法规、加强监管

在行政学领域,政府失灵有不同的特征,具体归结为以下几个方面:(1)决策

[①] 〔美〕查尔斯·沃尔夫:《市场,还是政府——不完善的可选事物间的抉择》,陆俊、谢旭译,重庆出版社2007年版,第2—3页。

失灵;(2)信息的不完全性和不真实性;(3)公共物品供给效率低下;(4)政府内部相互勾结。政府失灵也可以理解为政府并不能高效地运转,无法最大限度地为社会带来福利,为人民生活提供保障。必须要探究政府失灵的成因:首先,政府决策其实是一个复杂的过程;其次,社会信息渠道繁多,极易导致信息失真;最后,政府工作人员的目标是自身利益的最大化。

政府失灵的现象普遍存在,防范和纠正措施主要为:

(1)加强法律法规的执行。要改善政府失灵的症状,就需要立规立章,从法律意义上强制对政府行为、政府机构、政府工作人员的约束,以绝对公平、正义的手段改变政府机构运行失误、政府工作人员失职的状况。

(2)加强政府与市场之间的沟通、合作。以市场灵活、自由的开放体系弥补政府封闭、低效运转的缺陷。市场参与到政府的建设中来,一方面可以获得丰富的信息,另一方面也可以刺激政府使其发挥更大的作用,同时还能减轻政府独自运行的负担。

(3)在政府建设中引入竞争机制。多部门在公共物品供给过程中可以相互刺激,不断学习,进而提高政府公共物品供给的效率,改善公共物品供给的方式和手段,提高公共物品的质量和价值,真正为人民生活提供保障。

(4)建立健全监督机制。政府的行为必须受到立法者和公民的政治监督,以减少不合理的行政行为,杜绝裙带关系网络;监督者更不能和被监督者相互勾结,以确保监督者秉公执法。

(二)健全制度、完善体系、宏观调控

市场失灵主要有五个方面的特征:(1)垄断失灵;(2)外部效应;(3)市场拒绝提供公共物品;(4)失业、通货膨胀和经济失衡;(5)收入分配不公平。市场失灵导致经济流通效率低、经济增速慢,原因主要有:市场不能大规模控制垄断性资源部门;市场难以有效地提供公共物品;市场不能有效地阻止外部效应;市场不能兼顾个人福利。政府和市场二者是相互依存的,在市场失灵的情况下,政府必须要采取干预行为来解决市场失灵的问题。

第一,建立健全社会经济体制、制度。市场是开放的系统,是流通的、自由的体系。如果政府不出台相关规章制度对市场进行约束,那市场机制的运行就无法可依,必定造成市场运转的失灵失效。政府应该大力加强市场体制机制建设,以维护市场运行的秩序。

第二,完善行业发展的体系。现如今,市场经济发展迅速,人民生活水平不断提高,需求也不断增加。为了满足人民的多样化需求,市场需要不断完善自身结构,增加行业种类。

第三,宏观调控市场经济。市场出现失业、通货膨胀等现象是正常的,但绝不能任其发展。这时,政府须采取相关的调控措施,以增加就业人数、控制物价上涨,做到既保持宏观经济的稳定,又能满足社会总需求和总供给的平衡。

第四,让市场参与某些公共物品的供给,有限地承担社会责任。政府应该放权给市场,让市场参与到公共物品体系的建设中来,这样既促进了政府公共物品提供体系的多样化变革,又刺激了市场经济的发展。

第五,制定并实施再分配政策,形成收入与财产公平分配机制。市场机制的自发作用会导致分配不公和两极分化,针对市场经济的这一缺陷,在建立与完善市场经济体制的过程中,政府必须担负起收入和财产分配的调节者的责任,努力解决好收入分配不公的问题。

第九章
行政学与管理学

行政学与管理学的关系,在一定意义上可以说是政府与企业的关系。本章将按照主体关系—目标定位—行动焦点—优化路径的结构展开。

第一节 关系与定位

政府是一种相对稳定的组织。政府对社会公众的需求变化并不敏感,所以其面对外界刺激时反应迟钝,在这个意义上来说,政府具有稳定性。正是由于政府具有稳定性,它们才能在管制行政中提供公共服务,从而达到科层稳定的目的。而对于企业来说,为适应经济市场化、全球化和国际化的潮流,企业必须不断改变生产经营方式,对自身组织结构进行调整,以争取更大的利润空间。为此,企业需要进行扁平创新,这样才能实现基业长青。

一、主体关系

(一) 行政学:稳定性

系统是否稳定取决于系统因素能否相互作用,达到一种动态平衡。稳定性是系统要素多样性的整体体现和动态平衡。① 在这一概念中,占主导地位的是两个因素:秩序和持续性。稳定是政府追求的重要目标之一。政府组织的稳定性主要通过组织结构、组织人事关系以及组织文化的稳定性来体现。

---

① 谭长贵:《多样性与动态平衡态势的稳定性》,《系统辩证学学报》2003年第4期,第31—35页。

1. 组织结构的稳定性

政府的组织结构一般为科层制,韦伯认为科层制体现了体制方面的理性行为,这种理性特征就是"非人格化"。正是由于组织非人格化的趋势使组织管理的任何步骤都遵循一定的法规,摆脱了长官意志以及人身依附关系,也摆脱了人的主观偏好对组织带来的负面影响,从而保证了组织的稳定性。[①] 同时,科层制也是一种由等级制组织所构成的控制系统,上级严格地控制并指导着下级的活动,是一种高度结构化、专业化、层级节制以及非人格化的组织结构。

2. 组织人事关系的稳定性

政府的工作人员主要以公务员为主,放眼世界,几乎所有的发达国家和发展中国家都建立了完备或相对完备的现代公务员制度。现代公务员制度以人才的考录选拔为开端,以科学管理为过程,以奖惩退出为结果,是形成和维持政府组织稳定性的关键。所以,政府在组织人事上的稳定性就是公务员队伍的稳定性。

3. 组织文化的稳定性

组织文化是组织在长期的生存和发展过程中逐渐积累、总结和培育而成的一整套价值体系,以制度规范为硬件,以精神信仰为软件,二者共同构成组织可持续发展的强大动力和稳定源泉。组织文化之所以具有稳定性,一是由于其形成非常不易,一旦形成便很难被打破。二是由于其内涵的独特性。一个组织的组织文化很难被复制。政府的组织文化就是"为人民服务",在所有组织形态中最为独特,具有广泛的代表性和极强的正义性,所以其稳定性不可动摇。

(二) 管理学:变动性

西蒙说过:"如果我们要想使一个有机体或一个机械在复杂多变的环境中工作得很好,我们可以把它设计成适应性强的机械,使它能灵活地满足环境对它的要求。同样,我们也可以使环境简化与稳定,使有机体去适应环境,也可以使环境适应有机体。"[②] 这就意味着,企业要求生存、谋发展,就必须与市场环境相适

---

① 王耀华、计文静:《新公共管理治理理论与传统公共行政科层制的比较分析》,《湖北大学成人教育学院学报》2007 年第 6 期,第 53—55 页。

② 〔美〕赫伯特·A. 西蒙:《管理决策新科学》,李柱流、汤俊澄等译,中国社会科学出版社 1982 年版,第 21 页。

应,根据自身实际情况不断进行改革和优化,因而具有明显的变动性特点。

从情景—权变理论范式来看,企业的变动性受到五方面的影响:(1)领导者的个人心智;(2)领导者的权力地位;(3)外部环境;(4)任务结构;(5)人际关系。其中,领导者的个人心智和权力地位处于情景—权变理论的核心地位,反映出一个组织保持特性和推动变革的主体力量。正是由于有了这样的核心主体力量,企业的变动性特征才能够持续体现。除此之外,组织氛围、任务结构和人际关系也是三个重要的影响因素。就外部环境来说,企业的改革需要考虑到外部政治、经济、社会、文化甚至是国际环境的影响,它们会在广度和深度上影响企业的变革。在任务结构上,既有的和需要改变的任务结构都是企业赖以存在和发展的动力源泉。既有的任务结构支撑着企业持续开展变革,而企业在变革的过程中也进一步重塑其任务结构,使之更好地适应外部环境和自身变化。最后,保持一个完善、和谐与健康的人际关系结构对于企业来说是至关重要的。我们在管理学中将人际技能称为管理者技能,它是连接技术技能和概念技能的润滑剂,所以良好的人际关系对于所有组织都能够起到润滑剂的作用。

总而言之,政府与企业两者是互相补充、密切合作的关系。正是有了政府的稳定性,市场和社会才能稳定地发挥作用。特别是对于企业来说,政府的稳定性使得企业能够在稳定和平的环境中进行生产经营活动,所以把政府的稳定性称为企业变动性的先导和前提毫不为过。与此同时,企业在不断追求变革的过程中,能够最大限度地丰富社会公共产品和生产资料,进而提升全体人民的获得感、幸福感、安全感,实现的是公共价值。所以从这个意义上来说,政府追求的稳定性和企业追求的变动性,二者在本质上相互统一,相互促进。

二、目标定位

(一)政府的目标:科层稳定

从古至今,政府治理的主要形式都是科层制,经历了从传统科层制到现代科层制的转变。基于"溥天之下,莫非王土;率土之滨,莫非王臣"的皇权治理理念,传统科层制在扩大疆土、安抚民意、增进民生福祉等方面对封建王朝的统治发挥了重要作用。20世纪初,马克斯·韦伯提出现代官僚制。现代官僚制是一种理想型官僚制,又可称之为"理想行政组织体系"。理想型官僚制具有如下特征:

（1）官职具有管辖权限。该权限一般由规则,即由法律或行政规章决定的。这意味着:首先,官僚治理结构所需的常规活动被确定为官职义务;其次,需要以某种稳定的方式对权威进行分配,以保证这些义务得到切实履行;最后,对与强制手段有关的规则严格划定界限。政府在授权与执行方面受到强制性规则或者法律的约束,所以其决策与政策执行具有相对的稳定性。

（2）上下级隶属体系。科层组织通过等级制原则和上诉渠道原则,建立起合法权威,这种权威使得等级制中的上下级形成隶属关系,而这有利于组织结构和制度的稳定性。

（3）对现代官职的管理是以书面文件("档案",以原件或草稿形式保管)、一个下属官员班子以及各种文员为基础的。原则上来说,现代公务员体系中的官署与公务人员的私宅是分离的,个人财产与公款公物也是分离的,同时,公务人员在处理公务时也要将私人关系和公务关系严格分清,不徇私情。某一职位的工作人员要具有非人格化的理性特征,才能够做到公平公正。正是"非人格化"的特点,才使得官员不因主观偏好而对组织产生负面影响,从而保证了组织的稳定。

（4）公务人员的专业化特征。现代官僚体系中的职位具有专业化的特征,这就意味着要进行劳动分工。劳动分工是把任务分成大多数人都能胜任的工作,并根据标准由受过训练的人员执行这种任务。这不仅提高了人的可靠性和胜任能力,同时,也增强了公务人员对组织的归属感,从而保证了他们与组织间的稳定关系。

（5）对官职的管理遵循普遍规则,这些规则大体上是稳定的、详尽的且易懂易学。有关这些规则的知识是公务人员拥有的特殊技术专长。政府通过伦理道德来塑造并约束公务人员的行为,而强化他们对相关法律规则的认知和掌握也间接地保证了组织人员的稳定。

政府通过组织结构、组织制度、组织人员三个方面的稳定性以及三者间的稳定关系来实现政府组织的科层稳定。政府的组织结构采用的是等级制,呈"金字塔形",管理幅度较小,每一管理层的上级都能对下属进行指导和控制,层级之间关系也较为密切,有利于工作任务的衔接。政府的组织人员是组织制度的实施者,也是组织结构的建构者,增强组织人员对组织的归属感和荣誉感,可保证组织人员的稳定性,从而间接保证政府结构和组织制度的稳定性。

(二) 企业的目标:扁平创新

美国通用电气公司 CEO 杰克·韦尔奇率先提出"组织机构扁平化"的概念,并在其公司进行成功实践。组织结构扁平化是指企业不再采用纵向的垂直专业化分工所形成的金字塔式的组织结构形式,而是建立以顾客需求为导向的横向扁平化的组织结构形式,目的是把企业员工之间的纵向关系在企业信息网络平台的基础上变成"纵横交错"的平等关系,从而消除各部门之间的障碍和壁垒。企业把任务委托给基层的价值流小组和工作团队,同时把权力也下放到面向顾客的基层工作团队,这样就减少了企业的中间管理层,形成扁平化的组织结构形式。① 其特点是②:

(1) 以工作流程而不是部门职能为中心来构建组织结构。企业组织结构是围绕有明确目标的几项"核心流程"建立起来的,而不再围绕职能部门来构建;与此同时,职能部门的职责也随之逐渐淡化。这样做可以有效提高管理效率,并且节约建设成本。

(2) 纵向管理层次简化,削减中层管理者。组织扁平化要求企业的管理幅度增大,管理层次减少,取消一些中层管理者的岗位,使企业指挥链条最短。这样做可以加快组织信息传递的速度,从而保证组织信息的真实性、有效性。

(3) 企业资源和权力下放于基层,形成顾客需求驱动的发展战略。基层的员工与顾客直接接触,所以让他们拥有部分决策权能够避免在向上反馈信息的过程中出现信息失真与反应滞后的现象,从而能够大大改善服务质量,快速地响应市场的变化,真正做到"顾客满意"。

(4) 利用现代网络通信手段进行沟通。企业组织内部与企业之间可通过 E-mail、办公自动化系统、管理信息系统等网络信息化工具进行沟通、交流,大大增加管理幅度与提高管理效率。同时,该方式也增加了组织内部各部门间的联系。

---

① 林志扬、林泉:《企业组织结构扁平化变革策略探析》,《经济管理》2008 年第 2 期,第 4—9 页。
② MBA 智库·百科,"扁平化组织"词条,2016-09-28,https://wiki.mbalib.com/wiki/组织扁平化#.E5.8F.82.E8.80.83.E6.9D.A1.E7.9B.AE,2022 年 6 月 14 日访问。

(5)实行目标管理。在下放决策权给员工的同时实行目标管理,以团队作为基本的工作单位,员工自主决策,并对结果负责。这样就把每一个员工都变成了企业的主人,有效地提升了组织员工的积极性。

企业组织的扁平化解决的是传统金字塔结构下管理层次和管理幅度的矛盾。通过把管理层次和幅度设置在一个科学合理的水平,能够保证组织上下层之间的沟通交流,下层能迅速获知上层的决策思想,上层也能迅速了解下层的相关情况、客户的重要信息和市场的有关动态,在信息传导和信息反馈之间减少环节、缩短时间。这样,组织上下级的互动必然会激荡出巨大的能量。这样的组织结构形式往往能够形成整体互动、协调合作的良好氛围,从而产生巨大的、持久的创新能力与竞争能力。

第二节 焦点与路径

一、行动焦点

(一)行政学:管制行政走向服务行政

管制行政意指政府以法律、法规、规章等为依据,以行政命令、决定为手段,系统性地对市场经济活动和社会公共事务进行某种干预、限制或约束的行为。管制行政具有强制性、单方性、优益性的特点。管制行政主要包括以下几类:一是社会性管制与经济性管制。社会性管制是基于对生产者和消费者健康与安全的考虑,通过制定一些规章制度对涉及环境保护、产品质量和生产安全等方面所实行的管制,以纠正经济活动所引发的各种副作用和外部影响。经济性管制是针对特定行业的管制,即对某些产业的结构及其经济绩效的主要方面的直接的政府规定,比如进入控制、价格决定、服务条件、质量规定,以及在合理条件下服务所有客户时应尽义务的规定。二是对竞争性行业的管制。主要管制方式有:(1)控制产品的价格;(2)发放许可证或营业执照;(3)制定行业标准和要求行业公开信息;(4)税收、补贴和政府采购等。三是对公用事业或自然垄断行业的管制。对自然垄断行业的价格管制主要服务于以下目的:(1)保护消费者利益,促进社会分配效率的提高;(2)促进自然垄断产业提高生产和经营效率;(3)维持企业发展潜力。

所谓服务行政,是指在"社会本位""顾客导向"理念的指导下,科学定位政府的角色并切实转变政府职能,探索服务于民的政府行为方式的新型行政模式。倡导服务型政府建设要通过服务行政实践入手,推动服务行政有利于服务型政府的建设。服务行政包括的核心要素有民主、法治、有限、责任、公开、公平、有效。理性、精干、高效的政府行政机构被视为现代文明社会发展的重要标志。[1] 21世纪,实现国家治理现代化的关键一环就是要实现政府治理体系和治理能力现代化,这就要求政府从管制行政向服务行政转变。在这个过程中,需要注意三点:

第一,转变行政理念是管制行政向服务行政转型的先导条件。行政理念是行政机关工作人员在管理社会事务和机关内部事务中所持有的思想观念和价值判断,它强烈地影响和支配着行政人员的行为,决定了政府行为方式及其政策的价值取向。无论从政治学的角度还是从经济学的角度看,政府都应为公民服务,政府与公民之间的关系是合作伙伴关系。从政治学"契约理论"的角度理解,政府的一切权力来自公民与政府之间的契约或权能委托,政府应保护公众的公共利益,维护公共秩序,全心全意为人民服务。从经济学的角度来看,公民通过纳税给予政府经济支持,政府在获得公民的政治和经济支持的同时,必须按照契约的要求提供给纳税人令其满意的服务。

第二,扩大行政主体是管制行政向服务行政转变的核心内容。从管制行政走向服务行政是现代公共行政发展的必然趋势,这一发展极大地拓展了行政的外延。公共行政主体由原来的一元化(政府)转变为多元化(政府、公民、社会中介组织和市场),由单纯的政府行政走向政府与社会共同实施的公共行政,从而实现了公共管理的分散化与非垄断化。在公共服务过程中,委托代理机构、中介组织、志愿者、社区群体均可广泛介入,但是政府的主导作用不可替代。具体地说,服务行政要坚持以政府为主导,同时吸纳政府以外的市场主体、社会主体积极参加政府公共服务活动,实现公共服务主体的多元化。

---

[1] 宋源:《转型期公共行政模式的变迁——由管制行政到服务行政》,《学术交流》2006年第5期,第32—36页。

第三,变革管理方式是由管制行政向服务行政转变的重要手段。推进管制行政走向服务行政不仅需要良好的运行机制,更需要更新管理手段,需要新技术支撑下的管理方式创新。例如,政府通过互联网建立不同政府之间,政府与企业、政府与社会、政府与公民之间便利的网络沟通机制及快捷的反馈机制,从而打破时空及层级的限制,倾听社会各界的需求和呼声,传达政府的施政意图、方针。电子政府为服务型政府提供了技术支撑。电子政府的创建与推动,为政府行政权能转变的现实化与有效性提供了一定的物资设备与技术路径支持,为行政权力结构、行政运行方式的优化,为政府施政能力的改革甚至是中国民主政治的发展,均提供了新的可能性空间。

(二) 管理学:从任务驱动迈向基业长青

企业的低成本、低价格和差异化等比较优势可以带给企业暂时的竞争优势。我们可以将此理解为企业追求任务驱动所带来的竞争优势。但是,这种优势并不能长久地成为竞争的核心优势。追求比较优势只是中间过程和手段,打造长期的可持续竞争优势、保证基业长青才是根本大计。相比于政府追求从管制行政到服务行政的转变,企业组织的行动焦点是从任务驱动迈向基业长青,而这必然意味着企业发展要从前期的"量"逐步过渡到"质"的阶段,由过去的外部资源依赖型转向内部能力依赖型,由过去的机会经营型转向企业素质导向型。菲利普·赛德勒给出了精辟的论断:"那些想建立明日基业的人们眼前只有一条路,那就是全力创造公司的持续竞争力。"①

企业组织要从任务驱动迈向基业长青,就是要培育持续竞争力,这是一种充分开发、利用各种资源和能力,通过持续创新等手段超越资源和环境约束,保持企业经济持续增长并促进社会进步的综合素质与能力。它具有持续性、协调性、创新性、系统性、合作性的特征。从任务驱动迈向基业长青,就是要通过创造持续的卓越业绩走向持久卓越的企业。其逻辑关系是:已有或新创公司+从优秀到卓越理念→持续卓越业绩+基业长青理念→持久卓越。持久卓越是创办和发展"长久性企业",亦是基业长青。因此,理念是基业长青的"灵魂"。首先,所有理念都是无形的,灵魂也是无形的。那些有远见卓识的企业家都认识到无形的无

---

① 〔英〕菲利普·赛德勒:《持续竞争力》,李宪一译,北京大学出版社2004年版,第227页。

处不在和无形的作用无限。其次,理念是起指导和决定作用的东西。无数国际国内的优秀企业都有着自己的指导理念和思想,如海尔的"东方亮了再亮西方""有缺陷的产品即废品",方太的"质量从设计开始"等。正是无处不在和作用无限的理念指导和决定着长久性企业的生存与发展,成为长久性企业的灵魂。[①]

以下是几条塑造"长久性企业"的重要理念。

第一,"造钟,不是报时"。沃尔玛的创始人萨姆·沃尔顿曾用"从头到尾,我注重的是尽我们的心力,建立最完美的零售公司"来说明他们的根本理念,即"造钟"。所有企业组织要想成为"百年老店",想做到"永续经营",那么它们的领导人都要抱着"造钟"的理念,而不仅仅是甚至主要不是生产产品和提供服务。生产产品和提供服务或者是暂时的,或者是变动的,而"造钟"是持续的和恒久的。"造钟"这一恒久理念既是根本的立足点,又是终极的目标。相应的,企业领导人就是"造钟师"。"造钟而非报时"也蕴涵着另外一个道理——"授人以鱼,不如授人以渔"。企业创始者或领导者不突显自己,而是把自己的心力全部放到企业的使命追求上,做一个战略引领者而非政策执行者。

第二,拥有利润之上的追求。萨姆·沃尔顿曾说:"创造巨大的个人财富从来都不是我的特定目标。"惠普前任 CEO 约翰·扬也说:"我们也清楚地表明,利润虽然重要,却不是惠普存在的原因。公司是为了更基本的原因而存在。"福特公司前任 CEO 唐·皮特森更是明确地说:"把利润放在人和产品之后是福特公司造就的奇迹。"这些高瞻远瞩的公司能够奋勇前进的根本因素在于它们存在指引、激励公司上下的核心理念、核心价值和超越利润的目标。核心价值是组织长盛不衰的根本信条,不能为了金钱利益或眼前利益而自毁立场。世界上著名的成功企业,无不在赢利之外寻找到自己存在的价值依据——增进人类消费福祉和为顾客创造价值。

第三,保存核心,刺激进步。企业的核心价值像基石一样埋在土地里,但企业生存的环境和条件是随时变化的。尤其是在当今时代科学技术发展迅速、市场环境变化莫测的情况下,企业的经营管理必须快速应变、及时调整和不断创

[①] 吕福新:《理念:长久性企业的灵魂——读〈基业长青〉的感知与认识》,《管理世界》2003 年第 9 期,第 152—153 页。

新。张瑞敏说:"市场唯一不变的法则就是永远在变。"企业发展的理念和灵魂存在于有形的生活的机体中,因此必须感知现实、反映实际、适应和把握变化。正是这种矛盾决定了企业持续发展和演进的基本逻辑。具有哲学素养的企业领导把坚持核心与应对变化看成是本质与表象的关系。我们可以把基业长青的基本演进逻辑表述为坚持核心和应对变化的"创新—超越"范式。熊彼特把创新理解为"创造性地破坏"——既有坚持又有创新,就是"超越"。

高瞻远瞩的公司和持久卓越的企业共有的一个突出特点是高瞻远瞩与发自内心、伟大与平凡、卓越与简单的统一。要成为高瞻远瞩的公司并保持这种地位,既需要传统的纪律和辛勤的工作,还要杜绝自满和沾沾自喜的心理。此外,基业长青的根本在于将核心理念和追求进步的独特精神融入组织结构的所有层面,化为组织的目标、战略、战术、政策、程序、文化习性、管理行为、建设蓝图、支付制度、会计制度、职务设计等,内化成公司的一切行为。

二、优化路径

(一) 行政学:转变理念、依法行政、绩效考核

管制行政的优势在于:第一,权力集中,命令传导链条流畅,行政指令易于实现;第二,政府执行能力强,行政成本低,具有较高效能;第三,政府的长效评估体系有利于激励行政官员,总结执行问题,改善行政过程。劣势在于:首先,政府大包大揽,剥夺了公民管理社会公共事务的权力,不利于民主法治的形成和发展;其次,政府权力扩张倾向明显,职责不清,各种审批环节繁杂,行政效率低下,腐败易于滋生;最后,政府权力高度集中,有效的监督机制难以形成,易导致机构臃肿,行政效率低下。

服务行政的优势在于:第一,以人为本。秉持发展为了人民、发展依靠人民、发展成果由人民共享的宗旨,有利于建立全心全意为人民服务的政府。第二,民主法制。从人民根本利益出发,依法行政,依法治国,建立以人民满意为标准、以法制为原则的政府。第三,合理分权。各部门之间合理分工,各层级政府权责对等,有利于解决高度集中政府的结构性问题。第四,公共服务。致力于为全社会提供公共物品和服务,致力于让政策、财政等惠及千家万户,建立切实关心民众、增进人民福祉的政府。劣势在于:第一,存在着不同程度的"为服务而服务"的形

式主义,甚至为了"服务"不计成本,实际上是追求服务表象而忽略了服务行政的本质。第二,公共政策制定与执行的关系处理不当。一方面重政策和制度的制定而轻执行落实,另一方面是政府大包大揽,轻视服务型政府建设的民主性特征。第三,轻视甚至放弃监管责任。

从国际环境来看由管制行政转变到服务行政的必要性。20世纪70年代以来,为了迎接经济全球化、信息社会和知识经济时代的来临,并摆脱财力困境、提高国际竞争力和政府效率,世界各国相继掀起了一场追求"3E"的公共行政改革运动。尽管各国的改革存在一定差异,但追求的目标却是一致的,即用竞争的机制打破政府对公共服务的垄断,促使政府增强服务意识,降低服务成本,改善服务方式,提高服务效率,增强服务能力。政府与民众的关系已经不再是管理与被管理的关系,而是公共服务的提供者与顾客的关系,各级政府组织更趋向于一种有限集权的、分散化的、非集中的、更富于灵活性和弹性的分权性权力结构。服务行政清晰地体现出公民作为顾客在政府管理中的核心价值。

从国内现状来看由管制行政转变到服务行政的必要性。为了实现经济与社会的协调发展,摒弃管制型政府的落后因素,加快服务型政府建设势在必行。计划经济体制下形成的管制型政府,长期以来面临机构臃肿、人员繁冗、财政困难、效率低下、官员腐败等困境,政府越位、缺位、错位的现象严重。社会现实亟需一个政治制度更加合理、政府职能更加清晰、社会民主更加广泛的法制、透明、民主的服务型政府。服务行政要求进一步转变政府职能,将主要精力放在改善宏观经济调控、规范市场、创造良好市场环境、提高公共服务水平和能力方面,使政府管理符合市场经济的发展要求。

保持科层制稳定既是政府组织改革发展的条件,又是目标。科层官僚制是政府存在、运行、优化的既有前提,离开科层官僚制谈政府无异于缘木求鱼。政府从管制行政向服务行政的转变,最终目标也必然是保持科层官僚制的稳定。其内在逻辑就是改革、发展和稳定三者之间的关系,具体措施可分为以下五个方面。

1. 转变政府的行政理念和政府职能,增强服务意识

行政理念是政府工作人员在管理社会事务时所持有的思想观念和价值判断,它强烈地影响和支配着政府工作人员的行为,决定了政府的行为方式及其政

策的价值取向。同时,它也要求工作人员在工作上抽离个人情感,做到办事公平公正,在提供公共服务的同时也保证政府的稳定。在市场经济条件下,政府要充分发挥市场在资源配置中的决定性作用,加强宏观调控,减少行政管制,为经济发展创造一个公平的、充满活力的市场环境。政府要加快行政审批制度改革和创新,简化审批程序,提高审批效率,真正做到简政放权、放管结合和优化服务。

2. 实现公共服务制度化,推进依法行政,完善责任机制

公共服务内容广泛,应根据国家市场化进程的实际情况对政府职能转变提出的客观要求,在相关立法中明确规定市场经济条件下政府的公共服务职能定位。同时,政府应严格遵守"有法可依,有法必依,执法必严,违法必究"的法治社会基本要求。政府在享有并行使公共权力时要遵循"权责一致"的原则,依法行政,依法承担相应的责任,并接受人民监督。除此之外,还应做到增强各级机关公务员的法制观念,增强依法行政的意识;加强对各级机关和公务员的法律监督、群众监督、舆论监督,明确权力运用和责任落实情况;强化官职管辖权限的原则,维护行政执行机构的稳定。

3. 通过变革管理方式加快电子政务建设,提高政府效率

推进管制行政走向服务行政不仅需要良好的运行机制,更需要更新管理手段,需要新技术支撑下的管理方式创新。在构建服务行政的过程中,需要重视网络信息技术的运用,大力推进电子政务建设。所谓电子政务就是指国家公共部门,尤其是政府部门,为了提高公共事务管理效能和公共服务水平,通过运用网络信息技术与开发信息资源、重组组织结构、创新公共管理模式、优化业务流程有机结合的方式,为公共事务管理和公共服务提供的新型管理模式与运行机制。[①] 网络信息技术加强了政府的上下级沟通、命令传达并且拓宽了上诉渠道,进一步稳固了政府组织结构,不仅在简化政府管理流程中起了正面作用,而且对落实清单制度大有裨益。

4. 健全政府行政监督机制和绩效考核评估制度,规范用人机制

对政府绩效的考核和评估是获取政府管理和服务能力、质量、效率等信息的

---

① 刘熙瑞:《服务型政府——经济全球化背景下中国政府改革的目标选择》,《中国行政管理》2002年第7期,第5—7页。

重要途径。要想转变政府服务方式,就要加强对政府绩效的考核评估,完善奖惩制度,增强公务员的工作积极性、创造性和竞争意识,同时提升绩效考核的公开性、透明性及实现评估主体的多元化,提高绩效考核的公众参与度,并根据政府部门的具体情况选取不同的考核方式。通过建立结构合理、配置科学、程序严密、制约有效的权力运行机制,从决策和执行各个环节加强对权力的监督,保证人民赋予的权力为人民谋利益,真正选拔出德才兼备、具有"四个意识"、坚定"四个自信"、做到"两个维护"的领导干部,杜绝圈子文化和宗派主义,防止选人用人"灯下黑"。

5. 完善公务员制度,提升公务员素质

公务员是政府工作人员的主体,其素质在很大程度上决定了政府提供公共服务的能力、范围和质量。在向服务行政转变的过程中,首先要做的就是对公务员选拔任用、考核奖励、培养教育、管理监督的全过程进行优化,按照新修订的《中华人民共和国公务员法》,严管与厚爱相结合,推进干部选拔任用工作制度化、规范化、科学化。其次是在提高公务员的素质上持续发力,加强职业道德考核,建立健全公务员培训机制,增强公务员的政治觉悟、法制观念和服务意识。最后是深化公务员分类改革,推行公务员职务与职级并行、职级与待遇挂钩制度,健全公务员激励保障机制,建设忠诚干净担当的高素质专业化公务员队伍,由此保证政府的稳定性。

(二) 管理学:战略规划、持续学习、勇敢创新

面对不确定的环境,企业为了生存并实现稳定和可持续发展,需要将企业组织结构和管理流程进行改革和变动,即实现组织扁平化。扁平化组织形式有以下三种类型。[1]

1. 矩阵制组织结构

矩阵制组织结构是为了改进直线职能制组织结构的横向联系差、缺乏弹性的缺点,在直线—职能制垂直形态组织系统的基础上,再增加一种横向的领导系统而形成的一种组织形式,又可称作"非长期固定性组织"。其特点表现为:围绕

---

[1] MBA智库·百科,"扁平化组织"词条,https://wiki.mbalib.com/wiki/组织扁平化#.E5.8F.82.E8.80.83.E6.9D.A1.E7.9B.AE,2022年6月14日访问。

某项专门任务成立跨职能部门的专门机构,例如组成一个专门的产品(项目)小组去从事新产品开发工作,在研究、设计、试验、制造各个不同阶段由有关部门派人参加。这种组织结构的形式是固定的,人员却是变动的,需要谁,谁就来,任务完成后就可以离开。项目小组和负责人也是临时组织和委任的,任务完成后就解散,有关人员回原单位工作。因此,这种组织结构非常适用于横向协作和攻关项目。企业可用来完成涉及面广的、临时性的、复杂的重大工程项目或管理改革任务。另外,这种组织结构还特别适用于以开发与实验为主的单位,例如科学研究尤其是应用性研究单位。

2. 团队型组织结构

团队型组织以自我管理团队(Self-managed Team,SMT)为基本的构成单位。所谓自我管理团队,是以响应特定的顾客需求为目的,掌握必要的资源和能力,在组织平台的支持下,实施自主管理的单位。战略单位经过自由组合,挑选自己的成员和领导人,确定自己的操作系统和工具,并利用信息技术来制定其认为的最好的工作方法。惠普、施乐、通用汽车等国际知名企业均采取了这种组织方式。SMT 使组织内部的相互依赖程度降到了最低。团队型组织的基本特征是:工作团队做出大部分决策,选拔团队领导人,团队领导人是"负责人"而非"老板";信息沟通是人与人之间直接进行的,没有中间环节;团队将自主确定并承担相应的责任;由团队来确定并贯彻其培训计划的大部分内容。

3. 网络型组织结构

网络型组织是由多个独立的个人、部门或企业,为了共同的任务而组成的联合体,它的运行不靠传统的层级控制,而是在定义成员角色和各自任务的基础上,通过密集的多边联系、互利和交互式的合作来完成共同追求的目标。网络型企业组织结构中,企业各部门都是网络上的一个节点,每个部门都可以直接与其他部门进行信息和知识的交流与共享,各部门是平行对等的关系,而不是以往的等级关系。平等性、多重性和多样性的多边联系与充分的合作是网络型组织最主要的特点。

随着社会需求的日益复杂多变和时代的进步,企业在提供服务的过程中常常伴随着社会知识和企业组织的创新与再造。若企业想得到进一步发展进而实

现基业长青,就需要将企业改造成为一种拥有可持续竞争力的扁平化组织。企业可以通过以下四点实现扁平化组织改革①:

1. 关键资源:建立有效的人才经营模式

资源是企业形成和运作的物质基础,是企业生存和发展的条件,也是企业竞争力的基础。企业的资源状况决定着企业的活动领域和范围。企业关键资源是能够为企业带来竞争优势的有形或无形资源、人力资源以及外部的核心资源,这是企业创造持续竞争优势的基础。人才是企业发展的第一要素。持续发展的人才队伍能带给企业更强的创造力、更高的绩效以及更广阔的视野。将企业资源和权力下放基层,扩大企业管理幅度,同时实现有效人才经营,是企业能力持续增强的保障。

2. 战略规划能力:制定符合时代潮流和企业实际的战略规划

战略规划能力是企业面向全局的、具有长远眼光的、注重执行的规划能力。战略指导思想和目标正确、战略内容得当可行、战略实施和规划明确可靠是企业未来发展的方向和目标。企业必须对宏观环境、行业竞争、市场空间、自身资源与业务能力等要素进行前瞻性的、系统的分析,以企业工作流程为中心制定出明确可行的近期、中期及远期的运营目标与事业发展方向,并随着企业内外部环境的变化适时做出必要的调整。只有这样,企业才能确保日常运营与决策的连续性及目标的一致性,才有可能实现基业长青。

3. 持续学习能力:提高企业和员工的学习能力

企业要能够永葆创新活力并不断进步、取得成功,必须具备始终如一的创新激情与勇于面对事实真相的胆略担当,并将企业变成一个学习型组织,让整个企业及所有员工都保持学习能力。通过创造共同的愿景,建立组织学习机制,培育信任文化,提供知识获取、共享及交流的平台等方式,提高组织学习能力。企业要注重国内外智力成果的引进和消化,不但要学习产品的研究开发、生产制造及经营销售等显性知识,也要学习企业精神、企业文化等隐性知识,在学习中不断发展壮大。此外,企业还要培养员工的服务意识,做到让"顾客满意"。

---

① 杨华峰、王学军:《企业基业长青的战略管理新思维》,《求索》2008 年第 10 期,第 67—68 页。

4. 持续创新能力：提升企业管理能力

培育持续创新能力是企业管理能力持续发展的关键。企业只有加快转变发展观念和发展模式，致力于持续创新能力的培育，才能保持长久的生命力。持续创新能力包含企业获取信息的能力、推理能力、决策能力、迅速执行决策的能力、从事经济活动的高效率与适应环境变化的能力、企业家的创新精神、企业文化建设等。通过培养持续创新能力的方式重新锻造企业的管理能力，不仅是提升企业竞争力的重要内容，也是目前企业亟需的核心竞争力。

第十章

行政学与社会学

将行政学与社会学结合起来进行探究和学习是当今时代的一个重要研究主题。我们将行政学研究的主体——政府的特征概括为责任性,将社会学研究的主体——社会的特征概括为参与性。由此就产生了一系列问题,如:政府责任性和社会参与性的产生条件是什么?为什么政府有效履行责任能够促进公共治理?社会参与性为什么能增强治理民主?围绕其主体关系和目标定位,政府和社会各自的行动焦点又是什么呢?该如何进行优化?

第一节 关系与定位

行政学与社会学的结合可以说是责任性与参与性的结合。政府的责任性体现了政府职能目标的实现和进行社会治理的必要性,其目标定位是促进公共治理;社会的参与性体现了在政府的合法干预下实现公民自治与社会共治有机统一的重要性,其目标定位是增强治理民主。在一个国家范围内的公共问题上,政府负有最大的责任[1],这便是其责任性;社会作为共同生活的个体通过各种各样的关系联合起来的集合,在政府的引导下参与治理以及实现自治和共治,体现了社会的参与性。

---

[1] 金东日:《政府责任及其实现途径的研究视角探析》,《上海行政学院学报》2016年第4期,第27页。

一、主体关系

(一) 行政学：政府责任性

政府的责任性是指政府及其公职人员履行其在整个社会中的职能和义务，即法律和社会所要求的职能和义务。政府责任主要对三个方面进行了规定：首先，阐明了政府行动指向，即需要做什么，能够做什么，为谁做什么；其次，规范了政府行动范围，即什么事情该做，什么事情不该做；最后，规定了政府在没能履行好职责的时候需要承担何种后果。政府责任所涵盖的基本价值在于："(1)回应(Responsiveness)。意味着政府要对民众对政策变革的接纳和对民众要求做出反应，并采取积极措施解决问题。(2)弹性(Flexibility)。在政策形成和执行中，政府不能忽略不同群体、不同地域或对政策目标达成的情景差异(situational difference)。(3)能力(Competence)。行政责任同样要求政策的制定和执行受到恰当的、认可的目标标准(Objective standards)的指引。政府的行为应是谨慎的，而非仓促的；应当关注结果，不应玩忽职守。同时政府的行为应当是有效率的和有效能的。(4)正当程序(Due process)。政府的行为应该受到法律的约束，而非受到武断的意志的支配，非经法律程序不得剥夺任何人的生命、自由和财产。(5)责任(Accountability)。一个组织必须对其外部的某些人和某些事负责，在做错事情时，一些人必须承担责任。(6)诚实(Honesty)。"①

政府为什么要有责任性呢？第一，政府权力对应其要承担的责任。第二，责任性是现代民主政治的必然要求。第三，有责任才能有秩序。与责任性政府相对应的是"非责任政府"。非责任政府的后果极为严重，容易产生"官官相护""权权交易""权钱交易""一人得道，鸡犬升天"等见怪不怪的乱象和官场文化。②因此，任何政府的存在和运行都意味着履行某种责任，当然也必须实行与此相应的问责制。

(二) 社会学：社会参与性

社会的参与性有很多种释义，比如从法律的角度来说，它指由国家司法权以

---

① 张成福：《责任政府论》，《中国人民大学学报》2000年第2期，第76页。
② 金东日：《论非责任政府及其向责任政府过渡的前提》，《上海行政学院学报》2017年第3期，第60页。

外的社会力量介入诉讼,使司法活动能够体现社会关于秩序、自由、公正等的价值标准,避免国家司法权专断。从公众的角度来阐述,社会参与是指社会成员以某种方式参与、干预和介入国家政治生活、经济生活、社会生活、文化生活和社区公共事务从而影响社会发展。社会参与有两个基本特点:自愿性和选择性。自愿性即公众主动参与社会治理和干预公共事务的倾向性,而这一般取决于现实的社会治理系统是否提供了充分、有效、平等的参与渠道,危机状态下则取决于政府和社会群体的危机应对举措。选择性是指公民参与国家政治、经济、社会等活动并不是无目标的,公民会根据自己的利益选择进入合适的领域,从而表达自身的利益需求以获取适合自身发展的路径。

社会为什么要有参与性呢? 首先,社会的多样性催生了社会的参与性。其次,政府治理危机的解决需要有效的社会参与。社会的参与性对于政府和公众的重要性体现在:一方面,政府还权于社会——国家将本应属于社会主体的权利与权力,以社会自主、自治权力的方式归还给社会。民众不再是那种被控制、被支配的"顺民",或只是仰给于国家、坐等"替民作主"的"父母官"救济的"子民",而是能运用自有的社会资源和自主的社会权力,解决自己问题的公民。另一方面,公民参与执法、决策和监督,譬如通过社会组织集中和反映不同社会群体的意见与要求,直接参与城市管理的决策过程,为市政管理工作提供社情、民情的依据,贡献来自人民群众和各行各业专家的智力资源与物资、精神支持,促进政务活动的公开和透明。这样既表达和实现了公众的利益需求,也支持了政府的决策,监督了政府对权力的行使,是推进政府治理的基本动力。①

二、目标定位

(一) 政府的目标是促进公共治理

公共治理是"有政府的治理",其实践逻辑是信任—合作—服务,核心价值"不仅包括了在一般意义上对公共的信任,也包括了在具体意义上对具体的公民和公民团体的承诺与回应"②。从政府与社会的关系出发,公共治理认为,"社会

---

① 郭道晖:《政府治理与公民社会参与》,《河北法学》2006 年第 1 期,第 14 页。
② 〔美〕乔治·弗雷德里克森:《公共行政的精神》,张成福等译,中国人民大学出版社 2003 年版,第 61 页。

管理的权力核心还应包括得到公众授权及符合公众利益的非政府群众性自治组织,如社区自治委员会,或是非正式的组织如社区志愿者组织、民间社团等社会组织,此外还包括社区的企事业单位,甚至是公民个人"①。

为什么政府实现其责任性的目的是促进公共治理呢?我们从戴维·伊斯顿"政治系统论"的角度来进行阐述。"政治系统论"以政治系统对于环境的适应以及系统的存续为研究内容,以输入(需求和支持)、输出(积极输出和消极输出)和作为输出效果的反馈为分析变量,研究政治系统的运作过程。简而言之,政治系统的运作流程表现为"输入—反应—输出—反馈"四个环节。一个流程之后,反馈再次进入政治系统,从而形成以反馈为回路的系统循环。② 由此可知,社会公众会由于自身利益需要产生相应的诉求,即民意;而政府作为政治系统的中心,会接收社会中的这些民意并将其作为政治系统的输入;这些输入会形成压力和支持力,而后政府根据公众需求制定和实施政策,通过输出决策并进行自我调节,以适应环境,维持自身与环境的动态平衡。符合民意、满足公民需求的决策输出可获得积极良好的反馈,取得公众信任,达到政府治理的目标;而不适应环境、得不到公众认可的决策输出如果不及时调整,则得不到公众的反馈甚至会得到负面的反馈,如政治危机、群体性事件等。

所以说,良好的公共治理需要政治系统的决策输入,而决策输出是表现其责任性的关键一步。如果政府的决策输出不能满足公众的需求,自然不能实现其责任性;而奉行自由放任主义的政府的经历也表明,在出现"市场失灵"的情况时,"不作为政府"同样不能满足公众需求,不承担责任并不是就避开了其责任性。因此,政府要实现其责任性,就要在政治系统的输入过程中让公众参与进来,与公众合作,使公共部门、私人部门和非营利组织在参与治理的过程中形成伙伴关系,协调和控制相关资源,构建治理网络,实现公共利益的最大化。只有这样,决策输出才能真正匹配公众输入的需求,才能得到积极的反馈从而形成良好的系统循环,政府也才能实现其责任性。

---

① 李奋生等:《公共治理理念下转制社区自治研究——以成都市龙华社区为例》,《城市发展研究》2014 年第 4 期,第 12 页。

② 程同顺、邢西敬:《从政治系统论认识国家治理现代化》,《行政论坛》2017 年第 3 期,第 19 页。

(二) 社会的目标是增强治理民主

社会要实现正确、有效、合理的利益需求表达,就需要增强治理民主。具体来讲,治理民主有两方面的重要性:一方面,弥补政府与市场的缺陷。市场没有解决国家与社会的所有问题的能力,所以必须通过政府干预解决;但是,当"政府失灵"与"市场失灵"同时出现时,就需要民主的治理来弥补两者的不足。这种治理的大概图景是公众通过民主决策、民主监督、民主管理等方式参与政府治理,在提高决策质量的同时,提升治理水平。另一方面,增强治理民主是预防治理危机的关键。公众有利益需求就要表达,如果对其进行限制,使其无法进行合理合规的表达或者不建立正常渠道允许其表达,那么就会产生社会抗争,由此导致的治理危机和群体性事件反过来会给社会稳定带来挑战。政府对公众表达利益需求的行为不应漠视、逃避甚至抵制和打压,而是应该建立合理的机制和路径进行引导,这样做就能增强治理民主,使政府治理更具合法性。

不仅如此,社会参与对实现民主治理也发挥着重要作用。首先,社会参与创新了社会治理体制。国家在实现民主治理的过程中,需要处理国家转型与社会转型的同步性问题,以形成有效的社会治理机制,为公民和社会组织参与公共事务创造有利条件,实现国家与社会的良性互动,让社会成为政府治理的帮手和伙伴。其次,社会参与矫正了人们对公共治理的认知偏差。一方面,它矫正了人们混淆"公共治理"与"政府治理"的错误倾向,公共治理不能仅仅被视为政府治理的基本手段和工具。公共治理主体包括政府但又不限于政府,社会中的市场、非政府组织乃至公民都是治理主体之一。另一方面,它矫正了社会生活和社会管理的偏差。社会管理不只是政府对社会的管理,我们不仅需要从提升政府管理绩效的功利角度看待社会生活,还要从改善公民生活质量的意义上理解社会生活。[①] 社会的多样性使不同的人与社会组织之间形成了相互联系、相互作用的纽带,其与政府之间不再是单纯的管理与被管理关系,而是处于平等的法律地位。政府与其他治理主体通过采取承包、谈判以及协作等方式,共同完成对公共事务

---

① 燕继荣:《协同治理:社会管理创新之道——基于国家与社会关系的理论思考》,《中国行政管理》2013年第2期,第59页。

的治理。①

综上所述,社会公众通过积极参与治理过程,创造了多样化的治理途径,在社会自治和多元主体共治的探索中,拓宽了自身利益需求的表达渠道和途径,使民主治理这一概念得到进一步的升华。

第二节　焦点与路径

焦点与路径是在了解行政学与社会学的关系与定位的基础上为达到优化的目的而采取的行动和手段。这里我们将阐述政府治理优化和社会运行赋权的最佳路径、在此过程中遇到的困难以及不这么做的后果。

一、行动焦点

（一）行政学:治理优化

一般意义上,政府治理是指政府行政系统作为治理主体,对社会公共事务的治理。就其治理对象和基本内容而言,其包含着政府对于自身、对于市场及对于社会实施的公共管理活动。② 在市场经济条件下,市场活动和运行机制逐渐复杂化,社会结构转型发展和社会矛盾多样化,这些都要求政府治理不只是局限于传统的干预经济和进行宏观调控,而是要在国家与社会、政府与公民的关系中予以定位,而构建政府与公民合作的共同治理机制、优化自身治理结构是实现政府责任性的最佳途径。

政府治理主要从以下几个方面进行优化:第一,公共服务水平方面。洛克认为,政府的起源在于克服自然状态下存在的诸多"私"的缺陷,政府就是为构建公共性而存在和发展的。政府在何种程度上拥有了公共性,也就需要在同等程度上提高公共服务的水平和改善公共服务的质量。第二,公共物品的提供方面。为公共物品的提供设计多种制度安排以及对公共物品的提供与生产进行区分,

---

① 胡正昌:《公共治理理论及其政府治理模式的转变》,《前沿》2008年第5期,第90页。
② 王浦劬:《国家治理、政府治理和社会治理的含义及其相互关系》,《国家行政学院学报》2014年第3期,第12页。

是治理主义下制度创新最为关键的一环。它突破了所有公共物品都应该由政府提供甚至直接生产的传统思路,同时也打破了政府无所不包、无所不能的神话。第三,治理主体方面。政府治理不再只是政府的事情,政府是治理中的主导力量,企业、非营利组织、国际组织、社会组织等都可以作为主体参与治理,普通公民也被引入公共决策和监督过程。在这个过程中,政府行为发生相应的改变,并在公民参与和优化治理间建立起关联,实现了政府治理的优化。第四,沟通和互动方面。占有信息就是占有资源。作为国家权力中心,政府虽然在信息占有方面存在一定的优势,但在治理的过程中仍需要与各种利益群体就各种信息进行沟通交流和互动。沟通和互动的模式也由政府单方面收集信息发展成如今的公共部门、私人部门和公民之间的三维互动,政府通过优化互动和沟通的模式来实现政府治理的优化。

政府在治理优化的过程中也会遇到很多困难。政府责任性的目标定位是促进公共治理,而在这个过程中会遇到以下三个困境:一是法律困境。在公众参与治理中,相关法律规定的不完善和不明确导致公民参与途径不畅,出现了"非常规"的参与。这些都是法律制度没有完全实现转型导致的参与困境。二是文化困境。由于政府官员和普通大众都受到传统文化的根深蒂固的影响,各主体的治理意识十分欠缺,导致公共领域中多元主体治理的匮乏。三是非政府组织的发展困境。非政府组织的绝大部分活动都是公益性的,这就使许多非政府组织找不到合适的主管单位,其活动和资金受到较多的管理限制,从而降低了参与治理的积极性。[①]

政府治理优化在当今的社会格局下是必然的、不可或缺的。一方面,通过提高公共服务水平、丰富治理主体和加强沟通互动,以政府为主导的治理体系得以优化;另一方面,通过引导公民参与和采取多元化治理途径来改善自身的责任定位,从驾驭者到引导者的身份转变进一步强化了政府责任性的内涵。如果政府不进行治理优化或者不及时进行优化,不仅会使政府的责任性受到公众的质疑甚至抵触,在政治系统中产生的消极输出更可能带来负面的反馈,进而产生的影响社会稳定和秩序的群体性事件将有损政府的治理权威。所以,政府治

[①] 刘桂花:《参与式治理及地方政府治理的优化》,《天府新论》2014年第2期,第116页。

理优化不仅是社会公众的期盼,更是政府为强化其责任性、提升治理权威的必然选择。

(二) 社会学:运行赋权

赋权也称赋权增能,有学者认为它是从马克思主义发展而来的社会工作理论,主张在宏观的社会变革发生之前,社会工作者为回应服务对象的需求向现存社会结构争取一定的权益,以使社会针对服务对象做出一些制度上或政策上的倾斜安排。① 我们要讲的赋权是指政府采取措施推动社会组织和民众成长和进行能力建设,从而能够独立地或与政府合作来满足社会需求。由于社会组织和各类边界的存在使社会呈现出多样性,无论是社会组织还是民众都拥有一定的自主性,而社会参与性的目标定位是增强治理民主,这就需要政府与社会进行充分的交流合作,实现多元主体共治。所以,政府要突破传统行政模式,以赋权的方式来主导社会运行是实现社会参与性的最佳途径。

社会运行赋权并不是轻而易举的,其过程会遇到许多困难。第一,适用范围受到限制。社会运行赋权关注的是发展组织和个体的能力,而不是直接寻求社会的改变。对于社会组织和民众来说,虽然他们的力量可能得到增强,但依然需要面对巨大的社会障碍。第二,社会环境的局限性。一个被赋权的个体,可能仅仅是从他所在的生活环境中的其他个体那里获得了权力和资源,而没有从更广阔、更大的结构中去寻找权力和资源。这样一来,在一个社会或政治资源有限的地方,赋权可能会导致个体之间的互相侵夺。第三,赋权的深入性问题。尽管政府对柔性控制的使用提供了更多的赋权空间,但政府控制对赋权的限制作用仍然明显,在倾向于规避风险以及并非由政府直接控制的领域或组织中,赋权策略容易停留在表面。②

即便如此,社会运行赋权也是必不可少的。社会运行赋权可以减少政府的运行成本和责任,扬长避短,实现优势互补。例如,政府和社会组织在教育、医疗、环保等领域经常齐头并进,当然二者也可以在其他不同领域各展所长,优势互补,共同推动社会的建设和发展。如果缺乏赋权,一方面,公众会缺乏政治效

---

① 王思斌主编:《社会工作概论》,高等教育出版社 2006 年版,第 184 页。
② 敬乂嘉:《控制与赋权:中国政府的社会组织发展策略》,《学海》2016 年第 1 期,第 32 页。

能感,从而对社会存在的意义表示质疑,产生的一系列社会问题只能让公共生活退场而让资本娱乐甚至低俗文化进场;另一方面,不进行社会赋权的政府将会承担繁杂的社会事务,"全能型政府"不仅压力重重,治理效率低下,而且限制了市场效能。现如今,政府治理的首要任务不是通过发布命令来指挥公众行动或简单地依靠制定一套激励措施和惩罚规则去引导人们向着政府认为合适的方向发展,而是首先要尽可能完整清晰地了解公民的利益需求和价值偏好。要想使方针政策得到公民的认同和支持,就要通过赋权的方式与社会公众建立起信任与合作的关系,激发公民的主人翁意识,让他们与政府共同分担责任,创造共享利益。

总之,在现代社会,政府的角色主要不是控制或驾驭社会,而是组织和帮助公民表达和实现他们的共同利益。通过社会运行赋权,公众能够科学有序地表达自身的利益需求,并能够真切地参与治理过程,改善自己的生活,从而给予政治系统积极良好的反馈,帮助优化政府的治理体系,使政府能更专注于提升公共服务水平和扮演引导者的角色。

二、优化路径

(一) 政府:简政放权、放管结合、优化服务

从政府治理的方式上来看,可从简政放权、放管结合、优化服务(放管服改革)的角度来探索实现政府治理优化的现实路径。

第一,全力简政放权,激发市场活力和社会创造力。简政放权改革就是要通过政府的减权限权为市场增活力、为发展添动力,使权力做减法、给责任做加法、为市场做乘法。"放"是政府角色定位问题,是要重新界定政府、市场、社会的边界和相互关系,重点是补缺位、纠错位、控越位,让政府归位,目的是推进政府职能深刻转变,让市场在资源配置中起决定作用和更好地发挥政府作用。"放"要与建设法治政府相结合,"清单管理制度"是巩固和发展简政放权成果的重要手段,政府法定职责必须为,企业和民众法无授权不可为、法无禁止皆可为。[1]

---

[1] 解安、杨峰:《"放、管、服"改革的经验启示及路径优化》,《中国行政管理》2018 年第 5 期,第 158 页。

第二,放管结合,创新事中事后监管。监管不仅是市场监管部门的事。从管理角度来说,事中事后管理是监管,审批管理、制定法规政策、监督权力运行也是监管,对监管过程进行评估还是监管;无论是综合部门还是业务部门,都负有监管责任。从决策、执行、监督全流程来看,要从机构、职责、人员、财力、技术、平台、能力甚至文化建设和政府层级职责划分等方面进行谋划,要从政策标准、审核把关、执行监督、服务管理和监管评估等环节全面进行制度和流程设计。要健全审管衔接机制以及决策、执行、监督相互协调制约机制,形成政府管理合力,营造全社会依法依规营商办事的浓厚氛围和公平有序宽松的市场环境。①

第三,优化服务既是"放管服"改革的重要内容,也是改革的核心目标。在服务理念上,要坚持从社会公众最关心最直接最现实的利益问题入手,打通薄弱环节、解决突出矛盾,提升政府行政效能和群众办事便利度,让改革发展成果更多更公平惠及全体公众。在服务平台上,推行"互联网+政务服务",地方政府普遍设立政务大厅、行政审批局,实现"一枚印章管审批";网上办事大厅与实体政务大厅加快融合,"一窗受理、一站服务"。政府通过优化服务理念、拓展服务平台、改进服务方式,依托政务服务中心提升服务效能,实现"一窗受理、集成服务、一次办结"的服务模式创新,让企业和群众到政府办事实现"最多跑一次"的行政目标。

"放管服改革"不能只是以社会公众为目标,也要增强政府部门对"放管服"改革的理解,提升政府部门工作人员的综合素质。只有不断强化政府部门管理者的"放管服"理念,才能更新政府工作人员的观念,增强其为人民服务的意识。只有管理者的"放管服"改革意识提升以后,才能带动政府部门的全体工作人员做出最为合理的决策,更好地为人民群众服务。当政府部门的管理意识和管理水平提升后,各项规章制度的构建才会更加完善。② 政府工作人员有了相当的责任感,政府部门才会具有责任性,才能通过治理优化来强化责任性。

(二) 社会:协商合作、民主参与、融合发展

政府与社会的关系决定了社会参与会呈现出何种状态。政府与社会如何合

---

① 张定安、鲍静:《深化"放管服"改革,建设人民满意的服务型政府》,《中国行政管理》2019 年第 3 期,第 10 页。
② 吴江:《"放管服"改革助推服务型政府建设》,《人民论坛》2019 年第 7 期,第 57 页。

作和构建怎样的合作模式即社会治理以及民主治理的现实路径。政府与社会的关系从隔离对抗的阶段发展到嵌入融合的交互阶段,而在现阶段则是"在社会中的国家",即试图在国家回归的基础上实现二者的赋权增能协调发展。"政府对社会赋权增能"的理念对于全面深化改革的实践具有挑战性,同时也具有指导性。一方面,经济增长需要强有力的国家自主性,以超越强势的既得利益集团的短视和阻挠,制定合适的发展战略;另一方面,政治发展又需要有活力的公民团体的发展空间,只有一大批社会组织的有序参与才能够使得社会意志在国家机构的运行过程中得到体现,从而进一步增强政党执政合法性和政府行政公信力。①

在政府与社会组织关系上,我们可以从合作与支持、竞争与冲突、管理与监督三方面来探究。第一,合作与支持。在公共服务领域,政府和社会组织要共同开展公共服务,这是在基层治理中政府向社会组织购买公共服务的广泛实践中形成的共识。各式各类的社会组织参与公共服务与社会服务的提供以及参与政府对于公共事务的治理,甚至在一定程度上承担传统社会中的政府职能。所以说,政府与社会组织在公共服务的提供领域已经形成"互为补充,合作共存"的"伙伴关系"。没有社会组织的合作支持,政府治理就会疲于奔命、效率低下;没有政府的支持,社会组织就很难生存,以及发挥社会治理功能,也就不会成为政府管理的帮手。

第二,竞争与冲突。政府强调其政治性与公共性,而社会组织强调其社会性,一个是发包商与监督者,另一个是提供者,二者之间存在不一致。公共服务的需求与供给之间自然形成了一种市场的供需关系,市场要想拥有效率必须存在竞争。竞争是市场的核心规范;没有竞争,政府及其公共服务的提供也会没有效率。因此,政府与社会组织之间的竞争并不一定是负面的,只要加以引导利用,将竞争引入公共服务的提供领域,那么就可以起到降低服务的成本与费用、保证公共产品与公共服务的质量的作用。

第三,管理与监督。政府与社会组织之间要构建监督与被监督的关系。监

---

① 杨志军:《中央与地方、国家与社会:推进国家治理现代化的双重维度》,《甘肃行政学院学报》2013年第6期,第18页。

督是双向的:一方面,政府管理并监督社会组织的运作及其参与公共服务提供的行动;另一方面,社会组织对政府也起到监督作用。社会组织对政府的监督主要有:一是社会组织监督作为公共服务"发包商"的政府的行为及其职能的行使;二是社会组织监督在公共服务提供中政府的政策是否体现出其应有的公平与正义;三是社会组织监督政府的公共服务"发包"过程是否符合法律与制度的规定。① 政府与社会组织的关系实质上反映了国家与社会的关系,增强治理民主的现实路径是构建政社关系的新模式,而构建政社关系的首要目标,便是处理好政府与社会组织的运行关系。

从制度逻辑而言,社会组织发展的制度环境在不断优化,政府也制定了一系列鼓励社会组织发展的政策,比如某些社会组织可以采取直接登记的制度、推动政府向社会组织购买公共服务等措施。但是,登记制度的改革并不十分完善:在政府部门预算盛行、公共预算还没有完全建立的情况下,存在着大量挂靠制下的社会组织营利化的现象;而在城市社会中处于边缘地位的人,如农民工及其子女,面临着教育、医疗、住房等问题,亟需大量社会组织参与公共服务的提供。在这种情况下,构建互动协商模式便是对登记制度改革的一种补充。

总而言之,政府与社会之间需要构建新型的政社关系,在改善政府双重赋权管理和创新社会治理的情况下,构建互利互惠、实现共赢的平台。两者之间的良性合作可以解决在社会治理与运行赋权过程中的诸多问题,从而提高社会治理能力,增强治理的民主性。

---

① 顾丽梅:《公共服务提供中的 NGO 及其与政府关系之研究》,《中国行政管理》2012 年第 1 期,第 35 页。

第十一章

行政学与民族学

　　行政学和民族学在主体关系上分别呈现出行政统一和民族自治的特点。二者的主体关系对应到目标定位就表现为促进经济社会发展和实现族际政治融合。行政统一是一个国家在行政上必然呈现的特点，是国家追求领土和主权完整的重要标志。而不同的国家针对自身国情，大多采取了民族自治的做法，尤其是制定了大量的法律政策以保障民族(土著居民)区域自治的权利，从而实现族际政治融合。承接这种定位，两个学科的行动焦点分别是政府能力建设和民族文化保护，优化路径分别是通过加强政府能力建设来促进经济社会发展从而体现行政统一主体特性，通过加强民族文化保护来实现族际政治融合从而体现民族自治主体特性。

第一节　关系与定位

　　行政学的研究对象是政府，民族学的研究对象是族群；行政学致力于解决社会普遍问题，民族学致力于解决民族焦点问题。其实，民族问题是社会问题的一部分，社会问题是民族问题的外向延伸，我们需要寻求一个平衡点，使统一行政手段能够既促进社会大发展又保留民族特点，不失各民族间的平等正义。这一节对民族学和行政学的主体、含义和特点进行了概括和比较，找出二者的关系，明确各自定位。

一、主体关系

(一) 行政学:政令统一

在国家行政管理上,统一性是一个国家必然形成的特点,如果一个地区不存在统一的领导,那这个地区就不能算是一个完整的国家。霍布斯认为,在自然状态下,每个人表面上似乎对任何人都拥有绝对的权力,实际上等于没有任何权力,于是人们基于自然法订立契约,决定把这一普遍的绝对权力转让给公共权力机关——国家。在霍布斯关于权利让渡法则的国家契约论中,我们看到,国家权力的集中带来统一的领导,是现代国家建构中不可或缺的一环。在国家整合和认同建构起来的基础上,才能有经济发展和民生改善,才能迈向综合国力的提高,打破弱国无外交的魔咒。

在民族国家林立的世界体系中,评价和衡量一个国家的实力还是从国家整体性出发而非首先着眼于国家民族性。作为民族与国家的有机集合体,现代国家体系建设必须实现政令统一。政令统一是现代国家建设和发展的必要条件,反过来说,也只有在贯彻行政统一方面较为彻底和完整,民族区域基于自治的发展才有强大的后盾支撑。如果一个国家连这个突显领导力的必要条件都无法具备,就会陷入弱国家或失败国家的境况,最后受损的是各民族主体的整体利益。综上,强调国家的行政统一,主要是基于两个方面的考虑:一是出于现代国家建设和发展的需要;二是出于保障各民族基本发展权益的需要。因此,在民族国家内部实现政令统一,是现代国家建设和发展的必要条件,是各民族人民共同生活和发展的基本保障,是以国民身份、形象和地位为代表的综合国力得到实际体现的根本标志。

(二) 民族学:民族自治

不同的国家有不同的民族,而针对民族特性,不同的国家又采取不同的政策,但整体来看,它们大都坚持族群自治与国家完整相统一的原则。需要明确的是,这里所谈到的自治,不是单一民族的自治,也不是不同民族大杂居的自治,而是整个民族区域自治,是不同民族聚居的自治,具有共治的特点。

按不同标准,民族自治可以有不同的分类。按照自治权主体范围的不同,民族自治可以分为属人性自治和属地性自治,前者以一定的族群为自治主体,后者则以一定区域内的族(人)群为自治主体。按自治是否以民族整体划界,或自治体成员的身份是否以一定的族裔、语言、文化和血缘为基础,可划分为"均质化民族自治"和"非均质化民族自治"。[①] 因此,世界各国因国情和民族情况不同,以及对少数民族问题的认识不同,对少数民族政治权利保障的做法也不同,归纳起来,大致可分为如下八种主要方式或类型:公民化方式、社团化方式、政党化方式、议会化方式、一体化方式、多元文化主义方式、土著人保留地方式和民族地方自治方式。当代多民族国家的民族政治生活都普遍突破了"以族划界,各自为政"的传统的民族自治观念的束缚。

不同国家民族自治性的形式各有不同,权力大小也不尽相同。美国的邦联制既拥有分离权还拥有单立的制宪权,中国的民族区域自治制度虽然规定自治地区享有自治的权力,但是地方的权力还是由中央政府加以规定的,地方行政部门是隶属于中央的分支机构,由中央统一领导。这一点与联邦制度下的"邦"有着很大的不同,民族自治地方只是国家统一领导下的一级地方行政区域。不同的自治方式所给予的自治性的权限不尽相同,但是这些权力都受到一定条件的约束:无论是哪一个多民族国家在行使自治权时都要符合国家宪法和法律的规定;要适应国家政治、经济、文化发展的主旋律;要遵循各民族平等、相互尊重的基本线等。在遵循这些原则的前提之下进行自治,可以说是民族自治性最显著的特征。

因此,行政统一性和民族自治性是国家行政管理和民族治理分别表现出来的特点。从管辖范围上来看,统一性大,自治性小;统一性是一个国家行政上的总体表现,而自治性只是在统一性前提下部分地区在管理上表现出的特点;中央政府追求的是全国的利益而非阶层、族群或区域性团体的利益,具有全局的发展观。从结果导向来看,自治性的最终结果是为统一性服务。统一性的目的是维护国家完整,自治性的目的是维护民族团结。民族团结是一个国家完整的一部分,不管是自治性还是统一性,最终都是为国家完整服务的。从自上而下的角度

---

① 周少青:《"非均质化民族自治"——多民族国家处理民族自治问题的一种新范式》,《当代世界与社会主义》2013 年第 5 期,第 17—18 页。

看,民族区域自治是在统一性基础上的特殊发展;但是当自下而上观察时,各个区域还是接受各地方行政部门的统一领导,只是直接管理主体发生了变化,呈现出局部特色基础之上的普遍性认同。

二、目标定位

(一) 政府:促进经济社会发展

行政学的目标定位是促进民族地区经济社会发展,而民族学追求的是族际政治融合,行政学和民族学的目标定位来源于对民族区域自治权的认识。民族自治地方的自治机关拥有的自治权是和一般地方国家机关的职权相比较而言的,自治权是国家赋予特定少数民族聚居区的地方国家机关的一种附加于一般地方国家机关职权基础上的特殊权力,从而形成民族自治地方的自治机关,自治机关行使管理本民族内部事务和地方事务的权力。①

民族区域自治制度赋予自治地方的自治机关自治权,那么它们承担"自治责任"就是顺理成章的事。《民族区域自治法》规定民族自治地方的自治机关在政治事务管理(培养和使用少数民族干部,组建公安部队)、民族事务管理(管理少数民族内部事务)、经济事务管理(安排、管理和发展经济事业,管理和保护当地自然资源)、环境事务管理(保护和改善当地自然环境)、社会事务管理(管理当地的教育、科学、文化、卫生、体育等社会事业,管理流动人口)、文化事务管理(使用和发展本民族语言文字,尊重和保障少数民族群众宗教信仰自由,保持或者改革本民族风俗习惯,发展民族文化事业)等六个方面享有广泛的自治权。②

民族自治地方的人民政府在履行和发挥一系列经济社会发展职能的同时,还要注重族际政治融合。前者是行政学命题,后者是民族学命题。因为随着民族国家的发展和普遍化,新的情况出现了:一方面,数量庞大的模仿性民族国家的大量涌现,促成了民族国家世界体系的形成。民族国家构建起来后,国内的族

---

① 王建娥:《族际政治:20世纪的理论与实践》,社会科学文献出版社2011年版,第198页。
② 宋才发:《民族自治地方政府及其自治权问题研究》,《中央民族大学学报(哲学社会科学版)》2007年第5期,第18—20页。

类群体或民族的多样性仍然存在。另一方面,在欧美的原生型民族国家中,随着移民的增多及其代际累积,人数众多的移民及族裔为了维护自己的利益而聚众成族,从而导致这些国家出现了多种族类群体。这两种情况凸显了民族国家的"多族化"现象。随着"多族化"的发展,它与民族国家体制之间的张力也在不断增强。当这种张力达到一定的程度并获得特定的社会力量支持时,族群政治的火苗就会在特定的条件下被点燃。①

(二) 族群:实现族际政治融合

民族成员对本民族的认同是与生俱来的,自然而浓厚。而由各民族结合而成的国家民族,其认同观念还有待进一步巩固。巩固和提升国内各民族的国家认同,是多民族国家亟待解决的根本性任务。② 以中国为例,中华人民共和国是中华民族的民族国家,促进中华民族的凝聚和巩固,提升中华民族的一体化程度,以一个强大的国家来支撑民族国家制度,通过各个民族认同来促进国家认同,是民族国家政治共同体统一和巩固的必由之路。③

民族自治地方的国家机关一方面是自治权力机关,具有民族性,另一方面又是国家一级政权机关,具有公共性;民族自治地方国家机关的权力代表,既包括自治民族的代表,又包括其他共居民族的代表;民族自治地方国家机关的职责首先是保障所有公民的权利平等,其次才是根据民族自治地方的特殊情况行使自治权,自主管理本民族、本地区的内部事务,而本地区的内部事务当然也包括非自治民族的事务。各民族代表通过对自治地方公共事务的参与和管理,不仅能够消除单纯的自治可能产生的疏离与离心效应,实现各个民族对国家权力的共享,而且能够产生一种休戚与共、互助合作的责任意识,深切地体会"汉族离不开少数民族,少数民族离不开汉族,各少数民族之间也相互离不开"思想的深刻内涵,产生一种超越特定地方或某一民族的中华民族认同与国家认同,自觉将民族的利益、前途和命运与国家的利益、前途和命运紧密地联系在一起。自治权与一般地方国家权力按权力属性同属于国家权力机关或政府机关的制度设计,这就

---

① 周平:《族际政治:中国该如何选择?》,《政治学研究》2018年第2期,第33页。
② 周平:《对民族国家的再认识》,《政治学研究》2009年第4期,第97页。
③ 周平:《当代中国族际关系的特点和走向》,《学术界》2015年第11期,第18页。

为民族自治和民族共治提供了天然的空间和土壤;自治存在于共治之中,共治为实行自治创造了更为有利的条件。①

第二节　焦点与路径

民族自治地区地方政府有着促进经济社会发展和追求族际政治融合这两种角色定位,那么要如何达成这种定位呢?本书认为,要分别采取政府能力建设和民族文化保护的措施才能够实现。本章的最后回答了下面的问题:政府能力建设如何体现统一性?民族文化保护如何体现自治性?政府和民族地方应该怎么做?我们对民族学和行政学进行比较就是要明晰行政学和民族学在目的上的差别和一致,寻求民族和社会融合发展的更优解决方法,也就是其优化路径。

一、行动焦点

(一) 行政学:政府能力建设

承认少数民族的特殊权利并通过对少数民族公民意识的培养和国家认同的塑造,提高少数民族的政治参与能力和参与水平,使他们在更高层次上参与国家公共事务的管理,分享国家权力,让他们超越自治的边界,创造出超越地方和民族层次的国家认同,而这种高层次的参与和管理就上升到对多民族国家的共治范畴。② 这个共治范畴在行政学看来,首要的就是政府能力建设。民族自治地方具有特殊的行政生态环境,所以民族自治地方政府治理能力的建设迷雾重重,此情此景下,政府治理体系和治理能力现代化的提出为民族自治地方政府能力建设指明了方向。③

第一,提高民族自治地方公民参与的积极性是政府治理能力现代化建设的前提。民族自治地方经济落后、资源匮乏影响了公众对政府的支持力度,公民政

---

① 张殿军:《民族自治地方自治权的功能、限度及价值取向》,《学术界》2013 年第 9 期,第 51—52 页。
② 同上文,第 46 页。
③ 米恩广、权迎:《治理能力现代化——民族自治地方政府能力建设之关键》,《西北民族大学学报(哲学社会科学版)》2015 年第 1 期,第 37—38 页。

治参与意识薄弱制约了公民对社会事务的关注,削弱了公民参与政府治理能力现代化建设的积极性。所以,提高民族自治地方公民参与积极性是政府治理能力现代化建设的重要前提。

第二,确保民族自治地方民主协商的平等性是政府治理能力现代化建设的重要原则。由于民族自治地区的政府机构受到地缘主义、血缘主义等一系列现实因素的影响,所以民族自治地区的公民在博弈过程中常常处于劣势,话语权丧失,有些合理的利益诉求难以实现。地位和心理的不平等关系影响着民族自治地方民主协商环境和民主协商平等性的培育,所以保证民族自治地方民主协商的平等性是民族自治地方政府的重要课题。

第三,保证多元主体互动的合理性是民族自治地方政府治理能力现代化建设的保障。有些民族自治区域的市场发育不良,经济秩序亟待重塑;社会组织发展滞后、资源匮乏等导致政府与社会组织的多元互动混乱无序,造成民族地区政府与社会的互动不良。所以,要采取合理措施确保民族自治地方政府治理能力现代化转变中多元主体的良性互动。

第四,保证民族自治地方政府的公共性是政府治理能力现代化建设的关键。民族自治地方政府在提供公共服务上常常表现不佳,形成了"强势政府,弱势社会"的反差格局,政府公共性难以维系。公共性是国家治理现代化的重要内容和理念,也是政府治理能力现代化建设的关键,所以民族自治地方政府治理能力现代化建设中要积极采取措施确保政府的公共性。

(二) 民族学:民族文化保护

民族传统文化是民族群体一致认同,经过世世代代传承、淘汰而得以保留,至今仍为本民族共同遵从的行为范式、价值体系、民间信仰和民族精神,是民族的灵魂。[①] 它产生于民族特殊的生活生产方式,是民族个性、民族审美习惯的具体体现。我国少数民族文化丰富多彩、博大精深,包括民间传说、习俗、语言、音乐、舞蹈、礼仪、庆典、烹调以及传统医药等。各民族在长期的历史发展过程中形成了各自独特的、丰富多彩的传统与文化,这些具有民族特色的传统文化,经过

---

① 毕艳君、鄂崇荣:《少数民族传统文化与构建和谐社会》,《中国艺术报》2005年10月21日。

潜移默化、世代相传,已经成为本民族繁衍生息的有机组成部分。①

民族文化既是政府治理的背景环境,又是政府工作保护和发展的对象。承认少数民族文化的特殊价值,就要通过多种途径对其进行保护和发展,这不仅是维护少数民族文化权益的需要,更是促进文化多样性,使少数民族文化在国家文化软实力的提升中发挥特殊作用的立足点。在当前发展背景下,我国对少数民族文化的保护不足,尤其是当前城市化和城镇化进程的推进,对城市聚居的少数民族整体的文化权益产生冲击,进而影响了特定地区少数民族传统文化的传承与发扬;同时,也对城市聚居的少数民族个人的文化权益产生了冲击,城镇化通过对深层心理以及观念的影响,改变了他们对于民族文化的理解与认同,甚至影响了个体的文化记忆;对城市聚居少数民族文化权益的影响,还会以经济权益维护与文化权益保护紧密交织的方式表现出来。②

政府能力建设和维护行政统一的关系表现为:加强政府能力建设是维护行政统一的重要途径;而加强政府能力建设又是在行政统一的基础上完成的,即行政统一为提高政府现代化治理能力营造了一个良好的环境。民族文化不仅仅是具有具体形式的表层文化,我们更应该注意到其作为深层文化的价值观念、思维模式。③民族文化是一个民族区别于其他民族的根本标志,是维护民族团结的核心部分。在处理民族关系的过程中,我们要特别关注民族文化的差异并且尊重这种差异,要避免民族文化的同质性,保护民族基因多样性,这样才能更好地维护民族团结。

二、优化路径

(一) 树立正确价值观、强化社会服务意识

第一,树立正确的行政价值观是实现民族自治地方政府治理能力现代化之前提。首先,树立正确的效率观,摒弃那种牺牲公众利益以实现效率的传统行政价值观,形塑现代性思维和理念来提升行政效率,充分挖掘组织和个人的潜力,

---

① 王慧敏:《少数民族文化保护与动态传承》,《求索》2009年第3期,第106—107页。
② 马伟华、宋梓林:《传承与发展:城市化进程中城市聚居少数民族文化权益保护问题及其路径分析》,《贵州民族研究》2017年第5期,第35—36页。
③ 金炳镐:《民族理论与民族政策概论》,中央民族大学出版社2006年版,第109页。

树立法治观念,重塑政府形象。其次,强化组织协作意识,增强政府处置各种突发性事件的应急反应能力。最后,强化政府的社会服务意识。

第二,提升制度转化能力是实现民族自治地方政府治理能力现代化之关键。一是要提升制度创新能力。完善民族自治地方的相关制度,明确职责和任务,使各部门紧密配合,不断总结贯彻实施自治条例的经验和做法,实现民族自治制度的创新。二是要提高财政资源吸纳与整合能力。民族自治地方政府要结合本地经济发展实际情况,在确定合理征收比例的基础上加大征收力度,重点发展能够带来较为丰厚税源的地方主导产业,重点支持和优先发展第二、第三产业,开发本地资源优势,着力培育特色产业。三是强化人力资源开发能力。民族自治地方政府应充分利用民族自治政策的有利条件强化人力资源开发能力,通过机构改革等有效措施实现人员的精简与流动。

第三,获得全面支持是实现民族自治地方政府治理能力现代化之重点。一是要努力争取上级政府的支持。民族自治地方政府的发展离不开上级政府的支持,上级政府的支持是民族自治地方政府能力建设的外在驱动力。二是要整合政府组织内部凝聚力。政府是提升政府治理能力的载体,内部组织是民族自治地方政府治理能力现代化的重要依托。三是要积极赢取公众支持,增强政府活力。民族自治地方政府应改变陈旧官僚思想,塑造公共服务精神,培育公共行政文化,实现思想深层结构的转型;变"以官为本"为"以民为本",强化民本思想,建立健全信息表达机制,关注不同民族群体的实际需求,提升公民获得感、幸福感、安全感,并获取公众的最大信任和支持,进而推动政府治理能力的现代化。

除此以外,民族区域自治制度的创新和完善是实现民族地方政府治理现代化的法宝。通过建设服务型政府提升民族地方政府的服务能力;合理划分中央和民族自治地方政府的权责;加强民族区域自治制度运行的法制建设,加快《民族区域自治法》相关配套法规建设,使民族区域自治制度具体化、细化,更具操作性。[1] 民族法制体系建设的完善能够为自治权的有效行使提供法制保障。在法治化中央与地方权力关系时,要建立长效的中央与民族自治地方之间利益沟通、

---

[1] 龙立:《民族自治地方政府治理现代化的关键——民族区域自治制度的完善和创新》,《西南民族大学学报(人文社科版)》2014年第7期,第24—28页。

协商和协调的制度平台;建立健全中央与民族自治地方之间权限争议的解决机制;最后捋顺地方党委与自治机关间职权配置关系,为自治权有效行使提供政治保障。①

(二) 促进族际政治融合、实现融合发展

促进族际融合的重要途径是加强对民族文化的保护,这可以体现民族自治主体的特性。由于某些民族地区文化有其特殊的社会背景,如偏远闭塞的地理环境,脆弱的生态,需要进一步发育的社会环境,民众的市场意识、产品意识不能适应市场变化和要求等,政府在文化保护与发展方面的主导作用显得尤为必要。近年来,一些地方立足民族文化资源的开发,把少数民族文化传承与产业化发展结合起来,充分挖掘民族文化产业发展的优势和潜力,按照产业运作和商品经营的方式积极培育民族文化市场,走出了一条少数民族文化创新与发展的新路。逐步建立起少数民族文化保护的有效机制,构建多层次的传统文化传承通道,以保护促进传承,在传承中更好地保护,是发展和繁荣少数民族文化的关键所在。

从文化保护责任的角度看,必须由政府主导,但离不开民众参与,要大力普及和采取"政府主导,社会参与;政府搭台,民众唱戏;文化搭台,经济唱戏"的发展模式。此模式的作用在于:一方面,借助民族民间文化特色带动地方经济的发展,促进劳动力向第三产业转移;另一方面,促进当地民众与外界的交流和沟通,在增强民众对于本民族文化认同感和自豪感的同时,也推动了文化的变迁和转型。②

在文化保护模式的探索上,贵州人从未停止脚步,并在时代发展的每一个阶段都有一定的建树。他们先后采用了生态博物馆模式、中国历史名镇名村保护模式、中国传统村落保护模式、少数民族特色村镇保护发展模式、非物质文化遗产保护模式等。除生态博物馆模式收到的成效较少外,其他保护发展模式都对贵州少数民族文化的保护发展起到了应有的推进作用。正是这些保护发展模式

---

① 潘红祥:《民族自治地方自治权行使的阻却因素与调适对策——基于系统理论的分析》,《中南民族大学学报(人文社会科学版)》2014 年第 6 期,第 112—117 页。
② 王纪芒:《民族文化保护中政府与民众双向互动研究——以新疆昌吉州木垒县乌孜别克民族乡为例》,《中央民族大学学报(哲学社会科学版)》2013 年第 4 期,第 156—160 页。

的综合作用,成就了贵州民族文化的多姿多彩和蓬勃发展。①

在民族地区的城市化和城镇化建设进程中的各项政府行为,不应该仅追求某一具体领域的利益最大化,而应兼顾各种社会要素的平衡。第一,构建畅通的权益输送通道是维护城市聚居少数民族文化权益的前提。只有实现此通道真正畅通,少数民族文化权益诉求才能得到实现。第二,在城市整体发展规划中积极融入少数民族文化权益保护的要素。从维护民族团结、构建新型城市民族社区的角度出发,将城市聚居少数民族文化权益保护的工作做实、做透。第三,相关政府部门还需要顺应社会经济发展的潮流,不断对现有法律、法规进行调整,积极推动当地少数民族文化权益保护工作的开展。②

从保护少数民族文化主体性的角度看,少数民族作为自然种族族群的存在并不是保护重点,而是这些鲜活文化主体所承载的文化,也就是要在保护少数民族独特的生活方式、风俗习惯、语言文字、乡音乡色的基础上保护少数民族文化。现代化过程中的少数民族文化保护,不是静态、观赏性质的,而是动态、发展、建设性质的。这样看来,对少数民族文化的保护,首先是少数民族文化发展过程中基于内在生长性的自我建设。离开了少数民族文化的这种发展、建设,少数民族文化本身就会失却时间性,进而在历史上消失。③

最后,进一步推进行政统一和民族自治的结合。美国社会学家戈登曾提出美国当前的种族—族群关系的理论架构是"文化多元主义"④,要避免"族群同化"。在保存"多元"的同时,也不能放松对"政治一体"的追求。在寻求两者的平衡之间,自治性给予了一个较优解:在民族自治的同时遵守行政上统一性的原则,就可以避免政治上的偏差;同时,自治性又能够较好地给予民族文化自由发展的空间,保持了民族文化基因的多样性。

---

① 寇小环:《贵州民族文化保护发展模式评述》,《贵州民族研究》2017年第7期,第151—154页。
② 马伟华、宋梓林:《传承与发展:城市化进程中城市聚居少数民族文化权益保护问题及其路径分析》,《贵州民族研究》2017年第5期,第36—38页。
③ 高兆明:《多民族国家中少数民族文化保护的主体问题》,《西南民族大学学报(人文社会科学版)》2011年第10期,第1—4页。
④ 〔美〕米尔顿·M.戈登:《美国生活中的同化:种族、宗教和族源的角色》,马戎译,译林出版社2015年版,第122页。

第十二章
行政学与法学

行政学的研究对象是政府活动及其规律,法学的研究对象是法律现象及其规律。政府是行动中的政治主体,法律则是法的创制与使用的双向活动。行政权威的产生主要来自它的受众体,离不开法律所提供的正当性认同。法律的正义性是法治的最终目标,离不开权力分配正义等的实现,因此,行政学与法学的主体关系是权威性与正义性的结合。政府与司法部门同属国家机构的组成部分,但却是两个不同的运行系统和组织体系。政府行政职能的延伸和拓展使得行政机构不断增加从而形成扩张性,而司法活动的根本出发点和价值导向则是正义性。行政职能的履行和发挥不可避免地会塑造行政权威,这就要求政府建立并完善各项制度以提高治理能力,所以其目标定位是依据制度进行治理。而法律正义价值的实现要求国家建立完备和成熟的法律体系,并不断提高其法治能力,司法机构的目标定位是法治。

第一节 关系与定位

了解行政学与法学的关系和定位是探究这两个学科的性质和发展方向的起始点。行政与法律的关系是权威性和正义性的结合,这是由它们各自的属性和外部环境相互作用而产生的。行政权威是让人心悦诚服的行政权力,因此必须得到法律机关的合法性承认。法律的正义性是法治的最终目标,离不开权力分配正义、行政诉讼正义、执法正义的实现。考虑到行政职能延伸以及领导和组织人员的需要,政府会进行积极和消极的行政权力扩张,这必然对政府权威产生或积极或消极的影响；出于对公平正义的终极追求，司法要具有正义性，这使得行政学与法学二者聚焦不同。

一、主体关系

（一）行政学：政府权威性

行政权威是行政主体与行政客体之间基于合法性的一种信从关系，是让人心悦诚服的行政权力。政府的权威是在对社会公共事务进行管理的过程中以及政府角色定位的认识中逐渐形成的。行政权威性是政府开展的行政活动的有效保障。因为作为经济、政治、文化的管理主体，政府行政主体需要被公众认可，要让被管理者认为这样的管理活动是理所应当的。对于政府管理的客体来说，政府权威是被管理者在行政活动中建立的对政府的信任，但是这个过程是缓慢的和不易的，尤其是在政府权力不断膨胀时。政府管的越多，不一定越好，一个重要的原因就是政府权威的弱化。所以，有学者把政府权威界定为："政府权威作为一种公共权威，是政治权威的核心，它是以政府对经济、政治、社会的管理主体地位得到社会力量的认同和支持，从而表现为对管理客体的支配和制约能力。"[1]

有权威的政府能够保持社会和谐稳定，促进社会文明进步，造福公民，切实保障公民合法权益，从而得到公民的信任，实现政令畅通、令行禁止。反之，无权威的政府会导致社会动荡不安，经济文化发展停滞，人民群众根本利益得不到保证，进而与群众产生隔阂，有令不行，有禁不止。马克斯·韦伯认为，人们之所以接受行政主体的统治是因为相信统治者的章程所规定的制度和指令的合法性，即认为他们是合法受命进行统治的。由此可见，规章、制度是权威的载体，规章制度健全与否直接关系到统治的合法性与有效性，而合法性是行政权威的本质。

说到权威，我们不得不提到权力这一概念，二者经常被混淆。从政治学的角度来看，权力是迫使对方服从的制度性强制力量，权威则是一种使对象因信服而顺从的影响力，两者的实质性区别是强制服从和自愿服从。政府权威离不开适

---

[1] 刘尚哲：《论政府权威与权力制约》，《法制与社会》2008年第1期，第153页。

当的权力,只有权力代表全民权利才具备合法性,才会带来内在权威;只有权力规范化并服从于法律权威,才会带来外在权威。权力失控必然损害政府权威,过多的权力容易导致政府的膨胀和失败,容易出现腐败。因此,以权力、权利或社会来制约权力,是维护政府权威最强有力的途径。

(二) 法学:法律正义性

正义是人类社会普遍追求的具有崇高价值的观念,是指具有公正性、合理性的观点、行为、活动、思想和制度等。它是人类进入文明社会以来一直追求的最终目标,是一个从未间断过的社会发展命题。法律的正义性是实体正义与程序正义的统一,实体正义强调法律内容的正义性,程序正义是法律在运行中体现的独立性、权威性、一贯性。脱离正义的法律只是具体的操作规范,不可能得到普遍的认同,也就不具有普遍约束力。[①] 因此,正义性是法律产生的理性根源,是法律的终极追问。

法律的程序正义就是要严明执法,是指国家机关及其工作人员在执行权力的过程中,严格按照法定职权和程序正确行使权力和自觉履行义务,坚决杜绝营私舞弊、以权谋私的现象。正义性是法律赖以生存的理性动力,柏拉图认为,法律就是一种社会行为准则,它是公道与正义的标志。早在中国封建社会,中国的统治者就对正义高度重视,要在奉天承运的前提下体现正义,这才有了"群臣能面刺寡人之过"的政治思想,才有了"王子犯法与庶民同罪"的法治精神,才有了"路不拾遗,夜不闭户"的人民安居乐业的美好生活景象。更别说当下人民当家作主时代,法律正义性的重要了。法律的正义性促使法律得以实施,假如没有法律所蕴含的正义性内容,任何制度下的法律实施都是一个问题,更遑论人们自觉自愿去遵从。正义性是法律最终的理性归宿,法律的发展实质上是法律正义性的增强,实施一项法律具有积极作用,其表现正是正义的一面不断增加,而对社会、国家产生不良影响的非正当的、不合理的内容逐渐减少。法律正义占据社会公共生活的空间,法治才得以建立。如同人类由生到死的自然规律一样,法律的正义性是不可辩驳和违背的,谁也不能无视、逃避,甚至歪曲和摆脱。

[①] 王春丽:《浅谈法律正义》,《南方论刊》2016年第4期,第51页。

二、目标定位

(一) 政府的目标是追求制治

"制治"(rule of institution)即制度治理,就是在以人为本的基础上以制治人,以制管财,以制理事。制度是治理的依据,是一切善治的基础,制度治理是国家体系的灵魂,是政府进行治理的指南与罗盘。我国全面深化改革总目标是完善和发展中国特色社会主义制度、推进国家治理体系和治理能力现代化。而不断推动中国特色社会主义制度更加成熟、更加定型,为国家事业发展、为人民幸福安康、为社会和谐稳定、为国家长治久安提供一整套更完备、更稳定、更管用的制度体系,恰恰是国家治理现代化的根本保障。

良好的符合时代要求的各项基本制度是推动政府自身发展和提升政府在社会中地位的助燃剂。有了良好的制度才能进行良好的治理。通常情况下,制度治理包含两个层面的含义。就其微观层面而言,它是指针对一个国家体系内的各种制度进行有目的、有程序的治理,即对制度本身采取治理措施和监督方略,在此意义上的制度治理实际上也就是"治理制度",是对制度的形成、发展和运行进行的监督与管理。在宏观层面上,制度治理是一种治理模型和管理范式,指运用并依靠制度的力量、目标和信仰体系对国家与社会进行有效治理的特殊管理方式,是以制度化治理和制度性治理为途径,以制度体系的构建、完善和实施为基本模型与总体运行方式的治理类型。制度治理是从国家和社会治理模式的角度所谈的一种整体性的治理,它是一种高层次的现代化国家和社会治理的模式,是在超越以"图腾符号崇拜""宗教情感魅惑"和"权力资本配置"为特征的专制制度治理模式之后出现并发挥制度主导作用的治理形态。[①] 因此,制度治理是贯通国家治理、社会治理和文化治理等现代化治理体系的经脉,是涵盖和统辖所有治理内容、蕴含治理目标和治理特色的建设模式。

制度不符合国情、不符合实际,执行起来也只能是增加民愤,浪费资源;而好的制度出台之后束之高阁、不加以实施也是不行的,没有执行的制度无疑是"纸

---

① 宇文利:《论中国特色社会主义的制度治理——习近平治国理政思想的总体特色》,《新疆师范大学学报(哲学社会科学版)》2016年第1期,第62—63页。

上谈兵"。所以,只有同时拥有"良策"和执行力,才能在真正意义上实现政府"制治"。"制定出一个好文件,只是万里长征走完了第一步,关键还在于落实文件。"①制度的生命力在于执行。"各项制度制定了,就要立说立行、严格执行,不能说在嘴上、挂在墙上、写在纸上,把制度当'稻草人'摆设,而应落实到实际行动上,体现在具体工作中。"②政府要在制度中围绕"人"与"制"两个互为前提、互为条件、互为对象的元素建立起"以制理事"的模式,进而正确处理管理实践中各种具体的"事"与"人"的关系,把对"事"与"人"关系的处理真正纳入规范化的"制治轨道"。

在制治中,地方治理也是很重要的方面。地方政府积极创新,不断增加科学高效的制度供给,解决当前政府"制治"中制度缺乏和不完善等阻碍政府发展的重大问题,实现制度资源的优化配置。在不断创新的过程中,完善的制度结构体系又推动制度资源的优化配置和协调更新,形成良性循环,促进地方治理能力的提升与治理现代化。实践证明,政府现代化管理的程度越高,治理的制度化、规范化程度也就越高,制度治理的色彩就越明显。

(二) 法律的目标是倡导法治

"法治"(rule of law)一词由来已久,尽管"法治"与"人治"是两种相反的治理模式,但是它们之间也并非针锋相对、你死我活的关系。二者在一定条件下可以协同并存,甚至可以相得益彰。柏拉图在《理想国》里谈到的哲学王的理想之治,其实就是一种人治。亚里士多德第一次从法治的视角来解读人治,揭示了人治的本质内涵。所以,辩证对待人治与法治关系的正确思路应该是将"人治"置于"法治"的审视之下,将"人治"的演变和进化过程视为"法治"的一种过程和手段。亚里士多德极力主张的"法治"即"法律的统治",他指出法治应包含两重意义:已公布的法律获得普遍的服从,而大家所服从的法律本身又应该是制定得良好的法律。同时,他从多方面论证了"法治应当优于人治"。这是对法治的经典界定。

法治是建立和完善市场经济的需要,是扩大民主、实现国家政治体制改革、

---

① 习近平:《习近平谈治国理政》,外文出版社 2014 年版,第 106 页。
② 习近平:《之江新语》,浙江人民出版社 2007 年版,第 71 页。

建立政治文明的需要,是建立精神文明的需要,是推进国家治理体系、治理能力现代化的强力保证。在所有国家治理的活动中,法治化目标和手段往往是合一的。在实践中,我们看到,凡是采用法治化的手段进行治理的活动,往往都能够取得比较好的效果,好的效果又能够进一步夯实法治化的基础。"法治"的践行还需要有健全的"法制"来保驾护航,法制化是法治化的基础和前提。"法制"是一系列法律制度的总称,包括一国的政治、经济以及教育等领域的制度,偏向于静态的内容呈现。"法治"是治理国家的理论和原则,体现的是广大人民的意志,彰显的是"法制"的目的导向,是一种动态的治理功能发挥。

当前,建设法治国家已经成为我国社会发展的重要目标,在法治国家建设中,司法法治化是司法的最本质的要求。[①] 司法法治化同样需要法制改革来为其引领航向。法制改革首先是立法体制机制改革,用立法改革引领执法改革和司法改革,保障和规范经济社会的全面改革,适应全面深化改革的法制需求,大力推进立法程序和立法机制的创新。其次是推进行政执法体制机制改革,包括建立权责统一、权威高效的行政执法体制和完善行政执法程序两个方面,通过多个节点设计和部署深化行政执法改革,确保严格规范公正文明执法。最后是深化司法体制改革,以"加快建设公正高效权威的社会主义司法制度,维护人民权益,让人民群众在每一个司法案件中都感受到公平正义"为目标,做到司法去地方化和行政化,推进司法公开化、人权司法保障法治化、司法职权配置科学化、司法职业化。

第二节 焦点与路径

行政权威的保值增值要求政府主动作为谋发展,关注民生促和谐,依法履职求实效,因此,行政的焦点是履职作为。法律正义价值的实现则要求法律部门在整体上形成法治体系、行动上提升法治能力、个体上强化法律意识,促进社会公平正义,因此,法律的焦点是执法公正。优化路径是政府积极履职作为,实现政府制治;司法部门执法公正,实现司法法治,最终体现政府权威性与司法正义性。

---

① 刘永红:《也谈法治的核心问题》,《山东社会科学》2005年第2期,第1页。

一、行动焦点

(一) 行政学:履职作为

政府不履职、不作为、不担当将会给行政体系和组织带来不可预估的严重危害。第一,行政机关的行政不作为直接侵犯公民的合法权益。第二,行政不作为助长了官僚主义、形式主义风气,违反了依法行政的基本原则。第三,政府不履职不作为损害了行政机关的威信与信誉,有损政府在民众心中的形象。行政不作为就是行政机关有能力为之,且有义务为之,但拒绝作为。政府不作为严重伤害民众对政府的信任与感情,使政府的权威性严重弱化。

在政府履行职能、主动作为担当的过程中最应该突破的困境是责任性问题。政府履职作为的责任性问题在全世界都普遍存在。在美国,民间资本越来越多地卷入了政府项目,联邦政府在州、地方政府、营利性机构与非营利性机构中的"影子雇员"远远超过了联邦雇员,责任性问题显得尤为突出。① 中国政府在放管服改革过程中,拿出"权力清单",明确政府该做什么,做到"法无授权不可为";给出"负面清单",明确企业不该干什么,做到"法无禁止皆可为";理出"责任清单",明确政府怎么管市场,做到"法定责任必须为"。"三张清单"相当于先给企业等市场主体松绑,再捆住政府乱作为的手,待政府的责任明确后,研究如何发挥政府"有形之手"的作用,确立政府与市场的新关系、新秩序。如果说负面清单、权力清单是针对政府乱作为,那么责任清单则是针对政府不作为。

"责任清单"要解决的是三个层次的问题:一是管什么? 明确政府的责任,那就是要种好"责任田",当好"服务员"。二是怎么管? 要创新完善政府管理方式。三是管不好怎么办? 要有问责追究的制度。② 通过推进"三张清单"制度,能够真正让行政权力回归本位,让政府更加履职尽责,让企业和群众享受到改革的红利。最后需要指出,履职作为是在制治的基础上实现善治的表现,而一个治理能力突出的政府在履职作为的同时也能够促进"制治",体现政府的权威性,这三个要点环环相扣又相互依托。政府履职作为要求政府脚踏实地,不忘初心,牢记

---

① 陈振明等:《公共管理学》(第二版),中国人民大学出版社 2017 年版,第 75 页。
② "三张清单"词条,百度百科,https://baike.baidu.com/item/%E4%B8%89%E5%BC%A0%E6%B8%85%E5%8D%95,2022 年 6 月 14 日。

使命,明白自己要做什么、怎样去做以及如何做得更好。政府要主动走出"舒适区",增加胆识、求新求变。

（二）法学:执法公正

"法令行则国治,法令弛则国乱。"当前,执法不公的突出表现在于三个方面:权大于法、钱重于法、情过于法。这三个严重违反依法治国基本要求的现象,其社会危害是极大的。首先,执法不公破坏了法律的权威性,打破了法律面前人人平等的原则。其次,执法不公违背了执法必严、违法必究的法治化要求。最后,执法不公破坏了人民主权的实现机制。执法不公问题如果不切实加以解决,势必会给我国的法制建设带来无穷的祸患,也会给一个国家的稳定和发展造成无尽的危害。

公正是一个历久而弥新的话题,"正义是人类社会的目的,无论过去或将来始终都要追求正义,直到获得它为止,或者直到在追求中丧失了自由为止"[①]。执法公正,或公正执法,其基本内涵就是要在司法活动的过程和结果中坚持和体现公平与正义的原则。"严格执法、公正司法"是指执法司法主体在执法司法活动中,坚持和体现公平、正义的原则,严格依照国家的宪法和法律法规,依法行使职权,做到有法必依、执法必严、违法必究,保障国家宪法和法律的正确实施,捍卫宪法和法律的权威,维护公民的合法权益,保障人民的利益。它包含两方面的基本内容:一是执法司法的最高标准和最终依据是国家法律与法规,执法司法裁决必须以事实为依据、以法律为准绳,依照法定程序进行,否则要承担相应的行政和法律责任;二是执法司法权要严格限定在法律法规的框架内行使,既不得不作为或徇私枉法,又不能越权执法司法,否则也要承担相应的责任。

首先,"严格执法、公正司法"是提高执法司法公信力、促进社会公平正义的首要之义。其次,"严格执法、公正司法"是推进国家治理能力现代化的现实需要。再次,"严格执法、公正司法"是全面推进依法治国,建设平安中国、法治中国的根本要求。针对领导机关和领导干部违法违规干预执法司法问题,习近平总

---

① 〔美〕汉密尔顿、杰伊、麦迪逊:《联邦党人文集》,程逢如、在汉、舒逊译,商务印书馆1980年版,第266—267、391页。

书记将其视为"导致执法不公、司法腐败的一个顽瘴痼疾"①,要求着力清除和解决。他要求各级领导干部要懂规矩,这个规矩就是"始终对宪法法律怀有敬畏之心,牢固确立法律红线不能触碰、法律底线不能逾越的观念,不要去行使依法不该由自己行使的权力,更不能以言代法、以权压法、徇私枉法"②。"要把能不能依法办事、遵守法律作为考察识别干部的重要标准"③,同时提出"要建立健全违反法定程序干预司法的登记备案通报制度和责任追究制度,对违反法定程序干预政法机关执法办案的,一律给予党纪政纪处分;造成冤假错案或者其他严重后果的,一律依法追究刑事责任"④。

二、优化路径

(一) 建立健全制度化治理模式

改革的时代需要改革的理论指导改革的实践,面对推进国家治理现代化要求,新型常态治理而非一种已有的常态治理行动被设为改革目标。在"制度—机制—行动"三维框架下,新型常态治理必须坚持:制度顶层设计要具备权威性、超脱性和公民性三大根本特质;机制中观运行要遵循科学化、法治化和理性化的三大根本规则;行动微观改造要顺应治理体系从"凝闭"转向"参与"的趋势。因此,在"制度—机制—行动"三维框架下实现运动式治理转型,建立一个新型常态治理模式,在本体论上要处理好制度发展的普遍性与特殊性的关系,在认识论上要处理好制度自信与制度自省的关系,在方法论上要处理好顶层设计与摸着石头过河的关系,沿着民主法治的轨道,科学化、制度化和理性化地设计国家治理体系,系统性、整体性和协调性地建设社会主义法治国家,完成中国特色社会主义制度定型化任务,最终推进国家治理现代化。⑤

适应领导范式变革大趋势,逐步走向制度治理,是实现国家治理能力现代化的

---

① 中共中央文献研究室编:《十八大以来重要文献选编》(上),中央文献出版社 2014 年版,第 720 页。
② 同上书,第 721 页。
③ 同上。
④ 同上。
⑤ 杨志军:《从非常规常态治理到新型常态治理》,《探索与争鸣》2016 年第 7 期,第 125—130 页。

关键。这就要求国家治理在理念、方式、模式以及基础等方面发生根本的变化。第一,在领导理念上,从权威至上、英雄崇拜向民主法治至上和制度崇拜转变。第二,在领导方式上,从"人格化"领导向"非人格化"领导转变。第三,在政治权威上,从历史合理性向现实合法性转变。第四,在治理模式上,从"人治"向"制治"演进。①

"治国者,圆不失规,方不失矩,本不失末,为政不失其道,万事可成,其功可保。"习近平继承马克思主义国家理论,吸收传统文化中国家治理的智慧,融合新中国成立后党领导人民建设国家的基本经验,借鉴其他国家治理的理论和做法,并且在实践中不断赋予制度治理以新的内容,形成了富有创见、内容丰富的制度治理思想。首先,我们要重视制度在国家治理中的根本作用,"立治有体";其次,构建完备的制度体系,使我们的制度"成熟而持久";再次,增强制度执行能力,莫把制度当"纸老虎""稻草人";最后,处理好基本制度和具体制度、学习外国和保持"定力"的关系。习近平制度治理思想的时代价值是:(1)丰富了中国特色社会主义理论和国家治理理论,是对中国共产党执政规律、社会主义建设规律和人类社会发展规律认识的深化;(2)有利于从根本上系统性地扫除改革过程中的体制性障碍和制度性障碍,缩小改革成效与人民预期之间的差距;(3)有助于为全球治理贡献中国智慧,提升中国的国际形象和国际影响力。②

(二) 深化司法体制改革

进一步深化司法体制改革,应当正确认识和把握中央改革精神,正确处理顶层设计和地方探索的关系,有效实现改革统筹推进和配套衔接,进一步夯实改革基础、增强改革科学性,以改革的思维和办法破解改革的难题。在具体改革举措中,增设最高人民法院巡回法庭、推进跨行政区划法院改革、深化人民陪审员制度改革、积极推动以审判为中心的诉讼制度改革、健全完善多元化纠纷解决机制等需大力推进,有所突破。③

近几年来,随着全面依法治国加快推进,人民群众的法治意识不断增强,对司法工作的期待和要求也越来越高:一是对司法公正更加期盼;二是对司法效率

---

① 李拓:《论治理现代化与制度治理》,《郑州大学学报(哲学社会科学版)》2014年第6期,第5—8页。
② 刘建伟:《论习近平的制度治理思想》,《求实》2016年第4期,第17—23页。
③ 李少平:《当前深化司法体制改革的形势、任务及重点》,《法律适用》2016年第8期,第2—7页。

更加看重;三是对司法公开更加关注。党的十九大报告对进一步深化司法体制改革提出明确要求,强调"深化司法体制综合配套改革,全面落实司法责任制"。司法体制综合配套改革是一项系统工程,面广量大,点多线长。司法责任制是党的十八大以来我国司法体制改革各项措施的"牛鼻子",是中国特色社会主义司法制度的核心环节。强化司法责任制,一要加强司法队伍建设;二要深化法院组织体系改革;三要全面实施立案登记制;四要完善多元化纠纷解决机制;五要推进司法信息化、数字化建设;六要完善司法监督考核评估机制。①

司法体制是司法机关设置、职权和相互关系的制度化。党的十八届四中全会为深化司法体制改革规划了基本框架,而推进改革亟待破解的重要命题就是在宪制框架内正确处理与司法体制相关联的多重关系,包括外部的与执政党、权力机关、行政机关和公民的关系,内部的与权力配置、监督制约和人事管理等的关系。司法体制改革的基本框架已经基本确定,但在框架设想向现实转换的过程中亦须汇聚更多的智识,改革的对象不应成为改革规则的决定者,而改革过程也不应神秘化和封闭化。司法体制改革牵涉面甚广,不可能一蹴而就,也没有一劳永逸的药方,理清多重关系的过程可谓田忌赛马式的博弈格局,唯有以法治方式凝聚各方共识,分轻重缓急循序渐进,才能渐次实现帕累托最优的改革目标。②

行政学所倡导的制度治理,法学所坚持的法治,同为国家治理的一体两面,共同支撑起国家治理体系的大厦,共同擘画起国家治理现代化的蓝图。制度是共识的固化,制度改革则是重新凝聚共识的过程;体制是关系的制度化,体制改革就需要梳理或重建关系。只有强化国家政治、经济、社会、文化、生态等领域的制度建设,做到制度先行、制度施行和制度遵行相统一,让全社会舍弃魅力治理、人格治理和人情治理,同时通过深化司法体制改革,充分发挥司法的职能作用,保证司法机关妥善审理改革过程中发生的各类案件,妥善化解各类矛盾纠纷,真正走向法治,使法治覆盖国家治理、政府治理、社会治理各个领域及各个层面,才能确保人民安居乐业、社会安定有序,才能更好地为推进国家治理体系和治理能力现代化保驾护航。

---

① 陈亦琳:《深化司法体制改革 促进社会公平正义》,《红旗文稿》2018年第11期,第15—17页。
② 秦前红、苏绍龙:《深化司法体制改革需要正确处理的多重关系——以十八届四中全会〈决定〉为框架》,《法律科学(西北政法大学学报)》2015年第1期,第36—47页。

第十三章
行政学与哲学

　　行政学是一个研究政府机构及政府治理公共事务的学科,哲学则是一个研究道德价值、物质与意识之间关系的学科。将行政学与哲学进行比较的本质是理性的区别,本章使用实践理性和价值理性这两个概念来帮助大家更好地理解。行政学研究的主要是政府活动,哲学研究的主要是道德价值。这就决定了它们有不同的目标定位。政府的目标定位是通过解决治理难题改善人民生活,让人民过上好日子。哲学则是通过提升道德价值,探求我们从哪里来,向何处去。基于这样的目标定位,行政学认为解决治理难题就要从社会存在的根源出发,这就要求我们把建构社会存在作为行动焦点。对于哲学来讲,关注道德价值就是要从社会思潮的本源出发,这就要求我们把重塑社会思潮作为行动焦点。那么,双方围绕这个焦点,要采取何种优化路径?即政府需要如何建构社会存在,解决哪些治理问题才能体现实践理性?哲学需要关注哪些道德价值,如何重塑社会思潮才能探求价值理性?下面我们来一起探讨。

第一节　关系与定位

　　作为行政学主体的政府和作为哲学主体的道德价值二者是实践理性与价值理性的关系,即政府的主要任务与功能体现在具体的实务活动中,旨在改造人类社会的实践操作。政府通过实践理性将哲学价值层面构想的人类美好生活图景具体化、操作化、内容化,以物质的形式呈现展示,这是政府的实践理性。而哲学更多的是建构和勾勒美好的"乌托邦"式的人类世界,通过批判和反思人类应该追寻的终极价值,倡导这个世界应该关注什么、反思什么、追求什么、提倡什么,从而引领人类未来发展的方向与航标。就其二者定位而言,行政学致力于解决治理难题,通过政府部门有组织有规划有秩序的活动来改善人类的生存环境、提高人民的生活水平,旨在让人民过上好日子。而哲学着力于提升道德价值,通过建构社会思潮,倡导社会核心价值观、伦理道德等,从思想上约束和指引人类改造物质世界的实践。

一、主体关系

(一) 行政学:政府追求实践理性

行政学关注政府,是关于人类治理实践的经验规律总结;哲学关注价值,是关于人类治理智慧的本质特点探讨。在现代化进程中,人类的许多实践活动,无论是改造自然的实践还是社会实践,都是基于某种国家发展的战略规划或团体的集体意志而施行,但其部分结果不同程度地偏离了实践的目的而对人类发展产生破坏效应或对人类生存造成威胁,部分活动是基于个人意志而开展,具有"唯感性"特点。黑格尔用"密涅瓦的猫头鹰在黄昏时起飞"来比喻哲学。在黑格尔看来,哲学就像密涅瓦的猫头鹰一样,它不是在晨曦中迎旭日而飞,也不是在午后的蓝天白云间自由地飞翔,而只是在黄昏降临的时候才悄然起飞。黑格尔用这个比喻告诉我们,哲学用反思为我们提供关于整个世界的普遍规律的正确认识,为其他学科和实践活动提供理论武器。我们将此称为价值理性的存在场域和发生功能。

我们经常说,政府活动要实事求是,没有调查就没有发言权等,其背后的思想却是在秉持实践本体论,将现实社会中的人以及历史演进规律作为立足点,用实践思维规律去阐释人与世界之间的矛盾以及规律性。一切政府活动都是实践,离开政府实践活动,国家治理能力既无法形成,也无法被衡量和评价。实践理性之于政府活动的思考是,人类是通过实践来实现自己目标、满足自己需求的,在这个过程中,人们需要去思考政府借由实践要达成什么样的目标、为实现这个目标采用什么样的行动,或者在诸多行动方案中如何做出选择等一系列比较复杂的问题。在当代中国政府治理实践中,邓小平提出的"不管黑猫白猫,捉住老鼠就是好猫"和"摸着石头过河"就是实践理性的典型代表。李光耀指出,

"说一个政府受欢迎并不是说它在任何时刻都受欢迎……有时你必须彻底不受欢迎。但在你的任期结束时,你应该给人民带来福利,这样人民才会认识到你所做事情都是必要的,才会再一次投你的票"①。

实践理性,全称为纯粹实践理性,这个词来源于康德。实践理性是从善恶概念到感性情感再到实践规律,必须脱离感性经验。对于政府活动而言,实践理性是政府在实际工作中具体职能的体现,最终目标是要达到行政学所提倡的善治目标。

(二) 哲学:道德关注价值理性

哲学的价值理性是面向真实世界和理性生活的,通过对人类现实社会实然境况的追问、反思和批判,凝练并升华出道德价值的应然境界、理性标准和正当性原则,使人类治理走向未来。在哲学思维中,人们用来寻找价值的根据或给价值提供基础的理性,即人们把理性作为首要的方法来寻求价值的普遍性原则,就是价值理性。人们向往的是向善的生活和优良的政治——正义的、美好的社会愿景始终存活在人们心中。价值理性在现实的政治批判中为政治和社会的发展指明了方向,政治哲学通过对价值理性的研究和弘扬,排除了工具理性的专断,从而实现了向"优良的政治生活"的复归。②

人类行为在价值上是理性的,也就是说价值理性把人们的追求目标视为一种特定的价值。价值理性作为支配人们活动的深层理念,是哲学应用的观念基础和灵魂,规定了哲学思维活动具有不同于其他科学理论应用的特点,而这些特点转化为其应用思维的基本原则就是:真理性与价值性相统一的原则;理想性与现实性相统一的原则;物的尺度与人的尺度相统一的原则;批判性与建构性相统一的原则。沃尔多认为,公共行政是为实现政府的目标而对人和物的组织与管理。行政学的组织结构被认为是使组织实现其目标的基本管理工具,是组织躯体的骨架。公共组织结构可以理解为各种构成因素的联系方式,因此组织结构是非常复杂且存在横向纵向的差异性的。③ 政府是通过各种活动对社会进行治

---

① 司徒伟智:《李光耀的"实用主义"及其启示》,《学习时报》2015年8月17日,第A6版。
② 王岩、陈绍辉:《再论作为价值理性的政治哲学及其功能》,《马克思主义与现实》2017年第4期,第145页。
③ 陈振明等:《公共管理学》(第二版),中国人民大学出版社2017年版,第37—39页。

理的。为了更好地达到这一目标,人们就会反思社会治理活动,这就潜在地表达了行政学所代表的实践理性。哲学以人类道德价值为研究主体,以人类社会价值为研究对象,是对人类存在的意义和道德价值之间关系的进一步探索。但是,哲学是一种纯粹的思辨性学科,学者们无法做出实证性或经验性的研究,只能对行为活动进行预测和规划,对思想逻辑进行思考和判断,从而体现出价值理性的意义。

价值寓于人的实践活动的对象中,但只有通过人的能动的活动去挖掘才能形成和实现。人的活动受特定价值观的指导,价值理性通过在动机层面上调动理想自我从而实现对人的行动的导向作用。这是一个有序的、明晰的自我主导过程,人以此实现了自身与外部环境的和合、统一。这一过程充分体现着人类实践活动的能动性和内源性,通过对自身活动的有意识的选择和反馈,人类不断升华自身的本质规定,同时构架出历史性的现实自我。

二、目标定位

(一) 政府的目标是在实践理性中解决治理难题

行政学从实际出发的要求反映了它的学科定位——解决治理难题。解决治理难题是行政学最直接也是最言简意赅的定位,而这也是政府的主要目标。不管是中央政府还是地方政府,其最主要的任务就是解决治理难题,维护社会的和谐稳定,让人民过上好日子。其实也就是:"全面建成小康社会,在保持经济增长的同时,更重要的是落实以人民为中心的发展思想,想群众之所想、急群众之所急、解群众之所困,在学有所教、劳有所得、病有所医、老有所养、住有所居上持续取得新进展。"[①]

解决社会治理难题是当今政府主要的职责与任务,也是政府维护自身形象和树立权威、保证国家有效治理从而达到善治的必然要求。对国家治理而言,尤其是大国治理,要正确处理好对社会问题的有效治理与国家一统体制之间的关系,不管是中央政府还是地方政府,其宗旨在于维护社会的稳定发展、保障社会

[①] 《落实以人民为中心的发展思想——解读中央财经领导小组第十四次会议》,中华人民共和国中央人民政府,2016-12-21,http://www.gov.cn/xinwen/2016-12/21/content_5151247.htm,2022 年 6 月 14 日访问。

环境的和谐安宁、提高人民的生活水平。只有国泰民安,整个社会才能朝着美好的方向前进。除此之外,解决社会治理难题,有利于帮助政府树立良好的形象,从而赢得人民对政府的信任和支持;在国家层面,有利于促进国家发展、繁荣与稳定;在社会层面,有利于维持社会秩序,净化社会风气,增强社会公平正义,平衡公众需求矛盾,实现公共利益最大化。

(二) 哲学的目标是在价值理性中提升道德价值

哲学关注的是道德价值。价值观是人们在实践中形成的对于价值、价值关系的一般看法和根本观点,是处理各种价值问题时所持有的比较稳定的立场、观点和态度的总和。以社会主义核心价值观为例,核心价值观是一个社会中居统治地位、起支配作用的核心理念,也是一个社会必须长期普遍遵循的基本价值准则,具有相对稳定的特点。

从广义上讲,哲学高度上的道德价值是一个包含了国家、社会、家庭、个人等不同主体的集合。从社会视角出发,自由、平等、公正、法治是整个人类社会孜孜以求的图景,是对美好社会的生动表述。从家庭视角出发,把正确的家庭道德要求、规范、原则灌输到家庭成员的思想中,并引导家庭成员的合乎规范的行为,是通过祖祖辈辈流传下来的道德风尚和家教传统,是社会最基础、最直接、最有效的教育方式。从个人视角出发,爱国、敬业、诚信、友善是公民基本道德规范,它覆盖社会道德生活的各个领域,是公民必须恪守的基本道德准则,也是评价公民道德行为的基本价值标准。

放眼世界,从国际国内的大时局来审时度势,我国正处在大发展大变革大调整时期,此间各种价值观念和社会思潮纷繁复杂。从推进国家治理体系和治理能力现代化要求看,核心价值观能有效整合社会意识,有利于全面深化改革,完善和发展中国特色社会主义制度,推进国家治理体系和治理能力现代化。从提升民族和人民的精神境界看,核心价值观是精神支柱,是行动向导,可以丰富人们的精神世界,建设民族精神家园,振奋起人们的精气神,增强全民族的精神纽带。从实现民族复兴中国梦的宏伟目标看,核心价值观是一个国家的重要稳定器,构建具有强大感召力的核心价值观,关系社会和谐稳定,关系国家长治久安。

第二节 焦点与路径

学科的焦点和路径不同,其所体现的学科内容和本质也不同。从一定程度上来说,把握了一门学科的焦点和路径就把握了这门学科的脉搏。行政学与哲学是两门不同的学科:行政学研究的主要对象是政府,更多涉及的是政府的具体行为;而哲学研究的主要对象是道德价值,更多涉及的是人类的道德取向。二者有着各自不同的研究领域、目标、方法论等。哲学的发展在一定程度上助力了行政学学科的发展,但行政学从其他学科中学习和借鉴所有有价值因素的行为,并没有促使行政学朝着边缘化交叉化的方向前进,反而推动了行政学的发展,使它作为一门独立学科的特征凸显出来。学习和了解行政学与哲学这两门学科的焦点和优化路径,有利于加深我们对行政学与哲学的理解。

一、行动焦点

(一) 行政学:在解决治理难题过程中建构社会存在

从定位与焦点二者的关系来看,解决治理难题是建构社会存在的前提。进一步地,解决治理难题的本质是一种客观地建构社会存在的行为与实践活动。建构社会存在的过程包含着对物质世界的改造、对人类社会活动的约束。作为行政学主体的政府在建构社会存在的过程中扮演着重要角色,政府以组织的形态存在,在维护社会稳定、推动生产力发展、改善人类生活条件等各个方面是主要的引领者与组织者。在实践形态上,政府通过具体的实践活动,如发展经济、协调区域间发展、抢险救灾、基础设施建设等活动来建构社会存在。在意识形态上,政府通过政治、法律、哲学、艺术、宗教等来建构社会意识。从行政的本质来看,它的属性是实现公共利益,而实现公共利益的过程都必然要从建构社会存在开始。或者说,行政学的基本任务就在于把握社会存在,并在行政模式的建构中确立社会存在。

社会建构主义者认为,社会问题不是客观存在,而是被人们主观的思想建构出来的。作为公共行政社会建构途径的奠基者,全钟燮明确指出:"对公共行政理性建构模式的批判是公共行政社会建构模式的逻辑起点,必须重新建构公共行政的话语体系,发展公共行政的价值精神。"①行政学作为一门兴起时间较晚的社会科学学科,深受理性主义的影响。政府作为社会结构中重要的组成部分,如何定位自身角色、实现对社会的有效整合是政府一直追寻的目标。建构社会存在途径是一种对公共行政理性反思与重构的途径,意味着公共行政要对社会、环境与公民开放,回应复杂多变的社会现实、日益多元的价值冲突以及日益高涨的公平正义诉求,指向公共生活领域中的行动主体与客体,强调重新认识组织内外的主体间关系,主张发挥政府行政追求实质理性和人文关怀的主体责任,成为建构社会中公共行政大厦的基础。

建构社会存在强调人类是通过自己的实践创造和维持着社会现实,现实不过是社会互动过程中人们构建出来的。世界或它的某些重要部分,在某种程度上是理论、实践和制度的建构。"社会建构"意味着人与人的生活世界之间的关系是建构性的;人是人的生活世界的社会建构者;人是生活世界的社会建构者;人的生活世界是人的社会建构;人的生活世界也在建构着人自身。② 个体的力量往往是有限的,整个人类社会是一个共同体组织,政府才是建构社会存在的主要力量,社会实现良好运行的行为准则、规范、法律、条例、规章制度都是由行政组织拟定和执行的。维护国家稳定的暴力机关,如警察、监狱、军队等都是由政府部门设立的。促进经济发展的产业政策、大型基础设施(机场、公路、铁路、港口、贸易区)等也是由政府部门发起和维护的。这些不管是作为物质形态存在的社会存在还是作为意识形态存在的社会存在,都是政府建构的。

(二) 哲学:在提升道德价值的过程中重塑社会思潮

在当下飞速变化的社会中,各种各样的社会思潮和价值观充斥着我们周围的环境,如何保持对社会现实生活的高度敏感,以及如何从容应对社会结构变革过程中的冲突和国际社会的重大变革,显得尤为重要。在不同主流意识形态话语广泛流传的过程中,通过道德价值来重塑和引导具有广泛影响力和灵活的传播性的社会思潮是哲学的本质要求。在社会生活诸多领域的实践过程中,道德

---

① 〔美〕全钟燮:《公共行政的社会建构:解释与批判》,孙柏瑛等译,北京大学出版社2008年版,第54页。

② 洪长安、梁立新:《解构与建构:社会建构主义对后现代主义思维方式的超越》,《前沿》2008年第9期,第136页。

规范和社会基本价值观可以约束和指引人们的感性意识、情感体验。深入了解社会结构变迁条件下思想观念的发展变化,准确而具体地把握社会思潮的本质和特征,才能形成社会核心价值体系,而建立正确的社会核心价值观,才能真正凝聚和统一社会各阶层、各利益群体的思想观念,增强社会主流意识形态和道德价值对形形色色社会思潮的引领作用,最大限度地形成社会思想共识,巩固社会和谐的思想道德基础。

社会思潮以特定时代背景下人们的思想精神状况以及拥有广泛影响力的主流学说和价值观为主导和依据,在一定程度上反映了特定阶级或阶层人民的公共利益和主导思想的发展趋势。从哲学层面上理解,社会思潮的根源来自现实社会中的物质生活实践,是人民群众在改造自然社会过程中变革社会生产力以适应生产关系,从而引发的各种社会关系矛盾和冲突的集中体现。这既是一种复杂的社会现象,也是一种复杂的社会意识形态。换句话说,社会思潮从另一个侧面真实反映了社会存在的变化引起社会意识变化的过程,即社会存在决定社会意识,物质生活的变化会对社会发展和人们的精神生活产生不同性质、不同程度的影响。但社会意识也反作用于社会存在,社会思潮产生于特定社会的政治经济文化条件下,而且在人们的社会心理中自发形成。它一旦为群众所掌握和应用,便能够转化为强大的物质力量,影响社会的发展和进步。正确的社会思潮推动社会的发展,错误的社会思潮阻碍社会的发展。

社会思潮就本质而言,属于世界观范畴。它具有两个层面的含义:第一是对客观事物的主观反映、认识等;第二是对当下主流理论、观点、思想的把握和理解,也指认识能力或思想方法。前者我们将其称为思想意识问题,后者可将其称为思想认识问题。前面谈到了社会存在决定社会意识,社会意识是社会存在的反映,并且具有能动的反作用。某种社会意识一旦形成固化,便具有相对独立性。所以,能够重塑社会思潮的哲学,在意识形态引导和塑造方面应扮演好自身角色。在当下中国,以富强、民主、文明、和谐、自由、平等、公正、法治、爱国、敬业、诚信、友善为主要内容的社会主义核心价值观,中华民族五千年来形成的以爱国主义为核心的团结统一、爱好和平、勤劳勇敢、自强不息的伟大民族精神,在改革开放和社会主义现代化建设过程中形成的以改革创新为核心的与时俱进、开拓创新、求真务实、奋勇争先的时代精神,以及特别能吃苦、特别能战斗、特别能攻关、特别能奉献的载人航天精神,以爱岗敬业、无私奉献、持续专注、开拓进取、精益求精、追求极致为核心的工匠精神等都是主流的社会思潮和道德价值。这些道德价值观大到国家意识情怀,小到个人行为规范,都是我们应该积极践行的。

二、优化路径

(一) 追求正当、实现善治

政府在行政中要追求自身行为的正当性和实践的合法性,从而达到社会善治的目标。这就要求政府部门致力于建设服务型政府,在公民本位、社会本位理念指导下,在整个社会民主秩序的框架下,通过法定程序,以为公民服务为宗旨开展具体实务。[①] 服务型政府就是为人民服务的政府,要把为社会、为公众服务作为政府存在、运行和发展的根本宗旨。[②] 第一,国家治理需要确立治理目标,这个目标应当是一个"善"的目标,以此凝聚最广泛的社会共识,号召最广大人民群众为实现这个共同目标而奋斗。第二,国家治理模式的选择要遵循"有效"原则。治理模式是建立在对社会发展规律的认识基础上的,国家治理仅有善的动机是不够的,必须通过有效的模式来实现国家治理目标。第三,国家治理方式的运用方面要遵循"正当"原则,这解决的是行动的正当性问题。国家治理实践要符合某种普遍性的规范,治理方式是由治理目标和治理模式决定的。

建构社会存在,解决治理难题要从以下几方面发力:

第一,围绕"以人民为中心"的思想开展行政实践活动。改革开放以来,中国能取得如此辉煌的发展成就,离不开中国共产党始终把人民的利益放在第一位、坚持以人民为中心的发展思想。邓小平也说过"我是中国人民的儿子,我深情地爱着我的祖国和人民"这样动情的话语。

第二,正确处理好政府与市场、国家与社会的关系。"有效"是衡量国家治理能力的重要指标,这要求国家治理行为必须符合经济社会发展的规律。在中国,国家治理行为的"有效性"是通过持续不断的深化改革来实现的。我国的改革主

[①] 刘熙瑞:《服务型政府:经济全球化背景下中国政府改革的目标选择》,《中国行政管理》2002年第7期,第5—7页。

[②] 张康之:《限制政府规模的理念》,《人文杂志》2001年第3期,第55—60页。

要是围绕着两大主题展开的:一个主题是政府与市场的关系,另一个主题是国家与社会的关系。在我国的历次党代会和人代会中,多次改进和确定政府和市场的关系,也多次出台文件指明国家与社会之间的关系。

第三,全面实施依法治国与保障公民权利。改革开放以来,伴随中国特色社会主义市场经济的发展,法治也蓬勃发展起来。在经济建设和改革开放中,党和国家一直把法治放在"治国理政"的高度,而不是就法治而建设法治。法治一方面划分了政府与市场、国家与社会的边界;另一方面,通过对权利的保障,落实"发展为了人民"的精神。遵循"实践理性"的"向善""有效""正当"的原则,国家治理目标、国家治理模式和国家治理方式构成国家治理能力的基本结构,按照这个逻辑,发展、改革和法治构成国家治理能力的基本实践样态。①

(二) 以人为本、公共价值

社会思潮通过各种各样的途径广泛影响着人类社会的发展进程。社会思潮既可能成为社会发展进步的加速器,也可能成为社会发展进步的绊脚石。因此,必须坚持以社会核心价值体系引领各种社会思潮,围绕以人为本的核心理念和追求公共价值的向导来优化完善社会主流意识形态,让积极的社会思潮成为引领社会思想道德建设的一面旗帜,从而实现全人类的公共价值。重塑社会思潮、提升道德价值需要从以下几方面着手:

第一,倡导社会主义核心价值观。《大学》中讲到"古之欲明明德于天下者,先治其国;欲治其国者,先齐其家;欲齐其家者,先修其身"。要一手抓社会主义核心价值观的培育,另一手抓中华传统美德的传承。离开中华传统文化的传承和实践,孤立地讲社会主义核心价值观的培育和弘扬,不能充分实现先进文化建设和道德价值的培育。社会价值观是精神文明的起跑线,是滋养涵育高尚道德和先进社会思潮的深厚土壤。树立以人为本的价值理念,才能形成人民普遍遵循认可的社会风尚,进而实现建设美好社会的宏伟目标。

第二,促进法治和道德建设。法律以其强制约束力规范公众的行为,但是法律的性质和特点决定它不能规范和约束人们公共生活中的全部行为。道德作为

---

① 赵晓强、吴祖鲲:《国家治理能力的构建逻辑——基于实践理性的视角》,《理论探讨》2018 年第 3 期,第 46—50 页。

法律的补充手段,其约束和规范的范围更广泛,渗透力更强。道德属于文化范畴,可以弥补法律功能上的欠缺,用道德观念自我约束的方式,达到从源头上遏止不良行为的效果,有利于从根源上和本质上对人的行为产生影响,进而夯实社会法治建设的道德基础。

　　第三,构建主流社会思潮。社会思潮是一项社会性的系统工程,必须多方面、多渠道、多路径地发挥各种引领作用。只有这样,才能把最大限度地形成社会思想共识的要求落到实处。最大限度地形成社会思想共识,就要不断增强社会主义核心价值体系引领社会思潮所必需的说服力和感召力,要以马克思主义为指导,在新的实践基础上不断做出新的理论概括,为核心价值体系引领社会思潮提供强有力的理论支持。要按照贴近生活、贴近实际、贴近群众的原则构建社会主流思潮,引领社会发展。

后 记

我们形容做某一件事非常辛苦,常常使用"十月怀胎,一朝分娩""台上一分钟,台下十年功""板凳须坐十年冷"等语句。这本书从 2015 年开始构思到写作再到完成,确实很不容易,花费了我大量时间和精力。我掩卷深思,觉得有三个方面需要记述,它们是:解释(公共行政学学科的学术发展史为什么重要)、说明(本书所建立的公共行政学发展史是什么样的,出于什么考虑)和感谢(出于何种因素或契机写这本书,以及哪些人和事深深地影响了我)。

首先是解释。一门学科存在的意义在于能够认识世界——持续地对国家、民族、社会乃至人类的发展进行思考,或在于能够改造世界——持续地通过开展学术研究工作进行知识积累并做出贡献。公共行政学兼二者而有之,因为公共行政学自诞生之日起,就肩负着"为国家解忧""为时代立言""为生民探路"的职责和使命。特定的时代产生特定的学说,由特定的学说所创建的学科又必定助推时代向前迈进。

如果说有关某一学科领域的学术研究成果是这门学科的生命的话,那么有关这个学科产生、发展、成熟、突破、创新及探索的学术史就是其灵魂。公共行政学发展史的全称是"公共行政学学科的学术发展史"。自威尔逊创建行政学以来,不同时期的代表人物及其学术共同体提出思想观点,形成理论流派,汇聚成公共行政学学说体系,从而产生知识价值。学术史的基础是学说和思想,所以很多时候我们将一门学科的学术史界定为学说史或思想史。国内学者相关著述有:丁煌的《西方行政学说史》,何艳玲的《公共行政学史》,颜昌武的《公共行政学简明史》,唐兴霖的《公共行政学:历史与思想》,孙宇的《现代西方公共行政思想简史》,董礼胜的《西方公共行政学理论评析》,谭功荣的《西方公共行政学思想与流派》,夏志强、田桑的《西方公共行政学平议》,李水金的《西方公共行政思想史》以及其他各类有关行政学、行政管理学、公共行政学、公共管理学的著作。

在将近140年的历史长河中,公共行政学领域涌现出众多学者,他们所提出的思想观点构成学术史的核心,主要有"范式论""流派论""途径说"和"时期论"四类。在范式论上,尼古拉斯·亨利把公共行政学科的发展划分为五个阶段的线性范式:政治与行政的二分法(1900—1926)、行政学的原则(1927—1937)、作为政治学的公共行政学(1950—1970)、作为管理学的公共行政学(1956—1970)、作为公共行政学的公共行政学(1970至今)。张梦中将公共行政划分为科学管理、管理科学、公共事务、政策分析、新公共行政、新公共管理六个范式。文森特·奥斯特罗姆认为,威尔逊-韦伯的官僚制旧范式已陷入危机,提出基于"复合政体"理论重构民主制行政的新范式。欧文·休斯提出了基于政治与行政二分法的官僚制传统范式和以经济学理论为基础的新公共管理范式。陈振明认为公共行政经历了传统公共行政学、新公共行政学和新公共管理学三大范式转变。在流派论上,谭功荣的流派论、唐兴霖的历史论为主要代表,最近则出现了董礼胜的工具理性与价值理性线索论,以及孙宇的公共行政知识体阐释。在途径说上,以戴维·H. 罗森布鲁姆的管理、政治和法律三途径说最为典型。全钟燮从范式说的非法性出发,提出以"研究途径"代替"范式",才是研究公共行政发展的合理切入工具。不管是范式论、流派论还是途径说,都离不开代表人物及其思想,而这些思想也反过来促进了公共行政的实践;都绕不开,也无法规避公共行政学的发展时期,即所有的行政学理论观点和思想流派都是在特定的历史时期中产生的。

其次是说明。时期论作为范式论、流派论和途径说的载体,是一种将代表人物和理论观点及学术流派对应到不同的时期再加以归类叠合的方法。丁煌教授最早提出西方行政学说的六大时期,即提出与创立时期、正统时期、批评与转变时期、应用与发展时期、挑战与创新时期、总结与探索时期。何艳玲将公共行政学理论的演进分为起源、基石、初创、危机、分异、深化、反思、重组、解构等相互承继又层层递进的不同阶段,清晰且辩证地呈现了不同阶段诸多流派的论辩与交锋。公共行政学科的发展得益于不同历史时期的同人所开展的学科建设和学术研究工作,正是这些工作铸就了蔚为大观的学科发展史,进而增加了公共行政学的厚重度,助推其成长为国家治理的一门显学。本书继承前辈学者的知识谱系并在其启发下,提出了公共行政学发展的六大时期:(1)确立时期(1887—1926),解决行政学独立以及行政与政治领域分离问题;(2)应用时期(1927—1938),建立行政组织运行的科学化、原则化、系统化和正典化标准;(3)批判时期(1939—1952),思考公共行政事实与价值分析的身份危机问题;(4)转变时期(1953—1971),倡导公共行政发展回归社会公平价值理性;(5)探索时期(1972—1989),坚持市场化取向,复归工具理性,追求效率;(6)发展时期(1990年至今),强调合作治理、网络治理等多元价值体系。

公共行政学发展史立基于学说和思想,重点是梳理评介,难点在学科比较。这也是我们的公共行政学术史著作历来重视代表人物、理论观点、学术流派的引介和评价的主要原因,虽然这构成了公共行政学的独特理论魅力及其在国家发展中的独特应用价值,但是却因为忽视了与其他学科的横向比较,而失去了探究行政学学科属性的机会,无法在学科独立的前提下体察学科之间的交叉和通融意义,也会失去化解危机、夯实基础、提高品质的机会。因此,本书借鉴亨利关于公共行政学"定向"(locus)和"焦点"(focus)两大视角,确立关系与定位、焦点与路径两个维度,选择了将行政学与政治学、经济学、管理学、社会学、民族学、法学、哲学七大学科进行横向比较。基本逻辑是:首先从行政学与七大学科之间的主体关系出发定位各自目标,从而明确行动焦点,发现主要问题,找到优化路径,这是一种在主体中确立关系,在关系中发掘目标,在目标中考察行动,在行动中优化路径的方法。我们常说,比较出真知,自然科学的优势在于实验,社会科学则在于比较。学科比较的前提是这门学科具备了丰富的学说和思想,本书将学说思想和学科比较一道作为公共行政学发展史的考察内容,在一定程度上弥补了现有著作体例的不足,和诸如工具理性与价值理性、效率与公平、零碎与整体、争议与趋同、治理与管理、解构与建构等关系命题丰富了公共行政学发展史的解释体例。

最后是感谢。我们这一代学人对于公共行政学和公共政策学的知识启蒙和学习是在该专业发展期展开的,是在国内系统反思并试图夯实学科体系的历程中进行的,是在学科专业处于热潮的市场和社会环境中实现的,我们是受益者和见证人。中国公共行政学学科和行政管理专业在2000年之后迎来了快速成长期。当时,各大学出版社推出了一系列译著以及一大批行政学、行政管理学、公共行政学以及公共管理学的教材,有关政府治理、公共政策的著作也开始大量涌现,这为我们这一批学人的知识汲取和专业学习提供了便利。2007 年我开始读研究生,这时,丰富的、新鲜的专业知识如雨后春笋般出现,各种新观点、新思想集中"轰炸",给了年轻学人成长的"养料"。机缘巧合的是,在 2014 年博士毕业进入贵州大学工作后,由于专业建设和教学任务的需要,我连续四年承担了行政管理专业本科生"西方行政学说史"课程的教学任务,这推动我思考这门学科的学术发展问题,即如何通过梳理公共行政学科的学术发展史来建立新的知识谱系,进而增强行政管理专业的学生认同度,提高这门学科的研究品质。正是在这样的心路历程之下,我开始了这本书的写作。

在本书付梓之际,我要感谢两个群体。一个是创建公共行政学学科的前辈学者,没有他们筚路蓝缕、开启山林、搭桥建路,就没有我们这一代学人的成长和进步。正如我于前所言,我们这一代人赶上了公共行政学学科初创的勃发时期,学科认知和认同绝大部分都源于当时的专业教育,而今几乎所有公共管理学院的英文名都是 School of Public Administration,有的学系仍然保留着公共行政学系的称谓。从公共行政学发展史的角度来看,公共行政与公共管理之间虽然存在名称上的差异,但是在学科的属性上二者则是起源和发展的关系。2000 年左右,一批前辈学者纷纷撰文讨论是使用公共管理还是公共行政,以及二者的内涵厘清与关系界定。这些讨论极大地促进了学科的繁荣和发展,也为后续专业问题的深入研究以及拓展起到了较好的指引作用。我想说的是,虽然进入专业学习的时间不同,但我们都是受益者,知识需要一代又一代人的传承,没有老一辈学人的引领,就不可能有我们这一代人的执着。我想再次对前辈学者们致敬,感谢他们的研究工作启蒙了年轻时的我,磨砺了现在的我,还将影响未来的我。

另一个要感谢的群体是贵州大学行政管理专业的几批本科生。正是在他们的支持和参与下,我才有机会提出想法、建立框架,才有能力充实材料、完成写作。因为有好几批学生参与,很难一一表示我的谢意,但我仍然清楚记得大家一起研讨、一起工作的场景。念念不忘,必有回响。这是一份饱含深情的凝望,我此时此刻再次回忆,不由自主地想到黑格尔的名言:"那隐藏着的宇宙本质自身并没有力量足以抗拒求知的勇气。对于勇毅的求知者,它只能揭开它的秘密,将它的财富和奥妙公开给他,让他享受。"就像我对自己培养过的研究生说过的,坚持研究之美、过程之美,结果必然美好。当我们坚定目标、树立信心,一起完成一件事情的时候,那种妙不可言的感觉应该是终身受用的吧。所以,再次感谢这些可爱的小伙伴。

学说思想和学科比较存在着一定的张力,这种张力体现在西方公共行政学说与东方思想和立场的交融上,也体现在学说和学科之间的维度关联上。正如习近平同志所说,"哲学社会科学工作者要做到方向明、主义真、学问高、德行正,自觉以回答中国之问、世界之问、人民之问、时代之问为学术己任,以彰显中国之路、中国之治、中国之理为思想追求,在研究解决事关党和国家全局性、根本性、关键性的重大问题上拿出真本事、取得好成果"。因为公共行政学发源于西方,成长于西方,所以,目前公共行政学发展史主要来自西方学说,其中国化及东方性立场势必涉及已经作出的和正在进行的关于本学科的学术研究的面貌问题,因为未来的中国或东方公共行政学发展史就在当代。公共行政学发展史的学科比较立场彰显的是"公共管理学"作为一级学科的独特性,这个独特性必然涉及交叉性,辨明独特性恰恰是为了更好地进行跨学科的研究,以化解危机、夯实基础和提高品质。本书作为一次初步尝试,绝不可能尽善尽美,这也为我日后相关研究的深化提供了机会。我诚挚地欢迎学术共同体的关注、批评和指导,这是对我本人的帮助。

行文至此,就以同辈中的杰出学者,也是我的好朋友和好榜样——吴晓林在其著作中所说的一句话结尾吧:让田野记住曾经播洒汗水的人,让灯光记住曾经伏案疾书的人!人,生而有涯而知无涯,后会有期而后悔无期。借着书稿付梓的当口,既作解释说明,又来感怀感激,不求完美,只求不留遗憾。

杨志军
2022 年 9 月 20 日